아브라함의 침묵

아브라함의 침묵

염기석 지음

삼원서원

서문

2002년 10월 7일, 교육관 철거를 시작으로 충주 동락감리교회의 교육관 및 주택 건축을 시작했다. 동시에 창세기 강해를 병행했다. 주일 밤마다 1장씩 읽고 설교를 했다. 그 이유는 아브라함 때문이었다. 아브라함을 믿음의 조상이라고 부르는데, 그의 믿음이 어떤 것이기에 그러는지 궁금했다. 어떻게 그가 믿음의 조상이 되었는가? 아들을 바쳤기 때문인가? 아니면 또 다른 그 어떤 무엇이 있는가?

이와 같은 물음들은 사실 나를 향한 것들이었다. 나처럼 믿음 없는 사람도 드물 것이다. 나는 믿음보다는 의심이 훨씬 더 많은 사람이다. 지금도 순진하게 있는 그대로 믿는 사람들을 보면 무척 부럽다. 순진하다는 말이 멍청하고 어리석다는 의미를 지닌다 하더라도 부럽기는 마찬가지다. 나는 방황과 의심을 통해 늘 새로운 나와 새로운 주님을 만난다. 그것도 감사다. 하지만 지금도 있는 그대로 믿어지는 순진한 믿음을 가지기를 소망한다.

농촌교회의 건축은 돈으로 할 수 없는 것이다. 피폐한 농촌의 현실, 경제력이 거의 없는 노인들이 주류를 이루는 농촌교회는 그야말로 믿음이 아니고는 건축을 할 수 없다. 나는 좋은 기회를 잡았다. 믿음으로 할 수밖에 없는 건축을 시작한 것이다. 나는 이 기회에 믿음이 무엇인지를 체험하고 싶었다. 믿음의 기도가 응답이 되는 기회를 잡은 것이다. 그러기 위해서 나는 믿음이 무엇인지를 알아야 했다. 나는 아브라함에 주목했다. 왜 그를 믿음의 조상이라고 하는가? 아브라함의 믿음을 알기 위해 창세기를 꺼내 들은 것이다.

나는 창세기 18장에서 아브라함의 믿음이 무엇인지를 보았다. 내년 이맘 때, 아들을 낳을 것이라는 하나님의 말씀에 아브라함이 침묵을 하는 것을 보았다. 그 침묵이 바로 믿음이라는 것을 깨달았을 때에 나는 한동안 멍한 상태로 있어야 했다. 큰 충격이었다. 믿음의 조상이 되기 위해 뭔가 해야만 한다고 믿었던 내 생각이 전적으로 잘못되었음을 알았다. 아들을 직접 죽여 번제로 드려야 하는 정도로 엄청난 일을 해야만 한다는 생각이 잘못이라는 것을 깨달았다. 믿음은 하나님 앞에서 침묵하는 것이다. 하나님을 전적으로 신뢰하기에 침묵할 수밖에 없다.

그 다음 해 겨울, 건축이 어느 정도 마무리된 후에 나는 아브라함의 믿음, 즉 아브라함의 침묵하는 믿음에 대해 글을 쓰기 시작했다. 그러나 마무리는 하지 못했다. 그 후 모두 세 번에 걸쳐 마무리를 하려 했으나 결국 끝내지 못했다. 그 이유는 초고에서는 너무 잡다한 내용들이 많이 들어 있어서 글이 마음에 들지 않았기 때문이다. 그 후에도 아브라함의 믿음의 영웅적인 행동에 초점이 맞춰져 아브라함을 제대로 보지 못하는 우愚를 범하고 말았다. 시간이 지나면서 아브라함 개인이 아닌 성서가 말하는 아브라함의 인간적인 면과 신앙적인 면들이 눈에 들어와 이제는 쓸 수 있을 것 같아 다시 시작한다. 햇수로 따지자면 9년 걸려 이 글을 쓴 것이다. 이 때문에 두 개의 서문이 필요했다.

이 글은 2부로 이루어져 있다. 1부는 '하나님의 부르심과 응답, 그리고 하나님과의 계약' 이다. 여기서는 왜 아브라함인가? 왜 아브라함을 부르셨을까? 성서 본론의 시작을 왜 아브라함으로부터 시작하는가? 하는 물음에서부터 시작한다. 이 물음에 답하기 위해 나는 아브라함 이전의 상황들에 대한 검토를 먼저 시작하지 않으면 안 되었다. 이를 위해 창세기 1장부터 11장까지의 흐름을 대략 검토하였다. 그리고 이를 바탕으로 아브라함을 부르신 목적과 그의 소명이 무엇인지, 부르심에 대한 응답으로서의 '떠남' 과 하나님의 약속에 대해 살펴보았다. 그런 연후에 하나님과 아브라함 사이에 맺은 두 번에 걸친 계약(창 15장과 17장)의 내용과 의미에 대해 썼다.

2부는 '아브라함의 침묵' 으로 그가 온전한 믿음으로 침묵할 수 있을 때까지의 연단의 과정에 대해 먼저 썼다. 믿음의 연단을 세 부분으로 나누었다. 첫째로는 세상을 통한 연단으로 이집트 체험과 전쟁, 소돔의 멸망과 2차 이집트 사건에 대해 살펴본 후, 세상을 통한 연단의 결과와 연단의 끝에 대해 썼다.

둘째로는 '아브라함의 근심' 으로 그의 감정의 연단 부분에 대해 썼다. 아브라함의 감정에 대해 성서는 거의 묘사하지 않는다. 그러나 성서는 독자들로 하여금 그의 감정의 변화를 추적할 수 있도록 세밀하게 기술되어 있다. 롯과의 문제, 이삭의 탄생, 하갈과 이스마엘을 내쫓는 과정 등을 통해 우리는 아브라함의 감정이 어떻게 연단되었는지를 살펴볼 수 있을 것이다.

셋째로는 아브라함의 침묵의 완결판인 모리아 산에서의 이삭을 바치는 사건을 통해 그가 끝까지 하나님 앞에서 침묵을 지킴으로 믿음의 완성을 이루어 냈음을 자세히 살펴보았다. 여기서 하나님은 스스로 자기 모순을 드러내시며 자신을 통해 아브라함을 시험하신다. 이러한 연단과 시험에도 불구하고 여전히 침묵을 지키는 아브라함을 우리는 보게 될 것이다. 이 침묵은 바로 아브라함의 죽음이다. 침묵 속에서 아브라함은 죽었다. 그리고 산에서 홀로 내려온다. 믿음의 완성이 그의 사생활을 해피엔딩으로 결론짓지 않는다. 오히려 아브라함은 가정이 파괴되는 것을 경험한다. 나아가 모리아 산 사건 이후 변화된 그의 삶의 모습을 마지막으로 다루었다.

아브라함의 본 이름은 아브람이다. 창세기 18장에 가서야 그 이름을 아브라함으로 바꾸어 주셨다. 그러나 이 책에서는 아브라함으로 통칭하여 부를 것이다. 물론 아브람과 아브라함이 주는 그 이름의 풍부한 은유와 교훈이 담겨 있음을 안다. 그것을 간과해서는 아브라함의 일생과 그를 향한 하나님의 섭리를 올바로 이해하기 어렵다. 하지만 이 글이 아브라함의 일대기를 순서대로 써 내려간 책이 아니고, 믿음의 연단이라는 관점에서 재구성한 글이기에 다소 혼동을 줄 수 있으므로 그리한 것이다. 독자들의 양해가 있기를 바란다.

아브라함에 대한 성서 본문에는 하나님에 대한 호칭이 주로 여호와와 하나님으로 나온다. 이 글에서는 필요한 경우가 아니면 하나님이란 호칭으로 통일해서 썼다. 또한 히브리어 원어는 쓰지 않았다. 다만 히브리어를 우리 식으로 소리 나는 대로 썼다. 발음은 굵은 글씨로 표기했다. 한글 성서는 주로 개역개정판을 썼으며, 필요에 따라 새번역과 공동번역 개정판, 현대인의 성경을 인용했다. 본문 이해를 위해 폰 라트의 창세기 주석과 이영재의 구약 산책 시리즈 3, 『아브라함 이야기』(미출판 원고)를 참고했다. 이 책을 읽을 때는 반드시 성서를 옆에 놓고 함께 읽어야 한다. 관련 성구와 본문과 연관된 문제들은 주註에서 다뤘다. 주를 함께 읽어야 보다 정확히 본문을 이해할 수 있을 것이다.

이 글이 나오기까지 전주화평장로교회에서 시무하시는 이영재 목사님으로부터 큰 도움을 받았음을 밝힌다. 내가 방학을 이용하여 아브라함에 대해 글을 쓰겠다고 하자, 집필 중인 『아브라함 이야기』 원고를 흔쾌히 보내 주셨다. 그의 주석은 히브리어 성서 본문을 그 누구보다도 정확히 해석하고, 원문이 주는 풍부한 의미와 오늘을 살아가는 우리에게 주는 교훈을 전해 주는 귀한 글이다. 그는 히브리어 성서 본문과 그의 해석에 관한한 그 누구도 따라올 수 없는 해박한 지식을 가진 진정한 천재다. 이 글을 쓸 때, 잘 모르는 부분에 대해 문의 전화를 하면 친절하게 답해 주시고, 생각지도 못했던 것도 알려 주셨다. 바쁜 가운데 초고도 검토해 주시고 오류도 지적해 주셨다. 이영재 목사님께 다시 한 번 깊이 감사의 마음을 전한다.

이 책이 나오기까지 상세히 검토해 주시고 여러모로 도움을 주신 김연기 집사님과 안영희 집사님 내외에게 감사한다. 그리고 후원해 주신 홍은기 권사님과 언제나 깊은 관심을 가지고 힘이 되어 준 목회교육원 학생들과 김수환 원장에게 감사한다.

글을 쓰게 된 동기

28살 되던 해, 1989년 6월에 원주 샘감리교회에서 목회를 시작하였다. 처음 몇 년 간의 목회는 천방지축, 좌충우돌이라는 표현이 어울릴 정도였다. 목회를 하면서도 방황도 많이 하고, 때로는 선배 목회자들의 소위 성공하는 모습을 보면서 '이거다' 하며 무모하게 목회하기도 했었다. 수많은 시행착오를 거치던 중 시간은 흘러 목사안수를 받을 때가 다가왔다.

안수받기 3~4개월 전부터 안수받는다는 생각만 해도 눈물이 나는 것이었다. 참 많이 울었다. 그리고 펑펑 울며, 눈물 속에서 1993년 4월 2일 목사안수를 받았다. 그러나 그때는 내가 왜 우는지를 몰랐다. 그냥 울다가 눈물을 애써 참았다. 지금까지도 후회되는 것은 그때 실컷 울었어야 했다는 것이다. 울게 하시는 주님의 은총과 섭리 속으로 들어갔어야 했다. 아마 그랬다면 지금보다도 주님 보시기에 좀더 예쁜 목회를 했을 텐데 그러지 못했다. 주님 앞에서 실컷 운 것은 그로부터 11년이 지난 2004년 8월이었다.

1996년 5월 초, 내 의지와는 상관없이 어느 날 갑자기 치유의 은사가 임하여 한동안 은사 치유 사역을 하였다. 그리고 그 다음 해, 자의반 타의반으로 임지를 충주 동락감리교회로 옮겼다. 수리산 줄기가 용트림하듯 휘감아 내려오다 마지막 멈춰선 동산 위에 자리 잡은 한적한 시골교회다. 1951년에 유명한 지관이 잡아 줬다는 명당자리에 세워진 아름다운 교회다.

나는 그곳에 보내 주신 주님께 늘 감사한다. 그곳에서 원하는 공부를 할 수 있었고, 수많은 체험과 주님과의 사귐이 있었기 때문이다. 원주제일감리교회와 연희감리교회의 재정적 도움을 받아 교인들과 함께 황토방을 짓고, 들어앉아 공부를 시작했다. 전에부터 해오던 상담학 공부를 끝마치고, 이어 감리교신학대학교에 개설된 목회학 박사과정에 들어가 신학 전반에 걸쳐 다시 공부를 하였다. 무엇보다도 치유에 대한 공부를 하였다. 전에는 치유가 무엇인지도 잘 모르는 채, '꿩 잡는 게 매' 라는 식으로 병만 고치려고 했었는데, 치유와 은사에 대해 집중적으로 연구할 수 있는 기회가 주어진 것이었다. 그리하여 2001년 2월에 "하나님나라 회복으로서의 치유목회 연구" 라는 제하로 학위를 받았다.

2002년 10월 7일, 교육관 철거를 시작으로 교육관 및 주택 건축을 시작하였다. 2년여를 넘게 끌어오던 건축이 2004년 11월 23일 추수감사절에 끝났다. 2001년에 농사를 지어 5백만 원을 벌었는데, 그 돈을 종자돈으로 삼아 3천만 원을 가지고 시작했다. 아래층에는 교육관과 창고, 화장실 등을, 2층은 주택으로 총 건평 65평이다. 조립식 건물이 아님에도 건축비는 9천만 원 정도가 들었다. 전 교인이 몸으로 지었기에 아주 저렴하게 지을 수 있었다.

처음으로 교회 건축을 시작한 것이라 설렘과 함께 흥분이 되었다. 또한 어려운 농촌 현실과 빈약한 교회 재정으로 무모하게 도전하는 것에 대한 약간의 두려움도 있었다. 그러나 나는 기회를 잡았다고 생각했다. 좋은 기회였고, 그 결과는 나를 실망시키지 않았다.

나는 두 가지 목표를 가지고 건축을 시작하였다. 하나는 믿음으로 하나님 마음에 드는 성전을 짓겠다는 것과 이 일을 통하여 신앙과 인격 성숙의 계기로 삼겠다는 목표다. 평소 믿음 없음을 한탄하던 차에 이번 기회에 믿음이 무엇인지 깨닫고 성숙해지기를 바라는 갈망과 모난 인격이 그리스도의 인격을 닮은 성품으로 변화되기를 바라는 심정으로 건축에 도전했다.

나는 예나 지금이나 믿음이 참 부족한 사람이다. 교회 뒷산에 올라가 나무를 부둥켜안고 믿음 없음을 한탄하던 사람이다. 믿음도 부족한 그런 나를 주님이 택하시고 은사와 능력을 주셨다. 주님께서 실수하신 것이다. 하지만 나를 통해 역사하시는 하나님의 섭리와 능력을 경험하였기에 하나님이 도우시리라는 막연한 믿음은 분명히 있었다. 내 생각에는 비록 3천만 원을 가지고 건축을 시작하지만 첫 삽을 뜨고 나면 하나님께서 알아서 물질도 보내 주시고 돕는 손길도 보내 주셔서 은혜 가운데 어려움 없이 잘 될 줄 알았다. 나를 도우시고 인도하시는 하나님이 그렇게 하시리라고 믿었다.

하나님 앞에서 진실한 마음을 가지려고 애쓰며 하나님 기뻐하시는 성전을 지으려고 노력했다. 하루 일이 끝나고 매일 밤마다 제단에 엎드려 기도하면서 “하나님 이번 기회에 신앙과 인격이 성숙되고 하나님이 기뻐하시는 믿음의 분량에 이르게 하옵소서. 하나님의 아름다움을 경험하게 하옵소서”라고 기도했다. 솔로몬처럼 하나님 마음에 맞는 기도, 하나님만을 구하는 기도를 하였다. 그러면 다른 것은 다 잘될 줄 알았다.

그러나 일은 생각처럼 진행되지 않았다. 준비된 돈은 다 떨어지고 헌금은 안 들어오고 빚은 계속 늘어만 갔다. 나의 기도는 서서히 바뀌어 갔다. 성숙을 통하여 하나님의 아름다움에 이르게 해달라는 기도를 하면서도 푸념의 기도가 늘어갔다. "하나님, 제가 살 집을 짓겠다는 것도 아니고 하나님의 집을 짓겠다는 것인데 왜 안 도와주십니까? 보화를 주시겠다는 성서의 약속(사 45:3)은 어떻게 된 것입니까?" 나중에는 점입가경으로 치닫는 기도까지 하게 된다. "하나님, 정말 이러깁니까? 하나님의 집을 짓는데 건축주이신 하나님이 돈을 주셔야 할 것 아닙니까?" 기도하다 화가 나면 마무리도 하지 않고 그냥 자리 박차고 일어나기까지 하였다.

이제까지 살면서 이렇게 일을 많이 해본 적은 없었다. 아침 7시부터 해 질 때까지 일꾼들과 똑같이 일을 했다. 하나님의 집을 짓는다는 일념으로 일을 해 나갔다. 새참까지 하루 다섯 끼를 먹으며 일했다. 고된 고동으로 62킬로그램이던 몸무게가 57킬로그램으로 5킬로그램이나 줄었다. 그런데도 하나님은 나의 애씀을 전혀 돌아보지 않으시는 것 같았다. 더욱이 내 집 짓는 것도 아니고 하나님의 집을 짓는 것이 아닌가? 하나님이 알아서 제때에 도와주시면 나는 그저 하나님의 돌보심과 함께하심을 감사하며 찬양과 감격으로 일할 텐데, 교인들에게 "봐라, 하나님은 이런 분이시다" 하면서 형통케 하시는 하나님을 큰소리로 외칠 텐데 현실은 그게 아니었다. 나는 하나님께 나의 서운한 감정을 감추지 않았다. 감정을 과장하지는 않았지만 적어도 건축주이신 하나님께 푸념하는 것이 당연하다고 생각했다.

건축을 시작하면서 또 하나의 일을 병행하였는데 그것은 창세기를 연구하는 것이었다. 주일 저녁 예배 때 공부해 나갔다. 나는 창세기 중에서도 아브라함에게 초점을 맞추고 있었다. 그를 믿음의 조상이라고 하는데 그의 믿음이 어떤 것인지, 그리고 그의 믿음이 어떠하기에 믿음의 조상이라고 대대로 고백하는지 알고 싶었기 때문이다.

성서 속에서 나는 아브라함이 하나님께 투덜대는 모습을 발견하였다. 하나님이 이삭을 주시기 전에 아브라함에게 나타나 자손의 축복을 약속하셨다. 그러자 아브라함은 "주 여호와여 무엇을 내게 주시려 하나이까 나는 자식이 없사오니 나의 상속자는 이 다메섹 사람 엘리에셀이니이다 아브람이 또 이르되 주께서 내게 씨를 주지 아니하셨으니 내 집에서 길린 자가 내 상속자가 될 것이니이다"(창 15:2-3) 하고 하나님께 서운한 감정을 드러내 보이는 것이 아닌가?

이것만이 아니다. 아브라함이 99살 때 하나님이 나타나 또 다시 아들을 약속하시자, "아브라함이 엎드려 웃으며 마음속으로 이르되 백 세 된 사람이 어찌 자식을 낳을까 사라는 구십 세니 어찌 출산하리요 하고 아브라함이 이에 하나님께 아뢰되 이스마엘이나 하나님 앞에 살기를 원하나이다"(창 17:17-18)라며 대꾸한다. 내가 하나님께 투덜댄 것처럼 아브라함도 하나님께 투덜대는 것이 아닌가? 하나님의 약속이 현실과 다르기에 그 약속을 기다리기에 지쳐 하나님께 대들고 하나님 앞에서 웃기까지 하지 않는가? 나는 그러한 아브라함의 모습을 보면서 하나님께 푸념하고 항의하는 나의 기도가 당연한 것이라고 생각했다.

그런데 하나님께서 "내년 이맘때 내가 반드시 네게로 돌아오리니 네 아내 사라에게 아들이 있으리라"(창 18:10)라고 하실 때 이상하게도 이전과는 달리 아브라함이 가타부타 말을 않고 하나님 앞에서 침묵하는 것이 아닌가?

하나님 앞에서 침묵하는 아브라함의 모습을 보면서 나는 심한 충격을 받았다. 그리고 깊은 상념에 빠졌다. 왜 아브라함이 침묵하는 것일까? 예전 같으면 자신의 생각이나 감정을 드러내고 한마디 했을 텐데. 기다림에 지쳐 포기한 것일까? 하나님의 약속에 대한 믿음이 사라진 것일까? 더 이상 속지 않겠다는 표현일까? 나의 상념은 점점 깊어가고 이윽고 머리를 뒤흔드는 것과 같은 깨달음이 밀려왔다.

하나님 앞에서 침묵하는 아브라함의 모습에서 나는 믿음이 무엇인지를 깨달았다. 믿음은 '하나님 앞에서 침묵하는 것' 이다. 아브라함의 침묵, 그것이 믿음이다. 하나님 앞에서 내 생각, 내 감정, 내 계획 등을 포기하고 전적으로 하나님의 생각, 하나님의 감정, 하나님의 계획과 섭리 앞에 순종하는 자의 자세가 침묵이다. 하나님 앞에서의 침묵은 하나님께 대한 전적인 신뢰의 표현이다. 하나님이 무엇을 어떻게 하시든지, 나를 어느 곳으로 인도하시든지 하나님의 뜻에 따르겠다는 믿음의 표현이다. 하나님은 아브라함이 침묵할 때까지 기다리셨다. 그리고 그가 침묵할 정도로 믿음이 성숙해졌을 때 이삭을 주셨다.

아브라함의 마지막 시험은 이삭을 바치라는 하나님의 명령이다. 이것은 우리가 전통적으로 해석하는 것처럼 네가 나를 더 사랑하느냐, 아니면 말년에 얻은 아들을 더 사랑하느냐에 대한 시험이 아니다. 이삭을 바치라는 것은 하나님 스스로 자신의 약속을 파기하겠다는 뜻이다. 이삭은 약속의 증거다. 큰 민족을 이루게 해주겠다는 그 약속은 오직 이삭을 통해서만 이루어질 수 있다. 그런데 그 약속의 아들을 바치라는 것은 하나님이 약속을 파기하겠다는 뜻이다.

하나님은 믿음의 대상이다. 믿음은 신뢰를 바탕으로 형성된다. 약속을 어기는 사람은 신뢰할 수도, 믿을 수도 없다. 아브라함은 하나님의 약속을 믿고 자신의 삶을 전부 걸고 고향을 떠났다. 그런데 하나님은 약속을 없던 일로 하자고 하신다. 약속의 아들을 죽여 약속을 파기하시겠다고 하신다. 그것도 아브라함의 손으로 직접 죽이라고 하신다. 하나님이 스스로 모순 속으로 들어가셨다. 하나님 스스로 모순을 드러내실 때 그때도 침묵하며 순종할 수 있을 것인가? 이것이 마지막 시험의 과제다.

그러나 아브라함은 여전히 침묵했다. 그 어떠한 감정이나 생각도 내비치지 않고 묵묵히 이삭을 하나님께 바쳤다. 그의 마지막 침묵은 곧 그의 죽음이었다. 드디어 “네가 네 아들 네 독자까지도 내게 아끼지 아니하였으니 내가 이제야 네가 하나님을 경외하는 줄을 아노라”(창 22:12) 하시며 하나님은 믿음의 연단이 끝났음을 선언하신다. 아브라함의 생애는 믿음의 연단으로 점철된 생애였다. 그가 하나님 앞에서 죽음의 침묵을 할 때 믿음의 완성을 이루었고, 이스라엘 민족은 침묵하는 아브라함을 보며 그를 믿음의 조상으로 고백한다.

하나님 앞에 서있는 인간, 무슨 말을 할 수 있을 것인가? 하나님 앞에 펼쳐지는 대우주의 파노라마와 그의 아름다움으로 충만한 세계 앞에서 우리는 입을 가리며 침묵할 수밖에 없다. 하나님의 보좌 앞에 선 천사도 두 날개로 얼굴을 가리지 않는가?(사 6:2) 그 광경을 보는 이사야는 ‘나는 입술이 부정한 사람’이라고 고백한다. 대자연 속에 나타난 광대하심과 섭리를 펼쳐 보이시는 하나님 앞에서 “보소서 나는 비천하오니 무엇이라 주께 대답하리이까 손으로 내 입을 가릴 뿐이로소이다”(욥 40:4) 하며 욥은 침묵한다.

아브라함과 믿음의 선조들의 침묵을 깨닫고는 그 동안 불평하고 투덜대던 나 자신을 사흘 동안 회개했다. 내 생각으로 하나님을 평가하고, 내 감정에 이끌려 감사하지 못했고, 내 계획을 내세워 하나님의 계획을 방해했던 어리석음을 회개했다. 그리고 하나님께 고백했다. 이제부터는 하나님 앞에서 내 생각, 내 감정, 내 계획을 내세우지 않고 침묵하게 하옵소서. 주님이 좌左하시면 나도 좌하고, 주님이 우右하시면 나도 우하겠습니다. 주님이 가시면 나도 가고, 주님이 머무르시면 나도 머물겠습니다.

그 후로 정말로 많은 것이 변했다. 건축이 순조롭게 진행됨은 물론이고, 무엇보다도 내 자신이 변했다. 장래에 대한 불안감이 사라지고 짜증이 사라졌다. 무엇을 해야만 한다는 당위성이 사라지니 조급함도 사라졌다. 현실에 대한 불만이 사라지니 현실과 상관없이 웃을 수 있게 되었다. 밥을 배불리 먹으면 행복해졌다. 사람과 사물을 있는 그대로 대하니 긴장감이 사라졌다. 아울러 많은 영적 체험이 뒤따랐다. 기도를 하거나 하나님 생각만 해도 내 몸이 반응을 하고, 하나님 앞에서 침묵하고 있으면 하나님의 고요 속에 침잠하게 되며, 내 몸 안에 하나님의 영이 마치 수면 위를 운행하시는 것처럼 운행하신다.

이와 같은 나의 체험을 여러 사람과 함께하고 싶어 이 글을 쓴다. 하나님의 약속과 현실이 다르다고 생각하는 사람과 믿음의 연단 속에서 그 끝을 몰라 방황하는 사람들, 참된 믿음을 갖기 원하는 사람들, 믿음 안에서 보다 깊은 영적 체험을 원하는 사람들을 위해 나의 체험을 나누고자 한다.

2011년 8월 15일 빛이 회복된 날

치악산 황골에서 빈탕 염 기 석

차 례

1부

부르심과 응답, 그리고 하나님과의 계약

1. 아브라함 이전의 상황들

2. 아브라함의 등장과 그의 소명

3. 하나님과의 계약 I (창 15장)

4. 하나님과의 계약 II(창 17장)

지난 일주일 동안 많은 생각을 했다. 왜 아브라함을 부르셨을까? 왜 아브라함일까? 성서 전체의 서론을 끝내고 본론을 왜 아브라함으로부터 시작하는 것인가?[1] 아브라함의 삶을 통해 성서는 무엇을 말하려고 하는가? 부르심이란 무엇인가? 왜 롯은 아브라함과 함께 떠났을까? 롯은 왜 소돔을 선택했으며, 소돔에서 떠날 기회가 있었음에도 그대로 남아 있었나? 등등 수많은 물음들이 쏟아져 나왔다. 이 글을 처음 계획했던 10년 전, 그리고 이 글을 끝내려고 했던 세 번의 작업들에서는 나오지 않았거나 명확하지 않았던 물음들이다. 모든 물음은 그 해답을 가지고 있다. 우리가 그 물음들에 대해 서둘러 포기를 하지 않는다면 반드시 그렇다. 하나님은 우리가 가진 물음들에 대해 우리의 수준만큼의 대답을 언제나 준비하고 계신다.

나는 이 물음들로 인한 혼돈을 경험했다. 그리고 터널을 빠져나왔다. 내가 내린 결론은 이렇다. 아브라함의 이야기는 그의 삶에 국한된 것이 아니다. 아브라함에 한정해서 그의 이야기를 보아서는 안 된다는 것이다. 성서는 아브라함의 일대기를 말하려는 것이 아니다. 성서는 한 인물

---

1 창세기 1장부터 11장까지를 역사 이전 시대, 즉 원역사로 부르고, 12장 이후를 역사 시대로 분류하는 것에 대해 나는 반대한다. 물론 11장까지가 역사적으로 명쾌하게 증명되지 않는 역사 이전 시대라고 하는 것에 대해서는 나도 인정한다. 하지만 성서를 통일된 하나의 경전으로 보아야 하기 때문에 그런 분류는 타당하지 않다. 성서는 역사 이전 시대와 역사 이후 시대를 구분해서 말하려고 하지 않는다. 오히려 시대로 구분해서 11장과 12장 사이를 구분하는 것보다 11장까지를 성서 전체의 서론에 해당하는 것으로, 그리고 12장 이후부터 요한계시록 전까지를 본론으로, 요한계시록을 성서 전체의 결론으로 보아야 한다.
11장까지의 서론 부분이 설화로 기록되어 있지만 이를 비신화화하여 해석하는 것도 바람직하지 않다. 설화를 해석함에 있어서 다양한 비평학과 해석학을 사용하는 것은 좋지만 무엇보다도 성서를 경전으로 읽어야 한다. 오히려 비신화화가 아닌 재신화화의 방법이 바람직하다는 것이 내 생각이다. 그렇게 되면 우리는 설화 속으로 들어가게 되고 설화가 주는 풍부한 상상과 메시지를 체험하게 될 것이다.

을 부각시켜 그를 소개하는 전기소설傳記小說도 아니다. 성서는 아브라함을 통해 하나님의 말씀을 전하려는 것이다. 따라서 우리는 성서 전체의 흐름 속에서 아브라함을 이해해야만 한다. 왜 아브라함인가? 왜 성서는 그를 본론의 첫마디에 등장시키는가? 이를 위해 우리는 성서 전체의 서론부터 검토할 필요가 있다.

1. 아브라함 이전의 상황들

성서는 하나님이 천지를 창조하셨다는 선언으로부터 시작한다. 그리고 하나님은 엿새 동안 세상을 창조하시고 제칠 일에 안식하셨다. 창세기 2장에서 인간을 흙으로 빚어 만드시고 하나님의 숨을 불어넣어 살아있는 **네페쉬**로 만드셨다.[2] 그러므로 인간은 하나님의 숨을 받아 숨을 쉬는 존재다. 창세기 1장에 보면 제육 일에 인간을 창조하셨다. 그럼에도 2장에 또다시 인간 창조에 관한 이야기가 나온다. 왜 두 개의 창조 이야기가 필요한가? 그것은 창조된 세계를 하나님과 함께 관리하고 유지, 발전시켜 나갈 하나님의 동역자이자 청지기가 필요했기 때문이다. 그래서 사람을 하나님의 숨결과 형상을 지닌 존재로 창조하신 것이다.[3]

하나님은 땅을 갈며 살아가도록 사람을 만드셨다.[4] 하나님은 황폐한 땅을 가꾸어 아름답게 만드시기를 원하셨다. 이 일을 함께할 동역자로 사람을 흙으로 지으셨다. 사람이 흙으로 지음 받은 이유는 흙에 자신의 노동력을 투여하여 흙을 잘 가꾸고 보존해야 하기에 흙으로 지음을 받

---

2 **네페쉬**는 여러 가지 뜻이 있으나 여기서는 생명체라는 의미로 쓰였다. 칠십인역에서는 **프쉬케**(영혼)로 번역하였다. 나는 본문의 **네페쉬**를 "하나님의 숨을 받아 숨 쉬는 존재"로 정의한다. 그러므로 인간은 하나님의 숨을 쉬는 존재다.

3 창세기 1장만 놓고 본다면 창조는 완전한 것이다. 그렇다고 창조가 완성된 것은 아니다, 창조의 완성은 인간과 하나님이 함께 이루어가는 것이다. 이를 위해 2장의 인간 창조가 필요한 것이다. 창조의 완성은 우리 주님이 재림하는 그날 이루어진다. 이를 위해 요한계시록까지 기록되어야만 한다.

4 창 2:5 "여호와 하나님이 땅에 비를 내리지 아니하셨고 땅을 갈 사람도 없었으므로 들에는 초목이 아직 없었고 밭에는 채소가 나지 아니하였으며."
창 2:15 "여호와 하나님이 그 사람을 이끌어 에덴동산에 두어 그것을 경작하며 지키게 하시고."

은 것이다.[5] 고슴도치가 사랑하는 것은 고슴도치다. 냄새나는 스컹크를 온몸으로 사랑하는 것 역시 스컹크다. 흙을 가장 사랑하고 아름답게 하려면 흙으로 만들어야 한다. 그러므로 인간은 흙으로 만들어졌기에 흙을 사랑하고 잘 가꾸는 것은 결국 자신을 사랑하고 잘 가꾸는 것과 같은 말이다.

하나님은 동방의 에덴에 동산을 창설하시고 아담을 거기에 두시고 그와 함께 일하신다.[6] 그러나 아담 혼자 일하는 것이 좋지 않다고 여기신 하나님은 그의 갈빗대를 가지고 그를 돕는 배필을 만드셨다. 배필은 한 몸에서 나왔기에 하나다. 배필을 뜻하는 에쩨르라는 단어는 남성명사다. 그러므로 꼭 여자가 남자의 배필이라고 말해서는 안 된다. 남자에게 있어서 여자가 배필이듯이 여자에게 있어서 남자도 배필이 된다. 에쩨르는 돕는 이 또는 도우미란 뜻이다. 인간도 하나님의 도우미이며, 하나님도 인간에게 도우미가 된다.[7]

하나님은 에덴동산 한가운데에 선과 악을 아는 나무를 심어 놓고 그 나무의 열매를 따먹지 말라고 하셨다. 그런데 그만 배필인 여자가 뱀의

---

5 타락한 이후에도 자신의 근원이 되는 땅을 갈도록 하셨다. 창 3:23 "에덴동산에서 내쫓으셨다. 그리고 땅에서 나왔으므로 땅을 갈아 농사를 짓게 하셨다."(공동번역 개정판)

6 일하시는 하나님은 신구약을 관통하는 성서의 일관된 주제다. 예수께서도 하나님 아버지의 일을 하신다.
요 5:17 "예수께서 그들에게 이르시되 내 아버지께서 이제까지 일하시니 나도 일한다 하시매."
요 5:19 "그러므로 예수께서 그들에게 이르시되 내가 진실로 진실로 너희에게 이르노니 아들이 아버지께서 하시는 일을 보지 않고는 아무것도 스스로 할 수 없나니 아버지께서 행하시는 그것을 아들도 그와 같이 행하느니라."

7 삼상 7:12 "사무엘이 돌을 취하여 미스바와 센 사이에 세워 이르되 여호와께서 여기까지 우리를 도우셨다 하고 그 이름을 에벤에셀이라 하니라." 에벤에셀은 히브리어로는 에벤 하 에쩨르로 돕는 돌이란 뜻이다.

유혹에 스스로 넘어가 선과 악을 알게 하는 나무의 실과를 따먹고 아담에게도 주어 먹게 한다. 배필은 한 몸이기에 한쪽이 무너지면 다른 한쪽도 따라서 무너진다. 하나님은 아담에게 그 책임을 묻고 이렇게 말씀하신다.

> 아담에게 이르시되 네가 네 아내의 말을 듣고 내가 네게 먹지 말라 한 나무의 열매를 먹었은즉 땅은 너로 말미암아 저주를 받고 너는 네 평생에 수고하여야 그 소산을 먹으리라. 땅이 네게 가시덤불과 엉겅퀴를 낼 것이라 네가 먹을 것은 밭의 채소인즉, 네가 흙으로 돌아갈 때까지 얼굴에 땀을 흘려야 먹을 것을 먹으리니 네가 그것에서 취함을 입었음이라 너는 흙이니 흙으로 돌아갈 것이니라 하시니라.(창 3:17-19)

여기서 우리는 두 가지 중요한 사실을 발견하게 된다. 첫째는 사람은 평생 수고해야 먹고 살 수 있게 되었다는 것과 둘째는 인생은 흙으로 돌아가야 하는, 죽을 수밖에 없는 허무한 존재가 되었다는 것이다. 인간이라면 직면하게 되는 이 두 가지 문제를 성서는 타락의 결과로 제시한다. 사실 이 두 문제는 크게 보면 하나다. 모든 인생에게는 경제적인 문제가 있고 그것들을 아무리 애를 써도 해결할 수 없는 허무한 존재가 인간이기 때문이다.

이 문제들을 어떻게 처리하느냐 하는 것에 대한 이야기가 성서 전체의 핵심 줄거리다. 하나님 중심의 사람들은 인생의 문제와 허무를 하나님만이 해결하실 수 있다는 믿음으로 살아가 결국 믿음으로 해결받는다. 그러나 하나님을 의지하지 않고 인간 중심으로 해결하고자 하는 사람들은 노아 때처럼 심판으로 그 허무의 끝을 고하게 된다. 그러한 과정과 결과에 대한 이야기를 성서는 우리에게 제시한다.

이제부터 성서가 이를 어떻게 풀어 나가는지를 보자. 에덴에서 쫓겨난 후 아담과 하와는 가인과 아벨을 낳는다. 이 둘이 성장하여 하나님께 제사를 드렸다. 하나님은 가인과 그의 제물은 받지 않으시고 아벨과 그의 제물은 받으셨다. 왜 가인의 제사를 받지 않으셨을까? 그것은 첫째로 "가인과 그의 제물"이라는 말속에 그 해답이 있다. 즉 하나님은 제물만 받으시는 것이 아니라, 제사를 드리는 사람의 전 존재를 받으시기 때문이다.

둘째로는 '받으시다'는 말에 그 해답이 있다. '받다'는 말의 히브리어는 샤아인데, '보다'는 뜻의 라아와 동의어다. 하나님은 가인의 삶을 지켜보고 계셨다. 가인의 삶이 하나님 보시기에 합당하지 못했다. 그러므로 하나님은 가인과 그의 제물을 받지 않으신 것이다.

그렇다면 왜 아벨의 제사는 받으셨을까? 아벨은 양을 치는 자(로에 초온)다. 로에는 라아라는 동사의 분사 연계형이다. 라아는 양을 잘 먹여 돌본다는 뜻이다.[8] 이 동사는 창세기 22장에서 아주 중요한 역할을 한다. 하나님이 목자가 되어 그의 백성을 돌보실 때 쓰는 단어가 라아다. 시편 23편에 "여호와는 나의 목자시니"라는 말씀이 나오는데, 이때 목자시니라는 단어가 라아다. '목자시니'라고 번역한 것은 라아의 의미를 살린 의역이다. 아벨은 하나님처럼 양들을 잘 돌보는 삶을 살았다. 하나님이 그러한 삶을 쭉 지켜보고 계셨기에 그의 제사를 받으신 것이다.

가인은 이때 자신을 돌아봐야 함에도 엉뚱하게 그 화살을 동생 아벨에게 돌려 아벨을 죽이고 만다. 그로 인해 가인은 하나님을 떠나 유리하

---

8 보다는 뜻의 라아h[;r;와 양을 돌본다는 뜻의 라아ha;r;는 발음은 같지만 철자와 그 뜻은 다르다. 보다는 뜻의 라아는 창세기 22장에서 집중적으로 검토할 것이다.

는 자가 되었다. 하나님 없이 사는 자가 된 것이다. 성서에 나오는 악인들의 공통점은 자신을 돌아보지 못한다는 것이다. 그러니 회개할 수 없는 것이다. 회개하지 않으니 죄가 그대로 남아 있으므로 죄인이다. 죄 가운데 있으니 스스로 하나님을 떠날 수밖에 없다. 하나님을 떠난 가인이 아들을 낳고 스스로를 보호하기 위해 성을 쌓았다. 왜 가인이 성을 쌓았을까? 바로 이 부분을 우리는 깊이 생각해 봐야 한다.

1) 가인의 후손들과 도성 문화

앞에서 나는 아담의 타락으로 인해 모든 인간은 먹고사는 경제적인 문제와 허무로부터의 탈출이라는 궁극적인 문제가 생겨났다고 말했다. 가인이 왜 성을 쌓았을까? 가인은 하나님 없이 사는 자들의 표상이자 조상이 된다. 하나님 없이 살아가려니 두려운 것이다. 인생의 근본 문제인 경제적인 문제와 허무가 두려운 것이다. 허무로 되돌아가는 것에 대한 두려움을 해결하고자 성을 쌓은 것이다.[9] 허무는 죽음을 말한다. 가인은 하나님께 만나는 사람들이 자신을 죽일 것이라고 말한다. 그는 자신과 가족이 이 허무한 죽음에 빠지지 않기 위해 성을 쌓은 것이다.

창세기 4장 말미에는 가인의 족보가 나온다. 여기에 나오는 그의 후손들은 모두 도성에서 종사하는 자들의 조상이 된다. 야다의 아들 야발은 장막에서 가축을 치는 자의 조상이 되었다. 가축을 치는 것은 아벨이 양을 치는 것과 다르다. 양은 돌보지만 가축은 사육하는 것이다. 즉, 도

9 창 4:14 "주께서 오늘 이 지면에서 나를 쫓아내시온즉 내가 주의 낯을 뵈옵지 못하리니 내가 땅에서 피하며 유리하는 자가 될지라 무릇 나를 만나는 자마다 나를 죽이겠나이다."

성에 사는 사람들을 위해, 또는 전쟁 식량을 목적으로 사육하는 것이다. 또한 야발의 아우 유발은 수금과 퉁소를 잡는 자들의 조상이 되었다. 수금과 퉁소는 도성 자유인들과 지배 특권층, 즉 왕과 용사들의 오락을 위한 것이다. 씰라의 아들 두발가인은 구리와 쇠로 여러 가지 기구를 만드는 자가 된다. 금속 기구는 전쟁을 위한 무기와 호화 사치품을 말한다. 모두 도성에서 필요한 것들이다. 그와 더불어 사람들은 점점 더 악해져만 간다. 가인의 5대손인 라멕은 스스로 말하기를 자신의 악행으로 인한 벌이 가인의 7배보다 10배나 많은 77배라고 말할 정도다. 그만큼 악해져 갔다는 말이다.

왜 도성에 사는 사람들이 점점 더 악해져 가는가? 그것은 도성 문화의 특성 때문에 그렇다. 도성에서는 땅을 경작할 수 없다. 오늘날 도시 한복판에서 농사를 지을 수 없는 것과 마찬가지다. 도시는 자체적으로 경제를 유지할 생산 기반이 없다. 그렇다면 어떻게 도시가 유지될 수 있는가? 고대 도시의 경제를 유지하는 방법은 크게 두 가지다. 첫째는 도성 밖에서 생산과 그를 위한 노동을 전담하는 노예들에 의지하는 것이며, 둘째는 다른 지역에서 생산물을 약탈해 오고 생산을 담당하는 노예를 포획하는 전쟁이다.

고대 시대의 도성은 그 자체가 도시국가다. 도시국가의 도성 안에 살고 있는 자유인들은 전쟁을 주로 맡아서 하는 전사들이다. 이들을 성서에서는 신의 아들, 용사, 네피림으로 묘사했다.[10] 이들은 낮에는 전쟁 연습을 하고, 밤에는 술과 여자들로 오락을 즐겼다.[11] 주변에 있는 다른 도시들과 연합하여 전쟁을 벌이거나 힘으로 주변의 약한 도시들에게서 조공을 받기도 했다.[12] 이들은 전쟁을 통하여 사람들을 노예로 포획하고 그들의 재산을 약탈하였다.

이러한 도성들에 대해 성서는 악하다고 말한다. 이러한 도성들의 악행을 더 이상 바라볼 수 없었던 하나님은 심판을 행하시는데, 그것이 노아 때에 홍수로 인한 심판이다. 나중에 자세히 살피겠지만 아브라함은 당시의 고대 문명의 중심지였던 우르와 하란으로부터 떠나는 것으로부터 그의 소명이 시작된다. 도성 문화의 악함으로부터 떠나는 것이 신앙의 첫걸음이다.

2) 아담의 후손들[13]

한편 아벨이 죽자 아담은 다시 아들을 낳아 이름을 셋이라 하였다. 창세기 5장에 보면 아담의 후손들이 무슨 일을 하고 살았는지 성서는 말하지 않는다. 우리는 가인의 족보와 아담의 족보를 비교해 보면 재미

---

10 창 6:4 "당시에 땅에는 네피림이 있었고 그 후에도 하나님의 아들들이 사람의 딸들에게로 들어와 자식을 낳았으니 그들은 용사라 고대에 명성이 있는 사람들이었더라."
창 10:8 "구스가 또 니므롯을 낳았으니 그는 세상에 첫 용사라."
민 13:33 "거기서 네피림 후손인 아낙 자손의 거인들을 보았나니 우리는 스스로 보기에도 메뚜기 같으니 그들이 보기에도 그와 같았을 것이니라."
선과 악을 아는 나무의 실과를 먹으면 하나님처럼 될 것이라는 뱀의 유혹은 진짜 하나님처럼 된다는 것이 아니라, 위대한 용사가 된다는 뜻이다. 아담과 하와는 그 유혹을 뿌리치지 못하고 실과를 먹고 만다. 이름을 드날리는 용사가 되고 싶었던 것이다. 그리고 선과 악을 구별할 수 있는 것은 노예가 아니라, 지배 계층에 있는 자만이 할 수 있다. 노예는 싫어도 해야만 하는 존재이고, 자유인은 싫으면 하지 않을 권리가 있는 자다.

11 그들의 성적 노리개가 된 여자들을 성서는 사람의 딸들이라고 묘사한다.
창 6:2 "하나님의 아들들이 사람의 딸들의 아름다움을 보고 자기들이 좋아하는 모든 여자를 아내로 삼는지라." 여기서 아내는 이솨로 일반적으로 여자를 뜻하는 단어다.

12 성서에 나오는 대표적인 예가 창세기 14장에 나오는 전쟁이다. 이에 대해서는 창 14장을 참고하라.

13 가인도 아담의 후손이기에 엄밀히 말하자면 셋의 후손들이라고 말해야 맞다. 하지만 성서는 창세기 5장에서 셋 이후의 계보를 셋의 족보가 아닌 아담의 족보로 소개하고 있기에 여기서는 성서에 따라 아담의 후손들이라고 하였다.

있는 것들을 몇 가지 발견하게 된다.[14]

첫째로 아담의 후손들의 향년에 대해서는 상세히 기록하고 있지만 가인의 후손들에게는 나이에 대한 기록이 전혀 없다. 아담의 후손들은 우리가 상상할 수 없을 정도로 오래 살았다. 족장기에 나오는 아브라함이나 이삭, 야곱까지도 장수했다. 하지만 점점 악해져만 가는 가인의 후손들은 그렇지 않다. 성서는 장수를 한결같이 의인에 대한 하나님의 축복이라고 말하고 있다.[15] 그러므로 아담의 후손들을 의인의 계보로 말하고 있는 것이다.

둘째로 가인의 후손들에 대해서는 그들의 악행이 점점 더 커지고 있다고 말하지만 아담의 후손들에 대해서는 그러한 언급이 없다. 앞서 보았듯이 가인의 후손들은 도성 문화의 창시자로 성서는 말하고 있다. 하지만 아담의 후손들은 어떻게, 어떤 방식으로 살았는지 알 수 없다. 다만 에녹은 하나님과 동행한 자로 죽음을 보지 않고 하나님께로 올라간

---

14 '족보' 의 히브리어는 **톨레도트**다. **톨레도트**란 어떤 사물이나 인물의 생성으로부터 시작하여 소멸에 이르기까지 발생하는 이야기를 가리킨다. 데라의 **톨레도트**는 데라의 출생에서부터 사망에까지 이르는 생애의 일대기다. 그런데 족장들의 **톨레도트**는 '이것은 ○○의 **톨레도트**다' 란 상투어로 그 문단들이 구분된다. 족장이 죽은 후에 이 상투어가 나온다. 그러므로 한 족장의 일대기 안에 그 자녀의 출생과 성장과 결혼의 이야기가 포함된다. 한 족장이 죽고 나면 그 아들의 **톨레도트**(일대기)가 시작된다.

15 시 34:12-16 "생명을 사모하고 연수를 사랑하여 복 받기를 원하는 사람이 누구뇨 네 혀를 악에서 금하며 네 입술을 거짓말에서 금할지어다 악을 버리고 선을 행하며 화평을 찾아 따를지어다 여호와의 눈은 의인을 향하시고 그의 귀는 그들의 부르짖음에 기울이시는도다 여호와의 얼굴은 악을 행하는 자를 향하사 그들의 자취를 땅에서 끊으려 하시는도다."
시 91:14-16 "하나님이 이르시되 그가 나를 사랑한즉 내가 그를 건지리라 그가 내 이름을 안즉 내가 그를 높이리라 그가 내게 간구하리니 내가 그에게 응답하리라 그들이 환난 당할 때에 내가 그와 함께 하여 그를 건지고 영화롭게 하리라 내가 그를 장수하게 함으로 그를 만족하게 하며 나의 구원을 그에게 보이리라 하시도다."
잠 10:27 "여호와를 경외하면 장수하느니라 그러나 악인의 수명은 짧아지느니라."
전 8:13 "악인은 잘 되지 못하며 장수하지 못하고 그 날이 그림자와 같으리니 이는 하나님을 경외하지 아니함이니라."

자였으며, 노아는 당대의 의인이라고 말한다. 이것은 우리에게 시사하는 바가 크다. 즉 가인의 후예들은 어떻게 사느냐에 치중한 사람들이었지만, 아담의 후손들은 어떻게 사느냐는 삶의 유형과 방식이 아니라 하나님 중심으로 살았던 사람들이라는 점을 우리에게 가르쳐 준다.[16] 더구나 가인의 후손들이 여호와의 이름을 불렀다는 말은 성서에 나오지 않는다.

셋째로 동일한 이름을 가진 사람들이 등장한다는 것이다. 에녹과 라멕이 그들인데, 가인의 아들인 에녹과 야렛의 아들 에녹, 그리고 가인의 5대손인 므드사엘의 아들 라멕과 무드셀라의 아들이자 노아의 아버지인 라멕이다. 가인의 아들 에녹은 아버지가 쌓은 성에서 도성 문화를 이루며 살았다. 그 결과 후대로 갈수록 악행이 심해져 이윽고 가인의 5대손인 라멕에 이르러서는 가인보다 10배 이상 더 악해져 갔다. 그러나 아담의 후손인 야렛의 아들 에녹은 하나님과 동행하는 사람이었다. 노아의 아버지 라멕은 아들을 의인으로 키워 낸 신앙의 아버지였다. 그러므로 동일한 이름을 가진 자들을 성서에 기록함으로 두 후예들의 삶이 어떻게 변해 왔는지를 이를 읽는 사람들로 하여금 비교하며 교훈을 얻을 수 있게 한다.

마지막으로 허무와 죽음에 대해 한마디 더 하자면 아담의 손자요 셋이 낳은 아들 이름이 에노스다. 에노스는 사람들, 인류를 지칭하는 단어로 죽을 수밖에 없는 허무한 존재라는 뜻이다. 그런데 재미있는 것은 그

---

16 창 4:26 "셋도 아들을 낳고 그의 이름을 에노스라 하였으며 그 때에 사람들이 비로소 여호와의 이름을 불렀더라."

17 창 4:26 "셋도 아들을 낳고 그의 이름을 에노스라 하였으며 그 때에 사람들이 비로소 여호와의 이름을 불렀더라."

때부터 비로소 사람들이 여호와의 이름을 불렀다고 했다.[17] 하나님 없이 살아가는 가인의 후손들은 자신들을 보호하고자 스스로 성을 쌓았지만 의인의 계보를 잇는 아담의 후손들은 인생의 허무를 깨닫자 하나님의 이름을 불렀다. 의인들은 죽음의 허무를 하나님 안에서, 하나님으로부터 극복하는 자들이다. 이것이 구원이다.

3) 두 부류의 사람들

아담의 타락 이후 인간에게는 경제의 문제와 허무라고 하는 근본적인 문제가 생겨났다. 이를 어떻게 해결할 것인가 하는 것에 대해 성서는 두 부류의 사람들이 있음을 말하고 있다. 즉 아담의 후손들과 가인의 후손들이다. 이 두 부류는 인간의 근본 문제를 하나님 중심의 신앙으로 해결하고 살았느냐, 아니면 도성을 중심으로 세속적인 방법으로 해결하고 살았느냐의 차이로 구별된다. 따라서 아담의 후손과 가인의 후손은 각각 믿음의 사람들과 세상 사람들로 나뉘게 된다. 이러한 구분은 성서 전체를 구성하는 토대가 된다. 결국 세상 사람들은 최후의 심판으로 멸망받지만, 하나님의 사람들은 구원에 이른다는 것이 성서의 최종 결론이다. 요한계시록은 이를 극명하게 펼쳐 보여 준다.

노아의 할아버지인 므드셀라는 세상에서 제일 오래 산 사람이다. 그는 969살을 살았다. 그는 노아의 홍수가 있기 전 해에 죽었고, 노아의 아버지 라멕은 홍수 5년 전에 죽었다. 족보에 의하면 아담의 후손들은 홍수 이전에 모두 죽었다. 그러므로 노아 시대에 있었던 홍수로 인한 심판은 가인의 후손들에 대한 심판이다. 하나님은 홍수로 모든 것을 다 지우개로 지우 듯 쓸어버리고 의인인 노아와 그의 후손들로 하여금 새로운 의인의 시대를 만들기 원하셨다.

홍수로 인한 심판은 창세기 1장의 창조에 대한 심판이 아니다. 2장에서 하나님이 아담과 함께 창조된 것들에 대한 심판이다. 악인에게 심판은 재난이지만 하나님 편에서 보면 재창조를 의미한다. 의롭다 하심을 받는다는 것은 죄에 대한 판결의 결과다. 심판인 것이다. 이에 대해 바울은 우리가 그리스도로 말미암아 의롭다 하심을 받아, 즉 판결에 의해 이전 것은 지나가고 새로운 피조물이 되었다고 말한다.[18] 우리의 의로움 때문이 아닌 그리스도의 십자가 공로로 우리가 의롭다고 판결받은 것이다. 죄에 대하여 죽고 의로 다시 살아난 것이 재창조다.

하나님의 계획에 노아는 믿음으로 순종했다. 홍수로 인한 심판은 재창조를 위함이다. 왜 하나님은 처음부터 다시 만들지 아니하시고 노아를 통해 리모델링을 하시는 것일까? 그것은 의인 한 사람을 악인 백 사람보다 더 귀하게 여기시기 때문이다. 이 때문에 소돔 성이 멸망당할 때 롯과 그의 두 딸이 구원을 받았던 것이다. 의인까지 멸망시켜 새로운 세상을 만드시는 것은 하나님의 사랑과 정의의 속성과 맞지 않기 때문이다. 하지만 이러한 하나님의 심판은 결과적으로 실패하고 만다.[19]

사람들의 악함은 심판으로도 해결되지 않는다. 교도소가 악인들을 선인으로 바꾸어 주지 못하는 것과 같다. 교도소는 죄에 대한 책임을 묻는 곳이지 사람을 바꾸는 곳은 아니다. 심판은 선과 악을 구별하는 것이

---

18 고후 5:17 "그런즉 누구든지 그리스도 안에 있으면 새로운 피조물이라 이전 것은 지나갔으니 보라 새 것이 되었도다."

19 창 8:21 "여호와께서 그 향기를 받으시고 그 중심에 이르시되 내가 다시는 사람으로 말미암아 땅을 저주하지 아니하리니 이는 사람의 마음이 계획하는 바가 어려서부터 악함이라 내가 전에 행한 것 같이 모든 생물을 다시 멸하지 아니하리니."
창 9:11 "내가 너희와 언약을 세우리니 다시는 모든 생물을 홍수로 멸하지 아니할 것이라 땅을 멸할 홍수가 다시 있지 아니하리라."

다. 악인과 의인을 구별하여 악인은 영벌에 의인은 영생에 들어가는 것이 심판이다. 심판으로는 구원을 이룰 수 없다. 사람들의 악함은 오직 하나님의 은혜와 그리스도의 십자가 외에는 해결받을 수 없다.

새로운 두 부류의 사람들

홍수 이후 이 두 부류의 사람들이 다시 등장한다. 어느 날 노아는 술에 취해 자신의 하체를 드러내는 일을 저질렀다. 당대의 의인이었던 노아가 술에 취해 그로 인해 둘째 아들 함이 범죄를 저지르게 만든 이 사건은 창세기 3장의 아담의 범죄를 떠올리게 한다. 이 두 사건을 비교해 보자.

아담과 노아는 둘 다 벌거벗은 상태였다. 하나님은 아담에게 가죽옷을 지어 입혀 그 수치를 가리게 하셨고, 노아의 두 아들 셈과 야벳은 옷을 가져다 아버지의 벌거벗은 몸을 가렸다. 아담은 선악을 알게 하는 나무의 실과를 먹은 후에 수치를 느꼈지만 노아는 술에서 깨어난 후에 수치를 느꼈다. 다만 하나님은 아담에게 저주하시지는 않고 벌을 내리셨지만 노아는 함을 저주하고 셈과 야벳은 축복하였다. 이것은 노아 이후에 새로운 두 부류가 생겨났다는 것을 말하려는 것이다. 이제 새로운 두 부류의 사람들이 셈과 함으로부터 시작한다.

셈의 족보는 향년이 자세하게 기록된 아담의 족보와 같은 형식으로 기록되어 있다. 반면에 함의 족보는 가인의 족보와 같은 향식으로 이루어져 있다. 셈의 후손들이 어떻게 살았는지 언급은 없지만 아브라함과 이삭과 야곱에 이르는 신앙의 줄기를 형성한다. 그러나 함의 후손들은 가인의 후손들처럼 도성 문화를 구축한다. 구스의 아들인 니므롯은 용사로 그는 큰 성읍들 즉 바벨, 니느웨, 레센 등을 건설한다. 이는 바벨탑을 쌓은 것이 함의 후손들임을 말해 준다. 가나안 족속들도 함의 아들 가나안으로부터 나왔다. 그리고 야벳은 여러 민족이 그로부터 나왔다는 언급 외에는 더 이상 거론되지 않는다.

셈의 계보를 잇는 아브라함이 어떻게 아들 이삭을 낳고, 믿음으로 셈의 계보를 이어 나가는가? 세상 속에서 어떻게 그의 믿음이 완성되어 가는가? 등에 대한 과정과 결과가 아브라함 이야기의 주제다. 또한 성서는 의인을 대표하는 아브라함과 가인의 전철을 밟는 함과 그의 후손들, 즉 이집트의 바로, 소돔의 사람들, 아비멜렉 등을 대조적으로 펼쳐 나간다. 이 두 부류 간의 대립과 갈등, 우여곡절 속에서 어떻게 하나님이 도우셨고, 결국에는 아브라함이 어떻게 믿음을 완성해 갔는지에 대한 이야기가 아브라함 이야기의 전체 흐름이다.

왜 아브라함인가? 왜 아브라함이 등장하는가? 아브라함은 아담과 셈의 계보를 잇는 자로서 창세기 2장에 나타난 하나님의 계획을 이룩할 사명을 갖고 등장한 것이다. 나아가 아브라함과 이삭과 야곱, 그리고 그의 후손인 이스라엘을 통하여 땅을 아름답게 경작할 새로운 민족, 하나님의 뜻에 순종함으로 의를 이룰 민족, 하나님의 의를 온 세상에 전하고 펼칠 새로운 민족을 하나님은 만들기를 원하셨다. 그것이 오경 전체의 내용이다. 그 시작이 아브라함이다. 우리 주님이 말씀하신 하나님 나라의 건설을 위해 택한 사람이 아브라함이며 그의 후손들이다. 아브라함을 반드시 이스라엘의 조상으로만 생각해서는 안 된다. 그의 나라와 의가 이루어질 것을 믿는 모든 자들의 조상이 아브라함이다.

우리 인생에는 의미 없는 삶은 없다. 모든 순간, 모든 사건들이 다 그렇다. 하나님 중심으로 살아가는 의인들은 그 인생의 의미를 하나님께

두는 사람이요, 하나님으로부터 그 의미를 부여받는 사람들이다. 하지만 하나님 없이 살아가는 가인의 후예들은 자신들의 인생에 스스로 의미를 부여하는 사람들이다. 자신이 중심이 되어 자신에게 유리한 방향으로 의미를 부여한다.

우리의 기도는 모두가 자신의 삶의 문제들에 대한 의미를 찾는 작업이다. 그 의미를 어느 날 하나님이 깨닫게 하신다. 하나님으로 인해 인생의 새로운 의미가 생겨난 것이 바로 기도의 응답이다. 하지만 가인의 후예인 세상 사람들은 하나님을 믿지 않기에 자신을 의지하고 자신의 삶에 스스로 의미를 부여할 수밖에 없다.

---

20 창 25:12 "사라의 여종 애굽인 하갈이 아브라함에게 낳은 아들 이스마엘의 족보는 이러하고."
창 25:19 "아브라함의 아들 이삭의 족보는 이러하니라 아브라함이 이삭을 낳았고."
창 37:2 "야곱의 족보는 이러하니라 요셉이 십칠 세의 소년으로서 그의 형들과 함께 양을 칠 때에 그의 아버지의 아내들 빌하와 실바의 아들들과 더불어 함께 있었더니 그가 그들의 잘못을 아버지에게 말하더라."

2. 아브라함의 등장과 그의 소명

아브라함의 이야기는 데라의 족보로부터 시작한다. 특이하게도 그는 자신의 족보가 없다. 이에 반해 이스마엘이나 이삭, 야곱은 자신의 족보가 있다.[20] 다만 사라가 죽고 난 후에 아브라함이 맞이한 후처, 그두라로부터 태어난 자손들에 대한 계보는 나온다. 그것은 아브라함으로 하여금 여러 민족의 아버지가 되게 하시겠다는 하나님의 말씀이 이루어졌다는 것을 밝히려는 후대 편집자의 의도다.[21]

왜 아브라함의 족보가 없을까? 우리는 이에 대해 몇 가지를 추론해 볼 수 있다. 첫째는 가나안 땅으로 가고자 갈대아인의 우르 도성을 떠난 것이 데라였기 때문이다.[22] 물론 아브라함의 아버지 데라는 가나안에 들어가지 못하고 하란에 머물다 거기서 죽는다. 이것은 이집트 도성에서 이스라엘을 이끌고 나와 가나안 지경에서 죽은 모세를 떠올리게 한다. 나아가 데라는 도성으로부터 탈출은 시도했지만 결국 도성 문화를 벗어나지 못하는 사람들을 대표한다. 성서를 읽는 사람들로 하여금 "조금만 더 가면 가나안인데 왜 거기서 머무는 거야" 하는 안타까움을 갖게 한다.

---

21 창 17:4 "보라 내 언약이 너와 함께 있으니 너는 여러 민족의 아버지가 될지라."
여기에 대해서는 이 책의 맨 마지막에 있는 "끝나지 않은 이야기"를 보라.

22 창 11:31 "데라가 그 아들 아브람과 하란의 아들인 그의 손자 롯과 그의 며느리 아브람의 아내 사래를 데리고 갈대아인의 우르를 떠나 가나안 땅으로 가고자 하더니 하란에 이르러 거기 거류하였으며."
참고. 느 9:7 "주는 하나님 여호와시라 옛적에 아브람을 택하시고 갈대아 우르에서 인도하여 내시고 아브라함이라는 이름을 주시고."

둘째로 아브라함의 이야기는 그의 조카 롯과 아주 긴밀하게 연결되어 있기 때문이다. 롯은 데라의 둘째 아들인 하란의 아들이다. 그에게는 밀가와 이스가, 두 명의 누이가 있었는데, 밀가는 아브라함의 동생 나홀의 아내가 되었다. 밀가는 여덟 아들을 낳았으며, 리브가의 할머니뻘이 된다.[23] 이를 보건대, 하란이 죽자 그의 자녀들을 삼촌들이 돌보았는데, 하란의 아들 롯은 아브라함이, 밀가는 나홀이 데리고 살았음을 알 수 있다. 나중에 롯은 아브라함을 떠나 소돔 성으로 들어가 살게 된다. 롯은 아브라함을 따라 도성을 떠났지만 다시 도성으로 되돌아가는 사람들을 대표한다. 즉, 세상을 떠나 주님의 세계로 들어왔다가 세상을 사랑하여 세상으로 되돌아간 데마와 같은 유형이 롯이다.[24] 이스가에 대해서는 성서에 더 이상 나오지 않는다.

아브라함의 아버지 데라가 그의 가족들을 이끌고 나온 갈대아 지방 우르는 어디인가? 우르는 지금의 이라크 남부 지역이다. 고대 메소포타미아 수메르 남부에 있었던 대도시였다. 갈대아는 고대의 바빌로니아 제국이 흥기하였던 지방으로 도성 문명이 고도로 발달하던 장소다. 특히 우르 도성은 매우 번영하던 도시였다. 데라는 본디 바빌로니아 도성

---

23 창 11:29 "아브람과 나홀이 장가 들었으니 아브람의 아내의 이름은 사래며 나홀의 아내의 이름은 밀가니 하란의 딸이요 하란은 밀가의 아버지이며 또 이스가의 아버지더라."
창 22:20-23 "이 일 후에 어떤 사람이 아브라함에게 알리어 이르기를 밀가가 당신의 형제 나홀에게 자녀를 낳았다 하였더라 그의 맏아들은 우스요 우스의 형제는 부스와 아람의 아버지 그므엘과 게셋과 하소와 빌다스와 이들랍과 브두엘이라 이 여덟 사람은 아브라함의 형제 나홀의 아내 밀가의 소생이며 브두엘은 리브가를 낳았고."
창 24:15 "말을 마치기도 전에 리브가가 물동이를 어깨에 메고 나오니 그는 아브라함의 동생 나홀의 아내 밀가의 아들 브두엘의 소생이라."

24 딤후 4:10 "데마는 이 세상을 사랑하여 나를 버리고 데살로니가로 갔고 그레스게는 갈라디아로, 디도는 달마디아로 갔고."

인 우르에서 도성민으로 살았음을 알 수 있다.

아브라함의 아버지 데라가 갈대아 우르를 떠나 하란으로 이주한 이유는 무엇일까? 성서가 편집되고 기록되던 페르시아 시대에 우르는 최전성기였다. 예루살렘에서 포로로 끌려온 유대인들이 이 도성에서 강제노역을 당했다. 이 도성을 벗어나 고향 땅 가나안으로 가려면 북부의 하란을 통해 가야 한다. 그러나 하란도 역시 고대 아시리아의 왕도로서 번영한 도성이다. 페르시아의 고레스 왕이 포로 해방을 선포했을 때 귀환민의 행렬은 우르에서 북방의 하란으로 나아가 거기서 가나안으로 귀환했을 것이다. 그러므로 우르에서 하란으로, 하란에서 가나안으로 가는 행보는 유다 포로민이 예루살렘으로 돌아가는 귀환로다. 데라는 하란에 머물렀지만 아브라함은 가나안까지 들어갔다.

아브라함은 의인의 계보를 잇는 사람으로 이스라엘 민족의 시조가 된다. 물론 순수하게 혈통으로만 보면 유대 민족의 조상은 야곱이다. 아브라함은 근동 지방의 많은 민족들의 조상이 되기도 한다. 후처 소생인 이스마엘과 그두라와의 사이에서 난 아들들이 각기 민족의 조상이 되기 때문이다. 아브라함이 이스라엘의 조상이 된다는 것은 아담의 계보를 이어 하나님이 선택한 이스라엘의 시조가 되기 때문이다. 이스라엘은 다른 민족과 달리 자신들이 의인의 계보, 믿음의 계보를 이어받은 택한 민족이라고 믿는다. 그러기에 아브라함은 그들의 혈통으로나, 믿음으로나 조상이 된다. 이와 같은 연유로 성서는 믿음의 계보와 민족의 시작을 아브라함으로부터 출발한다.

1) 부르심

아브라함이 75살 되던 그 어느 날, 하나님이 그를 부르신 것으로 그에 대한 이야기가 시작된다.

> 여호와께서 아브람에게 이르시되 너는 너의 고향과 친척과 아버지의 집을 떠나 내가 네게 보여 줄 땅으로 가라 내가 너로 큰 민족을 이루고 네게 복을 주어 네 이름을 창대하게 하리니 너는 복이 될지라 너를 축복하는 자에게는 내가 복을 내리고 너를 저주하는 자에게는 내가 저주하리니 땅의 모든 족속이 너로 말미암아 복을 얻을 것이라 하신지라 이에 아브람이 여호와의 말씀을 따라갔고 롯도 그와 함께 갔으며 아브람이 하란을 떠날 때에 칠십오 세였더라."(창 12:1-4)

위의 말씀은 세 부분으로 나눌 수 있다. 첫째는 "여호와께서 아브람에게 이르시되 너는 너의 고향과 친척과 아버지의 집을 떠나 내가 네게 보여 줄 땅으로 가라"는 하나님의 부르심이다.(A) 둘째로는 "내가 너로 큰 민족을 이루고 네게 복을 주어 네 이름을 창대하게 하리니 너는 복이 될지라 너를 축복하는 자에게는 내가 복을 내리고 너를 저주하는 자에게는 내가 저주하리니 땅의 모든 족속이 너로 말미암아 복을 얻을 것이라 하신지라"는 축복의 약속이다.(X) 셋째는 이에 아브라함이 여호와의 말씀에 따라 떠났다는 부르심에 대한 응답이다.(A') 아브라함을 부르시는 하나님의 부르심과 하나님의 부르심에 응답하는 아브라함의 결단 사이에 축복의 약속이 있음을 볼 수 있다. 아브라함이 하나님의 축복의 약속을 믿고 부르심의 목적을 향해 순종하며 떠났다는 것이 아브라함 이야기의 시작이다.

아브라함을 부르신 목적은 그로 하여금 큰 민족을 이루시고자 하심이다. 민족을 이루기 위해서는 아들이 있어야 한다. 쉽게 말해 아브라함 생의 목적은 아들을 낳는 것이다. 이 문제 때문에 아브라함의 일생은 아들 낳는 것과 그 아들에 대한 우여곡절로 점철되어 있다. 그런데 왜 성서는 아브라함이 아들을 그토록 어렵게 낳았다고 말하는가?

그의 아내 사라는 아이를 못 낳는 석녀였다. 그리하여 하갈을 첩으로 들여 86살에 이스마엘을 낳았지만 그는 상속자가 아니었다. 이에 아브라함은 또 만 14년을 기다려야만 했다. 하나님의 약속이 있은 지 25년 만인 100살에 비로소 아들을 낳았다. 그 아들도 어느 정도 성장했을 때, 하나님은 모리아 땅에 있는 한 산에서 번제로 바치라고 하셨다. 왜 이렇게 어려운가? 아마도 이런 아브라함의 삶을 보고 그가 받은 복을 받으라고 한다면 모두들 고개를 절레절레 흔들 것이다.

왜 이렇게 어려운가? 그것은 의인의 계보를 잇는 아브라함과 그의 후손들이 세상 사람들처럼 아이를 낳고 키워서는 안 된다는 것을 말하려는 것이다. 의인의 계보를 잇는 민족, 세상을 하나님의 의로 구원할 민족은 결혼하기만 하면 애를 낳는, 세상 사람 누구나 할 수 있는 방식이 아니라, 믿음의 연단과 훈련을 거친 후, 의인의 계보를 잇기에 합당한 믿음이 형성된 후에 비로소 아들을 낳게 하신 것이다. 침묵하는 믿음에 이를 때까지 연단이다.

아브라함이 단순히 아들을 낳음으로 혈통의 조상이 되는 것만이 그의 부르심이 목적이 아니라는 것을 우리는 다른 말씀 속에서 발견할 수 있다. 마므레의 상수리나무들이 있는 곳에서 하나님이 나타나시자 아브라함은 풍성하게 잘 대접을 한다. 식사 후에 떠나시면서 하나님은 아브라함에게 "내가 그로 그 자식과 권속에게 명하여 여호와의 도를 지켜 의와 공도를 행하게 하려고 그를 택하였나니"라고 말씀하신다.[25]

이 말씀의 의미는 아브라함을 택하신 목적이 단지 아들 낳는 것에 머물지 않고 그와 그의 후손, 그에게 딸린 권속들이 여호와의 도를 지켜 의와 공도를 행하게 하기 위하심이다. 즉 아브라함 생의 목적이 민족의 혈통적 조상이 되는 것만이 아니라, 그의 후손들에게 믿음을 그의 삶으로 보여주어 그들도 믿음과 하나님의 의를 지키도록 교육함에 있다. 명실상부한 혈통과 믿음의 조상이 되는 것이다. 오직 하나님을 믿는 믿음으로 살아온 그의 삶 자체가 진정으로 후손들의 신앙의 교훈과 모범이 되는 것이다. 이 부르심의 목적이 바로 아브라함의 사명이다.

여기서는 순서를 바꾸어 첫째 부분인 부르심과 셋째 부분인 부르심에 대한 응답을 먼저 다룬 다음에 축복에 대한 약속을 다룰 것이다. 이는 분문의 구조가 A: 부르심, X: 하나님의 약속, A' 부르심의 응답으로 되어 있기 때문이다. 따라서 A와 A' 부분을 먼저 다루고 핵심이 되는 X를 나중에 다루기로 한다. 자 이제부터 이 하나씩 검토하기 위해 아브라함을 따라가 보자. 아브라함 속에 내가 있음을 알게 될 것이다. 믿음 없는 우리를 위해 하나님은 아브라함의 이야기를 성서 속에 기록해 놓으셨음을 보게 될 것이다.

25 창 18:18-19 "아브라함은 강대한 나라가 되고 천하 만민은 그로 말미암아 복을 받게 될 것이 아니냐 내가 그로 그 자식과 권속에게 명하여 여호와의 도를 지켜 의와 공도를 행하게 하려고 그를 택하였나니 이는 나 여호와가 아브라함에게 대하여 말한 일을 이루려 함이니라."

부르심의 조건

자 이제 우리의 입장에서 생각해 보자. 수많은 사람 중에 하나님은 왜 아브라함을 택하여 부르셨을까? 아브라함의 어떤 점이 하나님의 마음에 맞아 아브라함을 부르셨을까? 그의 인물이 남달랐기 때문인가? 키가 크고 잘 생겼기 때문인가? 성품이 온화하고 심성이 고와서인가? 지식이 뛰어났기 때문인가? 그를 부르신 조건, 다른 사람과 차별되는 그 무엇이 있어서 그를 부르셨을까? 이 물음에 대한 해답은 성서에 나오지 않는다.

위의 물음들은 지구 위에 사는 많고 많은 사람 중에 하나님은 왜 나를 택하시고 부르셨을까? 왜 나인가? 왜 나를 사랑하시는가? 나의 어떤 조건 때문에 나를 구원하시는가 하는 물음과 같다. 물론 우리는 하나님이 사랑이시기 때문이라고 대답할 수 있다. 사랑 때문에 나를 부르시고 구원하신다고 말할 수 있다. 그러나 이것은 하나님의 부르심의 은총을 깨닫고 난 뒤에 할 수 있는 대답이다. 하나님이 우리의 어떤 점, 어떤 조건 때문에 우리를 부르시는가에 대한 정답은 알 수 없다. 우리는 그것을 은혜라고 밖에 말할 수 없다.

예수께서 그의 제자들을 부르실 때도 마찬가지다. 갈릴리 해변을 지나시다가 그물을 던지는 시몬과 그의 형제 안드레에게 "나를 따라 오너라 내가 너희로 사람 낚는 어부가 되게 하리라"(막 1:17)고 하시며 그들을 부르셨다. 조금 더 가시다가 그물을 깁고 있는 야고보와 그의 형제 요한을 보시고 그들을 부르셨다. 갈릴리 호수에서 어부로 생활하는 수많은 사람들 중에 왜 그들을 선택하여 부르셨는가? 이에 대해 성서는 아무 말도 없다. 외모가 남보다 잘 생겼다든지, 키가 크다든지, 남보다 똑똑

하다든지, 심성이 남보다 곱다든지 하는 이유가 없다. 우리 생각에는 주님으로부터 택함 받을 때는 남다른 무언가가 있을 것 같은데 성서는 남다른 그 무언가에 대한 언급이 전혀 없다. 다른 제자들도 마찬가지다.

모세를 부르실 때도 그렇다. 우리 생각에는 모세가 이집트의 모든 지식에 능통하고 그 말과 행사가 능통하였기 때문에 하나님이 그를 택하여 이스라엘을 이집트에서 구원하도록 부르셨다고 생각하기 쉬우나 성서 그 어디에도 그런 말은 나오지 않는다.[26] 호렙 산에서 장인의 양 무리를 치던 모세에게 그 어느 날 하나님이 나타나셔서 그를 부르시고 사명을 주신다. 여기서도 왜 다른 사람이 아니라 모세인가, 그의 학식과 경륜 때문인가 아니면 믿음이 남보다 좋아서인가, 왜 그를 부르셨는가에 대한 언급이 없기는 마찬가지다.

이사야를 부르실 때도 그가 귀족 출신이기 때문에, 남보다 학식이 많기 때문에, 유다의 안일을 염려하는 그의 심정 때문에 그를 부르신 것이 아니다. 그저 성전에서 기도하던 그를 하나님이 부르셨다.(사 6:1-8) 뽕나무를 배양하고 양을 치는 목자였던 아모스도 양떼를 치다 하나님의 부르심을 받았다.(암 7:14-15) 다윗도 바울도 그 어떤 조건에 의해 하나님의 부르심을 받은 것이 아니다. 하나님의 부르심에는 그 어떠한 인간적인 조건도 이유도 없다. 오직 하나님의 은혜와 사랑만이 있을 뿐이다. 조건 없이 부르시는 하나님의 은혜, 그것이야말로 복음 중의 복음이다.

바울은 이와 같은 부르심에 대한 하나님의 사랑과 은혜를 깨달았다. 그는 다음과 같이 말한다. "너희는 그 은혜에 의하여 믿음으로 말미암아

---

26 행 7:22 "모세가 애굽 사람의 모든 지혜를 배워 그의 말과 하는 일들이 능하더라." 이 말씀은 스데반이 그의 마지막 설교에서 모세에 대한 이야기를 하는 것이지 모세가 그렇기 때문에 부르심을 받았다고 말하려는 것은 아니다.

구원을 받았으니 이것은 너희에게서 난 것이 아니요 하나님의 선물이라 행위에서 난 것이 아니니 이는 누구든지 자랑하지 못하게 함이라"(엡 2:8-9)

하나님이 우리를 부르시는 것은 오직 그의 은혜로 말미암은 것이다. 다른 이유가 없다. 너무나 간단하다. 그런데 우리는 이 간단한 진리를 종종 간과한다. 또 다른 이유가 있었을 것이라고 추측한다. 위대한 사람에게는 무언가 특별한 것이 있을 것이라고 생각한다. 그리하여 그에 대한 연구를 하고 그 결과 남과 다른 특성이 조금만 있어도 그것을 과장하여 그렇기 때문에 하나님이 그를 선택하여 부르셨다고 믿는다. 하지만 성서에는 그런 말씀이 나오지 않는다.

대략 일 년 전쯤에 속초에서 사역하시는 전도사님이 오셨다. 젓갈 세트를 가지고 왔다. 저녁 식사 때 아내는 그 중에서 가리비 젓을 내놓았다. 다른 젓갈과는 달리 짜지 않고 맛있었다. 아내가 젓갈이 짜지 않고 맛있다고 하니, 장모님은 단것을 함께 넣어 짜지 않은 것이라고 말씀하셨다. 아내는 그것이 아니라 소금을 적게 넣고 담가서 그렇다고 말했다. 그것이 정답이다. 소금이 적게 들어가면 안 짜다. 그런데 나는 우스갯소리로 지난겨울에 눈이 많이 와서 바닷물이 싱거워졌고, 그 때문에 가리비도 싱거워져서 젓갈도 안 짠 것이라고 말했다.

소금이 적게 들어가면 덜 짜고, 많이 들어가면 짜다. 음식의 간은 소금의 양에 비례한다. 너무나 당연한 말이다. 그런데 너무나 당연하여 믿지 못한다. 그래서 이렇게 맛있는 음식에는 또 다른 비결이 숨어 있을 것이라고 추측한다. 나름대로의 논리를 펴서 그것을 증명하려고 애쓴다.

즉, 소금 간을 적게 했기 때문에 가리비 젓이 안 짠 것은 당연하다. 이것은 누구나 알 수 있는 것이다. 이 가리비 젓은 안 짜고 맛있다. 그렇다면 무언가 비결이 숨어 있을 것이다. 모든 가능성을 열어 놓고 분석을 한다. 그리고 지난겨울에 눈이 많이 온 것을 그 이유로 찾는다. 가리비는 바다 속에 산다. 그 가리비로 젓갈을 담갔기에 바닷물의 농도와 젓갈의 맛은 상관관계가 있다. 지난겨울에는 눈이 많이 왔다. 따라서 가리비젓이 안 짠 이유는 눈이 많이 와서 바닷물이 싱거워졌기 때문이라는 결론에 도달한다.

이런 식으로 우리는 남보다 뛰어난 사람들, 소위 스타나 영웅들을 분석하기를 좋아한다. 남과 다른 그 무엇을 찾으려고 애쓴다. 아브라함이나 다윗도 그럴 것이라고 추측하고는 분석한다. 그러나 그런 것은 없다. 성서에 나오지 않는 것들이다. 이 세상의 모든 사람은 다 특별하다. 상천하지上天下地에 똑같은 사람이 어디 있는가? 모두가 특별하고 다 다르다. 그 다름에는 다 이유가 있다. 그 이유를 가지고 하나님이 선택하셨다고 말한다면 모두가 다 선택의 대상이다. 따라서 하나님의 부르심을 받은 이유에 대해서 말할 필요도 없으며, 말할 수도 없다. 모두가 그저 아주 당연한 해답, 즉 은혜로 부르심을 받은 것이다.

우리가 하나님의 부르심을 받고 구원에 이르게 된 것은 우리의 행위가 하나님으로부터 인정받을 만한 남과 다른 그 어떤 것이 있어서가 아니다. 전적으로 하나님의 은혜로 말미암은 하나님의 선물의 결과다. 그러므로 누구든지 하나님께 부르심을 받았다고 해서 자랑할 수 없다. 오직 감사와 감격이 있을 뿐이다. 하나님이 우리를 부르신 것은 우리의 조건이나 행위의 의로움 때문이 아니다. 아브라함도 이사야도 예수님의 제자들도 모두 조건 때문에 부르심을 받은 것이 아니다. 하나님은 조건 없이 그들을 부르셨다.

이는 우리에게도 그대로 적용된다. 우리가 하나님 앞에 내세울 조건이나 행위의 의로움이 없을지라도 하나님은 우리를 부르신다. 내세울 것이 아무것도 없는 우리지만, 주님으로부터 인정받을 만한 것이 아무것도 없는 우리지만 하나님은 조건 없이 그런 우리를 부르신다. 우리 모두 하나님의 부르심의 대상이며, 오늘도 하나님은 우리를 부르신다. 아브라함을 통해 믿음의 민족을 이루기 위해 그를 부르셨다. 이처럼 우리를 구원받은 의인의 반열에 들어가게 하기 위해, 우리 후손들에 대해서는 믿음의 조상이 되기 위해 부르신다. 우리로 하여금 하나님 나라를 이루고 전파하는 사명을 감당하도록 부르신다.

우리를 부르시는 때

하나님께서 아브라함을 부르실 때에 평온하고 행복했을 때 부르셨다고 생각하지 마라. 성서는 아브라함의 상태에 대해 말하는 바 없다. 하지만 베드로는 밤새도록 고기 잡지 못하고 실패한 빈 배의 상태에서 그를 부르셨으며, 이사야는 웃시야 왕이 죽던 해, 아시리아에 의해 민족의 흥망이 경각에 달린 때, 민족의 앞날을 생각하며 상심해 하던 그를 부르셨다. 혈기 왕성할 때 바울을 부르신 것과는 달리 모세는 젊은 혈기가 사라지고 모든 것이 꿈같이 흘러갔다고 여기던 80살에 부르셨다.

그것은 내 상황 역시 하나님의 부르심의 조건이 되지 않는다는 말이다. 하나님은 내가 행복할 때나 불행할 때나, 젊었을 때나 늙었을 때나, 건강할 때나 병들었을 때나, 좋을 때나 나쁠 때나 언제나 부르신다. 그리고 깨어 있는 자는 하나님이 부르실 때 즉시로 응답하며, 축복의 약속을 믿고 하나님 앞으로 나아간다.

하나님을 만나고 싶은 사람들이 많을 것이다. 결단의 기로에 섰을 때, 암울한 현실에 가로막혀 아무것도 할 수 없을 때, 죽음을 생각하며 고개를 돌릴 때, 한 번만, 단 한 번만이라도 주님을 만나면 다 해결될 것 같은 생각이 사무칠 때, 우리는 주님을 찾게 되며 너무나 만나고 싶어 한다.

중학교 3학년 때 나는 정말로 주님을 만나고 싶었다. 기도하면 들어 주신다고 하니 "주님, 한 번만이라도 좋으니 나를 좀 만나 주세요"라고 계속 기도했다. 그런데도 아무런 응답이 없었다. 성서 말씀에 하나님을 본 자는 죽는다고 했는데, 그래서 안 나타나시는가 하고는 "그러면 주님의 음성만이라도 들려주세요"라고 기도했다. 여전히 깜깜 무소식이었다. 내가 살살 기도해서 그런가 보다 하고는 이번에는 산 기도를 하기로 마음먹었다. 따뜻한 어느 봄날 집 근처에 있는 배부릉산에 올라갔다. 바위 밑 낙엽이 쌓여 푹신한 곳에 자리를 잡고 앉아 기도를 시작했다.

"주님, 만나고 싶어요. 나를 만나 주세요. 그게 힘들면 음성이라도 들려주세요." 하지만 들리는 것은 바람 소리뿐이었다. 나는 그냥 내려갈 수 없었다. 그냥 산에서 내려간다면 더 이상 주님을 믿을 수 없을 것 같았다. 기도는 점점 더 열기를 더해 가고 나중에는 애절하게 변해 가다 이윽고 협박성 기도까지 하게 되었다. "주님, 내가 다른 것을 구하는 것도 아니고 그저 주님을 확실히 믿고 싶어 음성만이라도 들려 달라고 기도하는데 왜 안 들어 주십니까?" 그래도 안 되어 이번에는 타협을 시도하였다. "주께서는 거룩하신 분이라 나 같은 죄인에게 안 보이실 수 있으니 그렇다면 천사라도 보여 주세요. 천사도 안 되면 천사 발뒤꿈치만이라도 좋으니 제발 뭐라도 보여 주세요."

지금 이 글을 쓰면서도 웃음이 나는데 주님은 얼마나 재미있으셨을까? 하지만 그때는 매우 절박했다. 결국은 기도하다 잠이 들었는데 깨어 보니 저녁이 다 돼서 그냥 내려오고 말았다. 세살 버릇 여든 간다고 건축을 하면서도 아브라함의 침묵을 깨닫기 전에는 그때 그 시절, 그 기도를 그대로 반복하였다. 나는 가끔 주님을 참으로 재미있게 한다고 생각할 때가 있어 기도하다가도 웃는다. 주님은 다른 사람은 몰라도 적어도 나 때문에는 심심하시지 않을 것이다.

아브라함의 침묵을 깨닫고 4~5개월 뒤 나는 하나님께서 나에게 침묵하시는 것이 아니라 언제나 말씀을 하고 계신다는 사실을 알았다. 내 생각, 내 감정, 내 계획, 내 방법에 충실하여 내가 하나님의 음성을 못 들었던 것이다. 내 생각, 내 감정, 내 뜻을 죽이고 하나님 앞에서 침묵할 때 하나님의 음성뿐 아니라, 하나님의 인격이 내 몸을 휘감듯 임하신다.

주님을 만나고 싶어 하는 사람들에게 나는 이렇게 말한다. 나와 함께 하시고 내 안에 계신 주님을 따로 찾지 마라. 하나님은 언제나 나와 함께하신다. 그리고 나를 더 높은 차원의 세계로 이끄시기 위해 늘 부르고 계신다. 목자는 언제나 양들을 돌보며 푸른 초장 맑은 물가로 인도한다. 양은 자기 목자의 음성을 안다. 그 음성을 따라가면 된다. 하지만 목자의 음성이 들리지 않을 때는 있는 그 자리에서 울어라. 그러면 목자가 다가와 양을 안고 가듯이 주님이 품에 안고 가실 것이다. 애통하는 자만이 주님의 품 안에서 위로를 받을 것이다.

2) 부르심에 대한 응답

하나님의 부르심에 대한 응답이 내적으로 나타날 때 믿음이 되며, 그 응답이 외적으로 나타날 때 행함이 된다. 행함은 믿음의 외적 표현이다. 믿음은 신뢰를 바탕으로 하며, 행함은 순종을 바탕으로 한다. 사명은 삶의 전 존재를 바쳐 믿음을 실천하는 성도의 일관된 행함이다. 그러므로 부르심은 사명에로의 초대이며, 응답은 사명에 대한 순종적 수용이며, 동시에 사명의 실천이다.

아브라함은 믿음으로 떠났다. 이를 히브리서 기자는 소박하게 있는 그대로를 표현한다. “믿음으로 아브라함은 하나님이 주시겠다고 약속하신 땅으로 가라는 명령을 받고 그대로 순종하였습니다. 그는 가야 할 곳이 어딘지도 모르는 채 떠났던 것입니다.”(히 11:8, 현대인의 성경) 그는 부르심에 대한 결단으로 그저 부르시는 하나님을 향한 내적 신뢰를 가지고 떠났다. 그러므로 그의 떠남은 믿음의 행함이며 신뢰에 대한 적극적 표현이다. 그의 떠남은 큰 민족을 이루기 위한 사명의 시작이다.

응답에 대한 내적 신뢰로서의 믿음

아브라함은 민족의 조상뿐 아니라 믿음의 조상이다. 특히 성서와 유대인들에게 있어서 믿음의 전형으로 묘사된다. 그는 하나님의 약속을 믿고 하나님께 자신의 모든 것을 걸었다. 하나님의 인도하심과 복 주심을 믿고 자신이 의지하던 모든 것, 고향, 친척, 아버지의 집으로부터 떠났다. 하나님의 약속이 더디 이루어지자, 때로는 투덜대기도 하고 인간적인 방법으로 하갈을 취해 이스마엘을 낳는 실수를 범하기도 했다. 하지만 그는 하나님의 말씀을 믿었다. 그러한 아브라함의 믿음을 하나님은 의로 인정하셨다.

> 아브람이 또 이르되 주께서 내게 씨를 주지 아니하셨으니 내 집에서 길린 자가 내 상속자가 될 것이니이다 여호와의 말씀이 그에게 임하여 이르시되

그 사람이 네 상속자가 아니라 네 몸에서 날 자가 네 상속자가 되리라 하시고 그를 이끌고 밖으로 나가 이르시되 하늘을 우러러 뭇별을 셀 수 있나 보라 또 그에게 이르시되 네 자손이 이와 같으리라 아브람이 여호와를 믿으니 여호와께서 이를 그의 의로 여기시고."(창 15:3-6)

아브라함은 하나님의 약속을 믿고 떠났다. 그러나 하나님의 약속을 이어받을 아들이 없었다. 여호와께서 이상 중에 아브람에게 임하여 말씀하시기를 "아브람아 두려워하지 말라 나는 네 방패요 너의 지극히 큰 상급이니라"(창 15:1)라고 하시자, 아브라함은 '주께서 내게 아들을 주시지 않았으니 여호와의 큰 상급이 무슨 소용이 있습니까?' 라고 항변한다. 그러자 하나님은 '네 몸에서 날 자가 네 상속자가 될 것이며, 그로 인해 네 자손이 하늘의 뭇별처럼 번성할 것이다' 라고 말씀하신다. 아브라함은 비록 아들도 없고, 자신과 사라가 늙어 아들을 낳을 여건도 되지 못하지만 하나님의 그러한 말씀을 믿었다. 그러자 하나님은 그러한 그의 믿음을 의로 여기셨다는 말씀이다.

위의 본문 '여호와를 믿으니' 에서 '믿으니' 라는 말은 히브리어로는 아만이란 단어를 썼다. 이는 믿는다, 신뢰한다는 뜻으로 예배 용어인 아멘이 여기서 나왔다. 찬송이나 성서 말씀 다음에 아멘으로 화답하는 것은 "진실로 그 말씀이 이루어지기를 원합니다, 그 말씀을 믿습니다"는 뜻이 된다.[27]

아브라함이 여호와의 말씀을 믿었다고 하는 것은 그 약속의 말씀이 진실로 자신에게 그대로 이루어질 것을 믿는다는 것이며, 여호와의 말씀을 전적으로 신뢰한다는 것이다. 현실적으로는 불가능하지만 하나님이 그렇게 말씀하셨으니 그렇게 된다고 확신한다는 뜻이다. 그러므로 아브라함의 믿음은 불가능을 가능하게 하심을 믿는 믿음이다. 이처럼 믿음은 의심하지 않는 확신이며 내적 응답이다.

우리가 하나님을 향한 전적인 신뢰를 가지고 있을 때, 그의 말씀이 불가능을 가능하게 한다는 확신을 가질 때, 하나님은 우리를 의로 여기신다. 의라는 용어는 행위를 말하는 것이 아니다. 행위로 의롭다 하심을 얻는다고 한다면 의로운 사람은 없으며, 구원받는 사람도 없다. 의는 관계를 뜻한다. 하나님과의 관계에 있어서 우리가 진실 되고 흠 없이 마음을 다하고 성품을 다하고 뜻을 다하고 힘을 다해 하나님을 사랑하며, 그의 말씀과 약속을 신뢰하고 의심하지 않을 때 하나님이 의롭다고 인정하시는 것이다. 그러므로 하나님과의 관계 속에서의 의는 우리의 믿음과 신뢰에 대한 하나님의 인정하심이다.

하지만 처음부터 온전한 믿음을 가지게 되는 것은 아니다. 아브라함이 하나님의 약속을 신뢰하고 떠났지만 여러 사건들을 통하여 그의 믿음이 연단되었음을 기억해야 한다. 아브라함이 처음부터 의인이었던 것은 아니다. 하나님이 그의 믿음을 의로 여기고 인정하신 것은 믿음으로 떠난 지 대략 15년이 지난 후다. 그 후에도 믿음이 완성되었다고 선언하시기까지 40여 년의 시간이 필요했다. 믿음의 완성은 이삭을 바칠 때 비로소 이루어졌다. "네가 네 아들 네 독자라도 내게 아끼지 아니하였으니 내가 이제야 네가 하나님을 경외하는 줄을 아노라"(창 22:12)고 하나

27 대상 16:36 "여호와 이스라엘의 하나님을 영원부터 영원까지 송축할지로다 하매 모든 백성이 아멘 하고 여호와를 찬양하였더라."
느 8:6 "에스라가 위대하신 하나님 여호와를 송축하매 모든 백성이 손을 들고 아멘 아멘 하고 응답하고 몸을 굽혀 얼굴을 땅에 대고 여호와께 경배하니라."
계 22:20 "이것들을 증언하신 이가 이르시되 내가 진실로 속히 오리라 하시거늘 아멘 주 예수여 오시옵소서."

님이 선언하셨다.

아브라함을 통해 보듯이 하나님은 우리의 믿음이 온전하게 되기를 원하신다. 우리가 믿음으로 의인이 되기를 원하신다. 이를 위해 때로는 연단을 하시기도 하시며 시험을 하시기도 하신다. 우리가 믿음으로 세상을 이기기를 원하신다. 이에 대한 신앙의 모델이 아브라함이요, 그의 삶이 믿음으로 가는 매뉴얼이다.

응답으로서의 떠남

아브라함이 믿음으로 떠났다고 하는 것은 믿음의 실천이며, 하나님의 신뢰에 대한 행동으로서의 표현이다. 부르심이 사명으로의 초대라고 한다면 떠남은 사명의 구체적 실천이다. 아브라함이 어떤 사명을 가졌는가? 그것은 민족의 조상이 되는 사명이다. 그가 떠남으로 하나님은 그로 말미암아 새로운 민족을 일으키셨다. 아담의 계보를 잇는 의로운 민족이며, 하나님의 의를 후손 대대로 가르치고, 가인의 후손인 세상 사람들에게 하나님의 영광을 드러내는 사명을 가진 민족이다.

이스라엘은 기존의 민족들과는 달리 오직 하나님과의 관계 속에서 그 정체성을 가지는 민족이다. 그와 그의 후손들이 하나님과의 관계를 위하여 계약을 맺는다. 하나님을 향한 믿음과 신뢰를 바탕으로 한 계약, 하나님은 자신의 거룩함과 성실성으로 그들의 하나님이 되고 그들은 하나님의 백성이 되는 계약이다. 아브라함은 계약 백성의 시조가 되는 사명을 위해 떠났던 것이다.

떠남은 단순히 장소를 옮기는 것이 아니다. 하나님은 아브라함에게 '너의 고향, 친척, 아버지의 집을' 떠나라고 하셨다. 이를 새번역에서는

'네가 살고 있는 땅과 네가 난 곳과 너의 아버지의 집을' 이라고 번역했다.[28] '네가 난 곳' 은 '갈대아 지방 우르' 다.[29] '네가 살고 있는 땅' 은 하란이다.[30] '아버지의 집' 은 그가 의지하며 살았던 곳을 말한다. 그러므로 하나님은 아브라함의 생활 배경과 그의 출생 환경으로부터 떠나라고 하신 것이다. 오늘날로 하자면 혈연, 학연, 지연 등 우리가 의지하며 살아가는 환경들로부터 떠나라는 것이다.

이처럼 떠나라고 하시는 것은 우리의 각종 환경으로부터 떠나 오직 하나님만 의지하며 살아가라는 뜻이다. 하나님의 부르심은 항상 사명을 전제로 한다. 믿음의 사람들은 사명 앞에서 주저하지 않는다. "그 때에 내가 이르되 내가 여기 있나이다. 나를 보내소서"(사 6:8)라고 외치며 사명의 현장으로 달려 나간다.

그러나 많은 사람들이 사명 감당하기를 주저한다. 그 이유를 들어 보면, 첫째로 하는 일이나 사업이 바빠서 시간을 낼 수 없기에 할 수 없다고 말한다. 둘째로 자신이 그 일을 감당하기에 부족하다고 생각하기에 못한다고 말한다.

첫째 부류의 사람들의 문제는 하나님께 대한 신뢰의 부족이 원인이다. 하나님이 복의 근원이며 복 주시는 분임을 확실히 믿는다면 그렇게 말할 수 없기 때문이다.[31] 또 한편으로 보면 하나님 앞에서조차 성공한 모습으로 서고 싶어 하는 일종의 콤플렉스가 아닌가 싶다. 그렇지 않고

---

28 창 12:1 "주님께서 아브람에게 말씀하셨다. "너는, 네가 살고 있는 땅과, 네가 난 곳과, 너의 아버지의 집을 떠나서, 내가 보여 주는 땅으로 가거라."(새번역)

29 창 11:27-28 "데라의 족보는 이러하다. 데라는 아브람과 나홀과 하란을 낳았다. 하란은 롯을 낳았다. 그러나 하란은 그가 태어난 땅 바빌로니아의 우르에서 아버지보다 먼저 죽었다."(새번역)

30 창 12:4 "이에 아브람이 여호와의 말씀을 따라갔고 롯도 그와 함께 갔으며 아브람이 하란을 떠날 때에 칠십오 세였더라."

서야 어찌 어느 정도 자리를 잡고 성공한 다음에 하나님의 일을 하겠다고 하겠는가? 하나님 앞에서의 성공은 사회적 지위나 경제적 능력하고는 아무 상관없다. 하나님을 얼마나 사랑하느냐, 어느 정도 순종하느냐 하는 것만이 하나님 앞에서의 성공의 척도가 될 뿐이다. 아브라함의 이야기가 이것을 우리에게 가르쳐 주는 것이다.

둘째 부류의 사람들은 자신의 능력의 한계를 아는 겸손한 사람처럼 보인다. 하지만 이들의 겸손은 교만을 감추기 위한 위장막일 뿐이다. 왜냐하면 교만은 하나님을 거부하는 것이기 때문이다. 예수께서 잡히시던 날 밤에 겟세마네 동산에서 이렇게 기도하셨다. "아버지, 나의 아버지! 아버지께서는 무엇이든 다 하실 수 있으시니 이 잔을 나에게서 거두어 주소서. 그러나 제 뜻대로 마시고 아버지의 뜻대로 하소서."(막 14:36, 공동번역) 주님의 이 기도는 사명을 앞에 둔 사람이 할 수 있는 기도와 고백의 모범을 보여 주신 것이다.

하나님 앞에서 나를 보기에 못하는 것이다. 그의 전능하신 능력이 나와 함께하심을 믿지 못하기 때문이다. 하나님만을 바라보는 자는 그의 능력이 자신과 함께한다는 것을 믿기에 아골 골짝 빈 들이나 골고다 길이나 어디든지 간다.

"형제들아 나는 아직 내가 잡은 줄로 여기지 아니하고 오직 한 일 즉 뒤에 있는 것은 잊어버리고 앞에 있는 것을 잡으려고 푯대를 향하여 그리스도 예수 안에서 하나님이 위에서 부르신 부름의 상을 위하여 달려

---

31 출 23:25-26 "네 하나님 여호와를 섬기라 그리하면 여호와가 너희의 양식과 물에 복을 내리고 너희 중에서 병을 제하리니 네 나라에 낙태하는 자가 없고 임신하지 못하는 자가 없을 것이라 내가 너의 날 수를 채우리라."
신 12:28 "내가 네게 명령하는 이 모든 말을 너는 듣고 지키라 네 하나님 여호와의 목전에 선과 의를 행하면 너와 네 후손에게 영구히 복이 있으리라."

가노라."(빌 3:13-14)

사명과 응답

올해부터 목원대학교 부속 목회교육원에서 강의를 하고 있다. 나의 전공이 은사 치유이므로 과정 이름을 〈은사치유학교〉로 정했다. 매주 월요일 오전에는 내가 강의를 하고 오후에는 치유 은사 사역자들을 초청해서 실제 은사 사역을 한다. 특히 사역자들이 예언 사역을 하면서 평신도 학생 중에 몇몇에게 "당신은 사명자입니다. 그러니 목사가 되어 주의 일을 하셔야 합니다"는 말을 할 때가 있다.

처음 이런 예언을 받은 학생들은 매우 당혹스러워한다. 자신의 삶과 운명을 바꾸어야 하기 때문이다. 이때 그 예언을 무시하거나 거부할 수 있는가? 바울도 예언을 멸시하지 말라고 했다. 거부하자니 불순종하는 것 같고, 순종하자니 현실의 문제가 발목을 잡는다. 무엇보다 이제까지 살아왔던 삶의 방향을 송두리째 바꾸어야 한다. 더구나 나이 들어 이런 예언이 불쑥 자신에게 주어진다면 곤혹스럽기 짝이 없다.

부흥회를 나가보면 나에게도 이런 물음을 하는 사람들이 종종 있다. "전에 예언 기도를 받았는데, 사명자이니 베드로처럼 모든 것을 버려두고 주의 길을 가야 한다고 합니다. 어찌하면 좋을까요?" 또는 "사명자라는 말을 듣고 모든 것을 버리고 신학교에 들어가 목사가 되었는데, 개척을 해서 목회를 하니 정작 교회 부흥은커녕 식구들끼리만 예배를 드리는 미자립교회를 벗어나지 못합니다. 자녀들 교육시킬 돈도 없고, 생활도 안 되고, 정말 내가 사명자인 것이 맞나요? 지금이라도 목회를 그만두면 어떨까요? 하나님이 나와 우리 가족들을 치실까요?"

이런 상담을 할 때면 나도 곤혹스럽기는 마찬가지다. 올해로 벌써 치악산에 들어와 산 지 7년째다. 교인 수는 20명 남짓이고, 목회를 시작한 지 23년째이지만 여전히 미자립교회다. 그런 내가 무슨 말을 할 수 있겠는가? 하지만 나는 나의 체험을 들어 강력하게 말한다. 왜 자신의 삶과 인생에 대해 그토록 무책임한가? 예언은 틀릴 수도 있는데, 왜 남의 예언만 믿고 자신의 인생을 던지는가? 하나님이 예언자를 통해 나에게 목회자의 사명이 있다고 하셨다면 왜 직접 하나님께 확인해 보지 않는가? 확인도 안 해 보고 모든 것을 포기하고 목회자가 되었다면 이는 믿음이 아니라, 자신에 대한 무책임이다. 한 번밖에 없는 인생을 어찌 그리 무책임하게 내던질 수 있는가?

1985년 대학을 졸업한 후에 현재 원주제일감리교회 원로장로님이신 어머니께서 나에게 목사가 될 것을 강력하게 요구하셨다. 물론 나도 강력하게 거부했다. 5개월 이상 계속되는 어머니의 압력에 못 이겨 나는 어머니께 제안을 하나 했다. "어머니, 일주일간 기도원에 가서 기도를 하겠습니다. 그러나 하나님께서 직접적으로 나에게 목사가 되라고 말씀하시지 않는다면 더 이상 나에게 신학교 운운하지 마세요. 하지만 직접 내게 말씀하신다면 어머니 뜻에 따르겠습니다." 사실 나는 자신이 있었다. 경제학과를 나온 나는 하나님이 나타나셔서 그런 말씀을 하신다는 것이 있을 수 없는 일이라고 생각했기 때문이다. 그런 것은 전깃불이 들어오기 이전의 신화와 전설의 세계에서만 가능하다고 믿었다.

배낭에다 일주일치 식량과 도구들을 챙겨 가지고 떠났다. 지금은 없어진 홍천에 있는 에브라임기도원으로 갔다. 때 마침 피서 철이라 캠핑 겸 떠난 것이다. 일주일 후면 어머니의 강압에서 벗어날 수 있다는 기쁨과 여행이 주는 설렘이 나를 즐겁게 했다. 기도원 주변에 텐트를 치고 하루 종일 계곡에서 놀았다. 어머니와의 약속을 지키기 위해 저녁에는 집회에 꼭 참석했다. 집회 후 5-10분 정도 기도했다. 기도 약속을 지켰다는 알리바이를 내세우기 위해 마지못해 그런 것이다. 둘째 날까지는 아무 일도 일어나지 않았다.

삼일 째 되는 수요일 저녁 집회 후 통성기도 시간이 되었다. '주여 삼창'과 더불어 기도원 불이 꺼지고, 둥둥둥 북 치는 소리와 함께 통성기도가 시작되었다. 늘 그랬던 것처럼 "하나님, 우리 어머니 좀 말려 주세요. 목사가 되지 않게 해주세요." 이런 기도였다. 그런데 나는 분명히 그런 기도를 하고 있었는데, 정작 내 입에서 나온 말은 "하나님, 좋은 목사 되게 해주세요"라는 기도였다. 나는 깜짝 놀랐다. 여기 더 있다가는 무슨 일이 일어날 것 같아 그냥 나왔다. 다음날 저녁 집회 후 기도 시간이 되었다. 정신 바짝 차리고 기도를 했다. 하지만 소용이 없었다. 내 입에서는 여전히 좋은 목사 되게 해달라는 기도만 나왔다. 그날도 그냥 나왔다.

마지막 금요일, 하루 종일 계곡에서 놀면서도 왜 그럴까 하는 마음이 떠나질 않는다. 아무리 생각해 봐도 있을 수 없는 일이다. 그렇다면 내가 목사가 되어야 하나? 나는 스스로 결단을 해야만 했다. 이제 이 문제는 어머니와는 상관없는 일이 되어 버렸다. 어머니 때문에 기도하는 것이 아니라, 내 인생을 놓고 기도해야 할 때가 온 것이다. 나는 하나의 원칙을 세웠다. 오늘 저녁에 경제학과 출신답게 냉철한 이성과 또렷한 정신으로 다시 한 번 기도해 보자. 그래도 나의 의도와 다르게 또 그렇게 기도가 나온다면 그 길이 정말로 주님이 원하시는 길이고 내가 가야 할 길이다.

금요일 밤, 나는 냉철한 이성으로 중무장하고 분명하게 기도했다. 그러나 나의 이성은 여지없이 무너졌다. 그렇다고 광적인 분위기에 휩싸인 것은 아니다. 나는 냉정하게 기도했다. 그럼에도 나의 입에서는 좋은 목사 되게 해달라는 기도가 나왔다. 그것으로 끝이 났다. 나는 이렇게까지 하시는 주님의 손길에 순종할 수밖에 없었다. 6개월 후 나는 감리교 신학대학교 신학대학원 학생이 되었다.

남의 말을 듣고 주의 길을 간다거나 남이 하는 예언을 믿고 목사가 되려는 것은 한 번밖에 주어지지 않는 자신의 인생에 대한 무책임이요, 그 인생을 허락하신 하나님께 대한 모독이다. 직접 들어라. 남에게도 계시하신다면 왜 정작 본인에게 알려 주시지 않겠는가? 아브라함이 남의 말을 듣고 떠난 것이 아니지 않는가? 그는 직접 듣고 직접 자기 발로 떠났다. 예언은 믿음의 대상이 아니다. 믿음의 대상은 오직 하나님 한 분밖에 없다. 예언은 참고 사항이다. 내게 임한 예언은 하나님께 직접 검증받을 때 참된 예언이 된다.

3) 하나님의 약속

창세기 12장 1-4절의 말씀을 앞에서 세 부분으로 나누었다. 다시 반복하자면 첫째는 "여호와께서 아브람에게 이르시되 너는 너의 고향과 친척과 아버지의 집을 떠나 내가 네게 보여 줄 땅으로 가라"는 하나님의 부르심이다.(A) 둘째는 "내가 너로 큰 민족을 이루고 네게 복을 주어 네 이름을 창대하게 하리니 너는 복이 될지라 너를 축복하는 자에게는 내가 복을 내리고 너를 저주하는 자에게는 내가 저주하리니 땅의 모든 족속이 너로 말미암아 복을 얻을 것이라 하신지라"는 축복의 약속이다.(X) 셋째는 이에 아브라함이 여호와의 말씀에 따라 떠났다는 부르심에 대한 응답이다.(A') 이제까지 첫째 부분의 부르심과 셋째 부분인 응답으로서의 떠남에 대해 살펴보았다. 지금부터는 하나님의 축복의 약속(X)에 대한 것을 검토할 차례다.

하나님이 아브라함을 부르실 때 왜 축복의 약속을 하시는가? 우리 생각에는 그저 하나님이 나타나셔서 불러만 주셔도 황송하여 하나님이 하자는 대로 다 할 것 같은데 약속은 왜 하시는가? 하나님이 아브라함에게 축복을 약속하시는 것은 아브라함이 하나님을 못 믿을 것 같아서, 또는 아브라함이 안 따라올 것 같으니까 당근을 제시하시는 것이 아니다.

아브라함의 사명은 큰 민족을 이루는 것이다. 그것도 의인의 계보를 이어 후손에게 연결해 주는 사명이다. 이스라엘 민족과 하나님과의 첫 연결 고리가 아브라함이다. 따라서 아브라함에게 제시한 축복의 말씀은 아브라함에 국한된 것이 아니다. 그것은 이스라엘 전체와 하나님을 믿는 모든 사람들에게 공통으로 제시된 축복이다.[32] 이 때문에 축복의 약속뿐 아니라, 하나님은 이스라엘과 믿는 자 전부를 대표하는 아브라함과 계약을 맺으셔야만 했다. 다음에서 살펴볼 창세기 15장과 17장에 나오는 계약이 바로 그런 것이다.

창세기 12장 2절을 다시 보자. "내가 너로 큰 민족을 이루고 네게 복을 주어 네 이름을 창대하게 하리니 너는 복이 될지라." 우리는 흔히 이 말씀을 아브라함에게 약속한 세 가지 축복이라고 말한다. 아마도 요한3서의 삼박자 축복과 연결시켜 그렇게 해석하는 것 같다.[33] 그러나 본문

---

32 갈 3:29 "너희가 그리스도의 것이면 곧 아브라함의 자손이요 약속대로 유업을 이을 자니라."
엡 3:6 "이는 이방인들이 복음으로 말미암아 그리스도 예수 안에서 함께 상속자가 되고 함께 지체가 되고 함께 약속에 참여하는 자가 됨이라."

33 요삼 1:2 "사랑하는 자여 네 영혼이 잘됨 같이 네가 범사에 잘되고 강건하기를 내가 간구하노라."

은 하나의 약속과 그에 대한 축복문으로 이루어져 있다. 이영재 목사가 분석한 창 12장 2절의 짜임새를 살펴보자.

A : 내가 너로 큰 민족을 이루게 할 것이다.
B : 내가 네게 복을 준다.
A′ : 내가 네 이름을 창대하게 하리라.
B′ : 너는 복이 될지라.

하나님의 약속이 끝나면(A-A′) 이어서 축복문이 나온다.(B-B′) 평행법을 보여주므로 A-A′는 동일한 의미다. 즉, 큰 민족을 이루는 것과 이름이 창대해진다는 것은 동일한 의미를 지닌다. 아담 이후 아브라함에 이르기까지의 아담 후손들의 족보를 보면 그들이 어떻게 살았는지, 어떤 삶의 업적을 남겼는지 등에 대해 기록된 것이 없다. 단지 오래 살았다는 것으로 그들이 의인의 계보를 잇는 사람들이었다는 것만을 알 수 있을 뿐이다.[34] 이제 하나님은 아브라함을 통하여 의로운 큰 민족을 이루려 하신다. 그들의 이름을 가인의 후손들과는 달리 하나님께서 창대케 하시려 하신다.

하나님이 아브라함을 통하여 의인의 계보를 잇는 새로운 민족을 만

34 다만 노아의 족보에서 세 아들 중 셈으로부터 출생한 자손들의 계보가 나오는데 셈의 후손들이 각기 하나의 족속들을 이루었다는 증언이 나온다. "그들이 거주하는 곳은 메사에서부터 스발로 가는 길의 동쪽 산이었더라 이들은 셈의 자손이니 그 족속과 언어와 지방과 나라대로였더라."(창 10:30-31) 그러나 셈의 족보(창 11:10-26)에는 이러한 내용이 나오지 않는다. 노아의 족보에서는 노아 이후에 수많은 민족들이 생겨났다는 것을 말하려 하는 것이다. 그리고 셈의 족보에서는 아담 이후 내려온 의인의 계보를 기록한 것이라고 볼 수 있다. 의인의 계보에는 민족을 이루었다는 이야기도 없고, 그들의 이름이 창대한 용사도 없었다.

들고 그 이름을 세상에 널리 알리려 하시는 이유가 무엇인가? 그것은 아담의 타락과 가인의 범죄로 인해 파괴된 창조세계를 다시 회복시키기 위함이다. 노아 시대에 홍수로 타락한 모든 것들을 쓸어버리고 당대의 의인 노아를 통해 이를 이루려 하셨으나 실패했다. 그것은 사람이 본디 악하기 때문이다.[35] 악인은 심판으로 선해지지 않는다. 심판은 의인과 악인을 구별할 수는 있어도 악인을 의인으로 바꾸진 못한다.

하나님이 아브라함을 통해 원하시는 것은 의인의 계보를 잇는 민족을 만들고 이들을 잘 가르쳐 의롭게 살아가도록 함으로 창조세계를 다시 회복하시려 하시기 때문이다.[36] 아브라함과 그의 후손들뿐만 아니라, 모든 믿는 자들을 통해 세상을 회복시켜 하나님 나라로 만들기 원하시기 때문이다. 세상을 창조의 본래 모습으로 다시 회복시키려면 아브라함과 그의 후손들의 이름이 널리 알려져야만 한다.

자 이제 하나님이 그 이름을 창대케 하시는 것과 가인의 후손들이 그 이름을 창대케 한 것을 비교해 보자. 아브라함의 이름이 창대해지는 것과 가인의 후손들 중에 나온 영웅들이 이름을 내는 것 사이에는 큰 차이가 있다. 창세기 6장에 용사들이 나오는데 이들은 고대에 명성 있는 자들이었다.[37] 또한 창세기 10장의 니므롯은 노아 이후 세상에 첫 용사가 되었다.[38] 함의 후손들은 성읍과 탑을 쌓고 자신들의 이름을 스스로 드

---

35 창 8:21 "여호와께서 그 향기를 받으시고 그 중심에 이르시되 내가 다시는 사람으로 말미암아 땅을 저주하지 아니하리니 이는 사람의 마음이 계획하는 바가 어려서부터 악함이라 내가 전에 행한 것 같이 모든 생물을 다시 멸하지 아니하리니."

36 창 18:18-19 "아브라함은 강대한 나라가 되고 천하 만민은 그로 말미암아 복을 받게 될 것이 아니냐 내가 그로 그 자식과 권속에게 명하여 여호와의 도를 지켜 의와 공도를 행하게 하려고 그를 택하였나니 이는 나 여호와가 아브라함에게 대하여 말한 일을 이루려 함이니라."

37 창 6:4 "당시에 땅에는 네피림이 있었고 그 후에도 하나님의 아들들이 사람의 딸들에게로 들어와 자식을 낳았으니 그들은 용사라 고대에 명성이 있는 사람들이었더라."

러내고자 했다.[39]

악인들은 스스로 이름을 내기를 원한다. 그러나 의인들은 하나님이 그 이름을 드러내신다. 이것이 세상 중심으로 살아가는 가인의 후손들과 하나님 중심으로 사는 아담의 후손들과의 차이다. 내가 무엇을 어떻게 해서 뭔가를 이루고, 그것 때문에 명성을 얻기를 원한다면 바벨탑을 쌓는 것이다. 바벨탑은 하나님이 흩어버리신다. 오직 내가 하는 것이 아니라, 나로 인하여 하나님이 하실 때 하나님이 그 이름을 높이신다. 하나님이 세우신 것을 사람이 허물 수는 없다.

하나님은 축복을 약속하시고는 아브라함의 여정 속에서 수시로 그 축복을 재확인시키신다.[40] 아들 이삭을 바치고 난 후에는 처음에 하신 축복을 구체적으로 확대하여 거듭 말씀하신다.[41] 그리고 이후 아브라함의 삶 속에 더 이상 축복이 나오지 않는다. 그것은 모리아 산에서 아들을 하나님께 바치는 믿음의 행위로 그의 믿음이 완성되었음을 하나님이

---

38 창 10:8 "구스가 또 니므롯을 낳았으니 그는 세상에 첫 용사라."

39 창 11:4 "또 말하되 자, 성읍과 탑을 건설하여 그 탑 꼭대기를 하늘에 닿게 하여 우리 이름을 내고 온 지면에 흩어짐을 면하자 하였더니."
그들은 흩어지지 말자고 했지만 하나님은 그들을 흩으셨다. 그리고 아브라함에게는 떠나라 하신다.

40 창 12:7 "여호와께서 아브람에게 나타나 이르시되 내가 이 땅을 네 자손에게 주리라 하신지라 자기에게 나타나신 여호와께 그가 그곳에서 제단을 쌓고."
창 13:14-17 "롯이 아브람을 떠난 후에 여호와께서 아브람에게 이르시되 너는 눈을 들어 너 있는 곳에서 북쪽과 남쪽 그리고 동쪽과 서쪽을 바라보라 보이는 땅을 내가 너와 네 자손에게 주리니 영원히 이르리라 내가 네 자손이 땅의 티끌 같게 하리니 사람이 땅의 티끌을 능히 셀 수 있을진대 네 자손도 세리라 너는 일어나 그 땅을 종과 횡으로 두루 다녀 보라 내가 그것을 네게 주리라."
창 15:18 "그 날에 여호와께서 아브람과 더불어 언약을 세워 이르시되 내가 이 땅을 애굽 강에서부터 그 큰 강 유브라데까지 네 자손에게 주노니."
창 17:8 "내가 너와 네 후손에게 네가 거류하는 이 땅 곧 가나안 온 땅을 주어 영원한 기업이 되게 하고 나는 그들의 하나님이 되리라."
창 18:10 "그가 이르시되 내년 이맘때 내가 반드시 네게로 돌아오리니 네 아내 사라에게 아들이 있으리라 하시니 사라가 그 뒤 장막 문에서 들었더라."

인정하셨기 때문이다.

하나님은 아브라함에게 축복을 확인시켜 주시는 것으로만 그치지 않는다. 아예 아브라함과 계약을 맺으신다. 그 계약을 통하여 영원히 아브라함과 그의 후손의 하나님이 되셨다. 이 계약들은 이스라엘이 하나님의 백성이 된 것을 아브라함으로부터 시작되었다는 것을 말해 준다. 이 계약들을 통해 이스라엘은 세속주의에 물든 가인의 후손들과 구별된 아담으로부터 내려온 의인의 계보를 계승한 민족으로서 온 세상에 하나님의 의를 드러내야 하는 사명을 갖게 된다.

마지막으로 한 가지를 더 생각해 보자. 여기 2절에 나오는 모든 동사는 1인칭 미완료태로 되어 있다. "내가 너로 큰 민족을 이루고 네게 복을 주어 네 이름을 창대하게 하리니 너는 복이 될지라." 모두 현재와 미래에 대한 약속의 말씀이다. 특히 "(복이) 될지라"는 말씀은 남성단수 명령형이다. 따라서 직역하면 "너는 복이 되어라"가 된다. 약속을 받은 아브람은 마침내 복 자체가 될 것이다. 미완료는 현재와 미래를 다 포괄하는 시제이므로 아브라함은 지금 복덩이며 앞으로도 복덩이로 존재할 것이라는 말이다. 다시 말해서 아브라함 자신이 복덩이다. 믿음으로 아브라함의 후손이 된 우리 모두는 복 덩어리 그 자체다.

---

41 창 22:16-18 "이르시되 여호와께서 이르시기를 내가 나를 가리켜 맹세하노니 네가 이같이 행하여 네 아들 네 독자도 아끼지 아니하였은즉 내가 네게 큰 복을 주고 네 씨가 크게 번성하여 하늘의 별과 같고 바닷가의 모래와 같게 하리니 네 씨가 그 대적의 성문을 차지하리라 또 네 씨로 말미암아 천하 만민이 복을 받으리니 이는 네가 나의 말을 준행하였음이니라 하셨다 하니라."

3. 하나님과의 계약 I (창 15장)

아브라함은 하나님과 두 번에 걸쳐 계약을 맺는다. 창세기 15장과 17장 전체에 걸쳐 기록되어 있다. 두 번의 계약 모두는 헤브론 지역의 마므레 상수리나무가 있는 곳에서 이루어진다. 계약을 맺기까지의 아브라함의 여정을 잠시 살펴보자. 아브라함은 아버지 데라가 살고 있는 하란을 떠난 후에 가나안의 벧엘 동쪽 산지를 거쳐 이집트로 갔다. 거기서 다시 가나안 남방에 있는 네겝 지방을 지나 벧엘 동쪽 산지로 되돌아 왔다.

롯이 소돔 지역으로 떠난 후에 아브라함은 헤브론에 있는 마므레 상수리 수풀 지역에 머물렀다. 헤브론은 벧엘 지역보다 훨씬 남방에 위치한 곳이다. 이곳에서 전쟁으로 인해 포로로 끌려가는 롯과 그 가족을 구출하려고 북쪽 단 지방까지 쫓아간다. 거기서 다메섹 왼편 호바까지 더 추격하여 적을 무찌른 후에 소돔 지역의 사웨 골짜기로 돌아왔다. 전쟁 후에 아브라함은 다시 헤브론의 상수리나무들이 있는 곳으로 되돌아 와서 거기에 머물렀다. 그러므로 두 번의 계약을 체결한 장소는 헤브론 지역임을 알 수 있다.[42]

두 번의 계약 과정을 보면 하나님과 아브라함 사이에 아주 자연스럽

---

42 창 13:18 "이에 아브람이 장막을 옮겨 헤브론에 있는 마므레 상수리 수풀에 이르러 거주하며 거기서 여호와를 위하여 제단을 쌓았더라."
창 18:1 "여호와께서 마므레의 상수리나무들이 있는 곳에서 아브라함에게 나타나시니라 날이 뜨거울 때에 그가 장막 문에 앉아 있다가."

고도 긴밀한 대화가 이루어지고 있음을 보게 된다. 계약 때만이 아니라, 아브라함의 전 생애에 걸쳐 그렇다. 아담이 에덴에서 추방된 이후로 두 가지 부류의 인간으로 나뉘어졌다. 가인의 후예들은 하나님과 원활한 대화가 끊어진 부류의 사람들이다. 그러나 아담의 후손들은 하나님과 소통하며 살아가는 부류의 사람들이다. 즉 아브라함은 하나님과 소통하는 아담의 계보를 잇는 사람이었음을 성서는 말하고 있는 것이다.

자, 이제 창세기 15장 본문으로 들어가 보자. 15장은 세 개의 단락으로 나눌 수 있다. 이영재 목사가 분석한 15장의 구조를 보자.(이영재 목사는 X를 예배라고 했는데, 나는 계약 체결 의식이라고 바꾸었다. 그리고 계약 체결 의식의 핵심을 쪼갬이라고 했다. 자세한 것은 차후에 나올 그의 주석을 참고하라.)

A. 창 15:1-7 계약 : 자손과 땅의 약속 : 아브람의 믿음

X. 창 15:8-17 계약 체결 의식 : 땅 약속의 증표 : 쪼갬

A'. 창 15:18-21 계약 : 땅의 범위

A 단락에서 하나님은 상속할 아들이 없는 아브라함에게 그의 자손을 하늘의 별과 같이 번성하게 해주시겠다고 말씀하신다. 그 말씀을 아브라함이 믿었다. 하나님은 그 믿음을 의로 여기시고는 이 땅을 네게 주어 소유로 삼게 하시겠다고 약속하신다. 다음 단락(X)에서 아브라함은 자신의 믿음의 증표를 요구하는데, 이 요구에 하나님이 응하셔서 계약을 체결하는 의식을 하게 된다. 이 계약 체결 의식이 15장의 핵심이다. 그리고 마지막 단락(A')에서 하나님은 다시 A에서 하신 땅에 대한 약속을 확대 반복하신다. 자, 이제 한 단락씩 살펴보자.

1) 아브라함의 믿음

A 단락은 (a. 자손에 대한 약속 – x. 아브라함의 믿음 – a'. 땅에 대한 약속)으로 세분하여 나눌 수 있다. 이렇게 본다면 A 단락의 중심 주제는 아브라함의 믿음이다. 그것은 하나님과의 계약에 있어서 기초가 되는 것이 믿음이라는 것을 우리에게 가르쳐 준다. 믿음은 관계 속에서 성립하는 말이다. 하나님과의 관계에 있어서 믿음은 절대적이다. 아브라함은 믿음으로 하나님과의 계약을 체결한다. 우리는 예수 그리스도에 대한 믿음으로 하나님의 자녀가 된다. 그리스도에 대한 믿음이 우리를 아브라함의 후손이요, 하나님의 모든 약속을 이어받을 상속자가 되게 한다.[43]

불신앙과 믿음

15장의 계약은 하나님이 아브라함에게 환상[44] 중에 나타나셔서 말씀하시는 것으로 시작한다. "아브람아 두려워하지 말라 나는 네 방패요 너의 지극히 큰 상급이니라"(15:1) 방패는 보호자란 의미다. 그리고 상급이란 말은 품삯이란 뜻이다. 따라서 하나님이 아브라함에게 자신을 소개하기를 나는 너를 보호하는 방패요,[45] 엄청나게 많은 품삯이라고 하신다.[46] 다시 말하자면 여호와께서 아브라함에게 엄청나게 많은 품삯을 주

43 롬 4:16 "그러므로 상속자가 되는 그것이 은혜에 속하기 위하여 믿음으로 되나니 이는 그 약속을 그 모든 후손에게 굳게 하려 하심이라 율법에 속한 자에게 뿐만 아니라 아브라함의 믿음에 속한 자에게도 그러하니 아브라함은 우리 모든 사람의 조상이라."
갈 3:7 "그런즉 믿음으로 말미암은 자들은 아브라함의 자손인 줄 알지어다."
갈 3:9 "그러므로 믿음으로 말미암은 자는 믿음이 있는 아브라함과 함께 복을 받느니라."

신다는 뜻이 아니라, 여호와 하나님 자신이 아브라함의 품삯이 되셨다는 말이다.

그런데 그런 엄청난 하나님의 고백을 들은 아브라함은 뒤이어 뚱딴지같은 질문을 한다. "주 여호와여 무엇을 내게 주시려 하나이까"(15:2) 지금 아브라함은 하나님의 말씀을 제대로 알아듣지 못하고 있다. 왜 그럴까? 여기서 성서는 아브라함의 무지를 드러내고 있는 것이다. 나아가 모든 인간은 아브라함과 같이 하나님을 알지 못한다는 무지와 불신앙의 모습을 가지고 있다는 것을 말하려는 것이다.[47] 성서는 아브라함을 믿음의 영웅으로 묘사하지 않는다. 그도 우리와 같이 연약한 사람이요, 무지

---

44 환상을 보는 전문가를 **호제**라고 부르는데 흔히 '선견자seer' 라고 번역한다. 이 명사는 성서에 22번 언급된다. 선견자로 불리는 사람들로는 갓(삼하 24:11), 헤만(대상 25:5), 잇도(대하 9:29), 하나니(대하 19:2), 아삽(대하 29:25), 여두둔(대하 35:15), 아모스(암 7:12)가 있다. 보통 예언자를 가리키는 용어는 **나비**인데 **나비**와 **호제**의 역할은 열왕기하 17장 13절에 나와 있다. 이사야서 29장 10절은 이 둘을 거의 같은 의미로 쓰고 있다. 하나님은 아비멜렉에게 아브라함을 선지자로 소개하는데 원어로는 나비다. 공동번역이나 새번역에서는 예언자로 번역하였다.
창 20:7 "이제 그 사람의 아내를 돌려보내라 그는 선지자(**나비**)라 그가 너를 위하여 기도하리니 네가 살려니와 네가 돌려보내지 아니하면 너와 네게 속한 자가 다 반드시 죽을 줄 알지니라."
왕하 17:13 "여호와께서 각 선지자(**나비**)와 각 선견자(**호제**)를 통하여 이스라엘과 유다에게 지정하여 이르시기를 너희는 돌이켜 너희 악한 길에서 떠나 나의 명령과 율례를 지키되 내가 너희 조상들에게 명령하고 또 내 종 선지자(**나비**)들을 통하여 너희에게 전한 모든 율법대로 행하라 하셨으나."

45 시 18:2 "여호와는 나의 반석이시요 나의 요새시요 나를 건지시는 이시요 나의 하나님이시요 내가 그 안에 피할 나의 바위시요 나의 방패시요 나의 구원의 뿔이시요 나의 산성이시로다."

46 참고. 시 119:57 "여호와는 나의 분깃(**헤라크**, 몫)이시니 나는 주의 말씀을 지키리라 하였나이다."
시 73:26 "내 육체와 마음은 쇠약하나 하나님은 내 마음의 반석이시요 영원한 분깃이시라."

47 신 29:4 "그러나 깨닫는 마음과 보는 눈과 듣는 귀는 오늘 여호와께서 너희에게 주지 아니하셨느니라."
롬 11:8 "기록된 바 하나님이 오늘까지 그들에게 혼미한 심령과 보지 못할 눈과 듣지 못할 귀를 주셨다 함과 같으니라."

와 불신앙의 사람이었다고 말한다. 그럼에도 불구하고 하나님은 아브라함과 모든 믿는 자들의 방패와 품삯이 되어 주신다.

아브라함이 그렇게 되묻는 것에는 또 다른 이유가 있다. 그것은 하나님의 약속보다는 현실을 보기 때문이다. 물음 뒤에 따라 나오는 말이 그것이다. "나는 자식이 없사오니 나의 상속자는 이 다메섹 사람 엘리에셀이니이다"(15:2) 여기서 멈추지 않고 불만 가득한 심정으로 한마디 더 한다. "주께서 내게 씨를 주지 아니하셨으니 내 집에서 길린 자가 내 상속자가 될 것이니이다."(15:3) 불신앙의 표현이다.

아브라함은 이렇게 말하고 있는 것이다. 하나님이 나의 방패가 되고, 품꾼이 되어 주시는 것도 좋습니다. 그러나 그러한 모든 약속도 그 약속을 이어갈 아들이 있어야 하는 것 아닙니까? 아들이 없으니 내 상속자는 다메섹 사람 엘리에셀이 될 수밖에 없지 않습니까? 왜 자꾸만 말로만 그러십니까? 이렇게 하나님께 항변하는 것이다. 하나님 앞에서 투덜대며 대드는 모습이다.

현실을 보는 자는 믿음을 가지기가 사실상 불가능하다. 믿음은 현실과 상관없는 말이기 때문이다. 보는 것을 누가 믿는다 하겠는가?[48] 아침에 해가 뜨는 것을 보고 나는 아침에 해가 뜨는 것을 믿는다고 말하는 사람은 아무도 없다. 아침에 해가 뜬다는 것을 믿는 사람은 칠흑같이 어두운 밤, 아침 해가 뜰 것 같지도 않은 깊은 밤에 처한 사람이 그래도 이 시간이 지나면 해가 뜰 것이라고 믿는 것이다. 베드로가 주님을 바라보

---

48 고후 5:7 "이는 우리가 믿음으로 행하고 보는 것으로 행하지 아니함이로라."
히 11:1 "믿음은 바라는 것들의 실상이요 보이지 않는 것들의 증거니."
롬 8:24-25 "우리가 소망으로 구원을 얻었으매 보이는 소망이 소망이 아니니 보는 것을 누가 바라리요 만일 우리가 보지 못하는 것을 바라면 참음으로 기다릴지니라."

고 나갈 때는 바다 위도 걸어갔지만, 풍랑을 볼 때는 바다에 빠지고 말았다. 아브라함도 약속을 믿고 나가다가 현실을 보고 불신앙의 바다에 빠진 것이다.

아브라함의 그런 불신앙적인 태도와 말투에도 하나님은 화를 내지 않으시고 분명히 말씀하신다. 네가 데려다 키운 엘리에셀은 너의 상속자가 아니다. 네 몸에서 날 자, 즉 친아들이 네 상속자가 될 것이다. 그리고는 아브라함을 이끌고 밖으로 나가 "하늘을 우러러 뭇별을 셀 수 있나 보라 또 그에게 이르시되 네 자손이 이와 같으리라"(15:5)고 말씀하셨다.

그런데 여기서 아브라함이 믿었다. 성서는 분명하게 아브라함이 여호와의 말씀도 아니고 그의 약속도 아니라, 여호와를 믿었다고 말한다.[49] 아멘으로 여호와 자체를 송두리째 받아들인 것이다. 여호와 하나님 안에는 뭐든지 다 있다. 축복도 있고, 약속의 말씀도 있다. 그 모든 언약을 이루시는 능력도 있다. 건강도 있고, 자녀도 있다. 따로따로 구하거나 따로따로 아멘 하는 것이 아니라, 여호와 하나님 자체를 송두리째 아멘으로 받아들이는 것이 진정한 믿음이다. 이 믿음을 그의 의로 여기셨다.[50]

---

49 창 15:6 "아브람이 여호와를 믿으니 여호와께서 이를 그의 의로 여기시고."

50 창 15:6 "아브람이 여호와를 믿으니 여호와께서 이를 그의 의(**처다카**)로 여기시고."
여기서 '의'는 히브리어로 **처다카**라는 단어다. 믿음으로 아브라함은 노아에 이어서 아브람이 의인으로 인정을 받았다.(창 6:9; 7:1) **처다카**는 본디 막대기를 가리키는 말이었는데 점차 척도 내지 막대 자를 가리키게 되었다. 즉, 사물의 옳고 그름을 판단함에 있어서 판단의 기준이 되는 것이 **처다카**다. 성서에서는 하나님의 법이 그 판단의 기준이 된다. 하나님의 법을 준행한다는 것은 하나님의 뜻을 중심으로 사고하고 판단을 내리고 행동한다는 뜻이다. 그러므로 하나님을 중심으로 사는 사람이 바로 의인이 된다. 본문에 의하면 아브라함은 하나님의 약속을 믿었기 때문에 의인으로 인정을 받았다. 인정을 받았다는 동사 **하샤브**를 썼는데 이 동사는 '간주하다'란 뜻이다. 개역개정판은 이 동사를 '여기시고'라고 번역했다.

하나님은 아브람함의 믿음을 인정하신 후에 자신이 누구인지를 밝히신다. "나는 (이 땅을 네게 주어 소유를 삼게 하려고) 너를 갈대아인의 우르에서 이끌어 낸 여호와니라"(창 15:7) 이 구절은 십계명 출애굽기 20장 2절에서 하나님께서 자신을 알려주신 구절과 꼭 닮았다. "나는 너를 (이집트 땅, 종 되었던 집에서) 인도하여 낸 네 하나님 여호와니라."(출 20:2) 이는 아브라함의 이야기가 출애굽을 모형motive으로 편집되었다는 것을 말해 준다.

본문을 출애굽의 모형으로 기록한 것은 무슨 이유일까? 갈대아 우르는 바빌로니아 제국을 상징하며, 이집트는 이집트 제국을 상징한다. 각각의 제국들은 도성 문화의 전형이다. 가인이 죄를 범한 이후 최초로 성을 쌓았다. 따라서 바빌로니아와 이집트는 가인의 후예들, 하나님으로부터 떠난 부류의 세상 사람들의 도성이다. 앞에서 살펴본 바대로 도성은 죄의 온상이며 하나님의 뜻과는 반대되는 인간의 문명이 펼쳐지는 곳이다. 따라서 하나님은 이들 도시에서 아브라함과 이스라엘을 이끌어 내신 분이라는 것을 말하고 있는 것이다.[51]

자신이 누구인지를 밝히실 때, 하나님은 아브라함을 이끌어 내신 목적에 대해서도 말씀하신다. 그 목적은 '이 땅' 곧 가나안 땅을 그에게 주어 소유하게 하시려는 것이다. 왜 하나님의 약속이 그의 자손과 땅에 집중되어 있는가? 그의 자손은 아담의 계보를 이어 하나님의 창조 과업

51 사실 아브라함의 이야기는 출애굽 모형을 기반으로 서술되어 있다. 나중에 이집트 체험 부분에서 자세히 살피겠지만, 특히 창세기 12:10-20은 출애굽 사건의 아브라함판이라고 불러도 좋을 정도다. 마태복음서도 이 출애굽 모형을 따라 예수 그리스도의 생애를 기록하였을 만큼 출애굽 모형은 성서 전체에 영향을 주었다. 갈대아 우르에서 아브라함을 이끌어 내신 것은 제2출애굽을, 아브라함을 이집트에서 구해 내신 것은 제1출애굽을 상징한다.

을 수행할 새로운 민족이기 때문이다. 땅은 창세기 2장에 그 해답이 있다. 즉, 사람은 땅을 경작하도록 지음을 받았다. 그 땅에서 하나님이 본래 의도하신 대로 창조 행위를 하기 위하여 새로운 땅을 그들에게 주시기로 약속하시는 것이다. 새로운 땅의 모델이 창세기 2장에서는 에덴이며, 이스라엘에 있어서는 가나안 땅이다.

2) 쪼갬

창세기 15장 8-17절에 나타난 계약 체결 의식을 보면 아브라함이 하나님께 약속의 증표를 요구했고, 이에 하나님은 아브라함과 계약 체결 의식을 행하신다. 아브라함은 말씀하신 짐승들을 쪼개 놓았다. 이에 하나님이 친히 그 쪼갠 고기 사이를 지나가심으로 계약이 성사되었다.

나는 이 계약 체결 의식의 핵심을 쪼갬으로 보았다. 인간은 하나님 앞에서 자신을 믿음으로 쪼갤 때, 하나님은 그 쪼갠 사이를 지나가신다. 나의 전 존재가 하나님 앞에서 쪼개질 때, 하나님의 은총 속으로 들어가는 것과 같은 이치다. 이 쪼갬은 죽음의 과정이다. 우리가 죽어질 때 하나님은 우리에게 다가오셔서 우리를 일으키신다. 그것이 거듭남이다. 거듭남은 우리의 육이 쪼개져 죽고 하나님의 자녀로 재창조됨을 의미한다. 거듭남으로 우리는 새로운 피조물로서 아브라함의 과업을 이을 상속자가 된다. 세상을 하나님과 더불어 경작하여 하나님 나라로 만드는 사명자가 되는 것이다.

---

52 모세의 소명기에 나오는 말씀 속에서도 이와 같은 사례를 발견할 수 있다. 출애굽기 3장과 4장을 보라.

자 이제 본문을 보도록 하자. 본문에서도 아브라함은 다소 의외의 질문을 한다. "주 여호와여 내가 이 땅을 소유로 받을 것을 무엇으로 알리이까"(창 15:8) 바로 앞에서 아브라함은 하나님의 약속을 믿었고, 하나님은 이를 의로 여기셨다고 했다. 그런데도 아브라함이 이런 질문을 한다. 이것을 아브라함의 불신앙적인 물음이라고 생각해서는 안 된다. 아브라함은 하나님께 약속의 증표를 요구하고 있는 것이다. 우리는 이와 같은 사례를 기드온에게서 찾아볼 수 있다.[52]

사사기 6장에 기드온이 하나님의 약속의 말씀에 증표를 구하는 장면이 두 번 나온다. 한번은 하나님이 기드온에게 나타나셔서 "너에게 있는 그 힘을 가지고 이스라엘을 미디안의 손에서 구원하러 가거라. 내가 친히 너를 보낸다."(삿 6:14, 공동번역 개정판)고 하시자 기드온이 표징을 요구한다.[53] 이에 하나님은 그가 준비한 염소고기와 무교병과 국을 바위 위에 붓고 그것을 불로 태워 버리는 기적을 행하셨다.[54] 두 번째는 기드온이 미디안과의 전쟁을 앞두고 그 전쟁에서 승리하게 될 것에 대한 표징을 요구한다. 기드온이 타작마당에 양털 한 뭉치를 두자, 이에 하나님은 한 번은 양털 뭉치에만, 다음날에는 타작마당에만 이슬이 내리는 기적을 행하심으로 전쟁에 대한 승리의 표징을 보이셨다.[55] 본문도 이와 같은 의미로 이해해야 한다.

---

53 삿 6:17 "기드온이 그에게 대답하되 만일 내가 주께 은혜를 얻었사오면 나와 말씀하신 이가 주 되시는 표징을 내게 보이소서."

54 삿 6:20-21 "하나님의 사자가 그에게 이르되 고기와 무교병을 가져다가 이 바위 위에 놓고 국을 부으라 하니 기드온이 그대로 하니라 여호와의 사자가 손에 잡은 지팡이 끝을 내밀어 고기와 무교병에 대니 불이 바위에서 나와 고기와 무교병을 살랐고 여호와의 사자는 떠나서 보이지 아니한지라."

계약 체결

아브라함이 하나님께 약속의 증표를 요구하자 하나님은 계약 체결 의식을 준비하게 하신다. 하나님은 아브라함에게 3년 된 암소와 3년 된 암염소와 3년 된 수양과 산비둘기와 집비둘기 새끼를 준비하게 하신다.[56] 왜 3년 된 짐승들을 요구하시는가? 3년 된 암소는 이제 어린 티를 벗고 가장 힘차게 일하는 가장 가치 있는 소이기 때문이다. 이제 다 커서 부려 먹을 수 있을 때 그것을 하나님께 바친다. 하나님께 바치는 것은 쓰다 남은 것이나 별 가치 없는 것을 바치면 안 된다. 내게 가장 소중한 것을 가장 소중한 때에 하나님께 바쳐야 한다. 그래서 3년 된 암소를 요구하신 것이다.

아브라함은 이 모든 것을 준비하고 그 몸통 중간을 쪼개고 서로 마주 보게 차려 놓았다. 이 형태는 하나님께 희생 제사를 드리는 형식이 아니라는 것을 알 수 있다. 레위기를 비롯하여 성서 그 어느 곳에도 이런 형식의 제사는 없다. 이것은 희생 제사의 형식이 아니라 계약 체결 의식이다. 짐승을 잡아 반으로 쪼개 벌려 놓고 계약 당사자들이 그 사이를 지

---

55 삿 6:36-40 "기드온이 하나님께 여쭈되 주께서 이미 말씀하심 같이 내 손으로 이스라엘을 구원하시려거든 보소서 내가 양털 한 뭉치를 타작마당에 두리니 만일 이슬이 양털에만 있고 주변 땅은 마르면 주께서 이미 말씀하심 같이 내 손으로 이스라엘을 구원하실 줄을 내가 알겠나이다 하였더니 그대로 된지라 이튿날 기드온이 일찍이 일어나서 양털을 가져다가 그 양털에서 이슬을 짜니 물이 그릇에 가득하더라 기드온이 또 하나님께 여쭈되 주여 내게 노하지 마옵소서 내가 이번만 말하리이다 구하옵나니 내게 이번만 양털로 시험하게 하소서 원하건대 양털만 마르고 그 주변 땅에는 다 이슬이 있게 하옵소서 하였더니 그 밤에 하나님이 그대로 행하시니 곧 양털만 마르고 그 주변 땅에는 다 이슬이 있었더라."

56 레위기에 나오는 제사법전에 의하면 소, 염소, 양, 비둘기들은 모두 희생 제사에서 쓰는 짐승들이다. 이 외에 다른 짐승은 사용되지 않는다. 또한 비둘기를 제외한 모든 짐승들은 1년 된 것을 쓰도록 되어 있다.

나감으로 계약이 성사되는 계약 체결 의식이다. 만약에 계약을 파기할 때에는 쪼개진 짐승처럼 저주를 받게 된다는 의미다.[57] 의식에 사용된 고기는 희생 제사와는 달리 먹거나 태우지 않고 땅에 그냥 묻어 버리는 것이 관례다.

하나님은 고대의 많은 민족들에게 잘 알려진 방법으로 아브라함과 계약을 체결하신다. "해가 져서 어두울 때에 연기 나는 화로가 보이며 타는 횃불이 쪼갠 고기 사이로 지나더라."(창 15:17) 하나님께서 타는 횃불의 모습으로 쪼갠 고기 사이를 지나가심으로 아브라함과 계약을 체결하신다. 이로써 약속에 대한 증표를 요구하는 아브라함에 대해 친히 보증하셨다.

여기서 한 가지 유의하여 볼 것은 계약 체결 의식이 후일 이스라엘과 시내 산에서 맺은 시내 산 계약을 연상케 한다는 점이다. 화로는 히브리어로 '타누르'라는 단어인데 이는 빵 굽는 화덕으로 위로 갈수록 좁아지는 원통형의 솥을 말한다. 연기 나는 화로는 출애굽기에 등장하는 시내 산의 모습이며, 타는 횃불은 불 가운데 임재하시는 하나님의 형상이다.[58] 이는 아브라함과의 계약을 시내 산과의 계약과 연결시켜 보려는 성서 저자의 신학적인 의도가 분명하다.

왜 아브라함과의 계약 의식을 시내 산과의 계약과 연결시키려 하는

---

57 이와 같은 계약 체결 의식의 관습을 우리는 예레미야서에서 찾아볼 수 있다.(참조. 렘 34:17 이하)
렘 34:18 "유다와 예루살렘의 지도자들과 궁중 관리들과 제사장들과 너희 모든 백성들이 송아지를 둘로 쪼개고 그 사이를 지남으로 나와 계약을 맺었다. 그러나 너희는 그 계약을 어기고 지키지 않았다. 그러므로 너희가 송아지에게 한 것처럼 나도 너희에게 할 것이다."(현대인의 성경)

58 출 19:18 "시내 산에 연기가 자욱하니 여호와께서 불 가운데서 거기 강림하심이라 그 연기가 옹기 가마 연기 같이 떠오르고 온 산이 크게 진동하며."

가? 창세기에서 아브라함은 개인으로서가 아니라, 이스라엘 민족의 시조요 민족을 대표하는 대표성을 가진다. 하나님이 아브라함을 부르신 것은 단지 그에게만 복을 주시기 위해 부르신 것이 아니다. 의인의 계보를 이어 후손들에게 연결하는 이스라엘 민족의 시조로서 이스라엘 민족 공동체 전체를 위해 부르신 것이다. 따라서 아브라함과의 계약은 곧 민족 공동체와의 계약이었다고 그들이 믿기에 아브라함과의 계약을 시내산의 계약과 동일시하는 것이다. 그리하여 이스라엘은 대대로 아브라함의 하나님, 이삭의 하나님, 야곱의 하나님이라고 고백한다.

우리는 그것을 계약의 내용을 보면 보다 잘 알 수 있다. 하나님은 아브라함에게 앞으로 어떻게 네 후손이 큰 민족을 이루게 될 것인지 그 과정(창 15:13-14)과 네 후손에게 줄 땅의 경계(창 15:18-21)를 분명히 약속하고 계신다. 따라서 이 계약은 표면적으로는 아브라함과 하나님이 맺은 것으로 되어 있지만 실제로는 그렇기 않다. 아브라함 자신에게 해당되는 약속은 장수하다가 편안히 죽을 것이라는 내용(창 15:15) 밖에는 없다. 모두가 그 후손들에 관한 약속, 정확히 하자면 후대에 이루어질 약속으로 되어 있다. 따라서 이 계약은 아브라함으로 대표되는 이스라엘 공동체와의 계약으로 보아야 한다. 창세기 17장에 나오는 할례의 계약도 마찬가지다.

깊은 잠과 흑암

하나님의 계약이 체결될 때의 아브라함의 상태에 대해 성서는 깊은 잠과 더불어 큰 흑암과 두려움이 그에게 임했다고 말한다.[59] 여기서의 깊은 잠은 앞에 나오는 환상(호제)과는 다른 것이다.[60] 나는 이 말씀을 창조와 연결해서 설명하고자 한다. 하나씩 보자.

깊은 잠은 타르데마라는 단어다. 이 단어는 하나님이 아담을 깊이 잠들게 하시고(타르데마) 그의 갈빗대로 여자를 만드셨다는 말씀에 처음 나온다.[61] 그리고 흑암은 호세크란 단어로 창조 이전 상태를 표현할 때 처음 쓰인 단어다.[62] 두려움은 에이마란 단어다. 이 단어를 하나님에게 사용할 때는 두려움, 위엄이란 뜻으로 주로 번역하였다.[63] 호세크와 에이마 사이에 접속사가 없으므로 이 둘은 동격으로 보아야 한다. 이를 이영재 목사는 "두려움과 큰 어둠이 그의 위에 내려오고 있는 것이다"라고 번역할 것을 제안한다. 에이마와 호세크가 동격이라고 할 때 이는 창세기 1장 2절의 상태가 아브라함의 깊은 잠 속에서 펼쳐지고 있음을 알려 준다.

이를 연결해서 보자. 하나님은 아담을 통해 창조세계를 함께 만들고 경작해 갈 배필(에쩨르)을 깊은 잠 속에서 만드셨다. 큰 어둠과 두려움이 임하였다고 하는 것은 아브라함의 깊은 잠이 새 창조를 위한 것임을 말

---

59 창 15:12 "해 질 때에 아브람에게 깊은 잠이 임하고 큰 흑암과 두려움이 그에게 임하였더니."

60 창 15:1 "이 후에 여호와의 말씀이 환상(호제) 중에 아브람에게 임하여 이르시되 아브람아 두려워하지 말라 나는 네 방패요 너의 지극히 큰 상급이니라."

61 창 2:21 "여호와 하나님이 아담을 깊이 잠들게 하시니 잠들매 그가 그 갈빗대 하나를 취하고 살로 대신 채우시고."
참고. 욥 4:13-15 "사람이 깊이 잠들 즈음 내가 그 밤에 본 환상으로 말미암아 생각이 번거로울 때에 두려움과 떨림이 내게 이르러서 모든 뼈마디가 흔들렸느니라 그 때에 영이 내 앞으로 지나매 내 몸에 털이 주뼛하였느니라."

62 창 1:2 "땅이 혼돈하고 공허하며 흑암(호세크)이 깊음 위에 있고 하나님의 영은 수면 위에 운행하시니라."

63 출 23:27 "내가 내 위엄(에이마)을 네 앞서 보내어 네가 이를 곳의 모든 백성을 물리치고 네 모든 원수들이 네게 등을 돌려 도망하게 할 것이며."
욥 13:21 "곧 주의 손을 내게 대지 마시오며 주의 위엄(에이마)으로 나를 두렵게 하지 마실 것이니이다."
시 88:15 "내가 어릴 때부터 어려움을 당하여 거의 죽게 되었으며 주께서 두렵게 하시므로(에이마) 내가 당황하고 있습니다."(현대인의 성경)

해 주고 있다. 하나님은 깊은 잠 속에서 아담의 배필을 만드신 것처럼 아브라함을 통해 하나님의 배필, 창조세계를 경작하고 완성해 나갈 배필을 만드신 것이다. 이제 깊은 잠을 통해 하나님은 아브라함을 통해 창조세계를 이어갈 새로운 민족을 만드셨다.

이렇게 볼 때 다음에 바로 이어 나오는 하나님의 말씀은 아브라함이 비둘기를 쪼개지 않은 것에 대한 벌이 아니라, 새 민족을 형성하게 되는 과정을 친절하게 설명하신 것이 된다.[64] 그리고 아브라함에 대하여 장수할 것임을 말씀하심으로 아담 이후 의인들이 장수한 것처럼 그가 의인의 반열에서 의인들이 받은 복을 누릴 것임을 말씀하고 있는 것이다. 또한 아브라함의 후손들도 그처럼 의인의 후손이 됨을 천명하고 계시는 것이다.

이제까지 두 부류의 사람들이 있음을 성서를 통해 보았다. 하나님은 아브라함을 통해 아담 이후 하나님 중심으로 살아온 의인의 계보를 이어 가셨다. 그러나 이제 한 사람 가지고는 안 되고 아예 의인의 민족을 만들기 원하신다. 그 시작이 아브라함이다. 하나님은 아담과 함께 에덴에서 하셨던 일을 이제 아브라함과 그의 후손을 통해 하실 것이다. 세속주의에 물들어 점점 더 악해져만 가는 가인의 후예들을 가르치고 변화시킬 사명을 가진 사람들의 조상으로 아브라함을 택하신 것이다.

아브라함이 믿음을 통해 이러한 사명을 받은 것처럼 우리도 예수 그

---

64 창 15:13-16 "여호와께서 아브람에게 이르시되 너는 반드시 알라 네 자손이 이방에서 객이 되어 그들을 섬기겠고 그들은 사백 년 동안 네 자손을 괴롭히리니 그들이 섬기는 나라를 내가 징벌할지며 그 후에 네 자손이 큰 재물을 이끌고 나오리라 너는 장수하다가 평안히 조상에게로 돌아가 장사될 것이요 네 자손은 사대 만에 이 땅으로 돌아오리니 이는 아모리 족속의 죄악이 아직 가득 차지 아니함이니라 하시더니."

이 말씀은 출애굽의 과정을 정리한 것이다. 그러므로 15장의 계약은 분명 출애굽 모형에 의거해 편집한 것임을 분명히 알 수 있다.

리스도를 믿는 믿음으로 아브라함의 사명을 이어 받았다. 주를 믿는 자는 누구나 아브라함의 후손이 되며, 그는 세상을 하나님 나라로 변화시킬 사명을 받는다. 사명자는 안주하지 않는다. 떠나는 자다. 순례자가 된 것이다.

마지막으로 이제까지의 아브라함의 태도와는 달리 이번에는 아브라함이 침묵한다. 이 침묵은 18장에서의 침묵과 다르다. 이는 아담이 깊은 잠에 빠져 있을 때, 자신의 갈빗대가 뽑혀 나가는 일을 당했을 때도 그것을 인식하지도 못했고, 대꾸도 하지 못한 것과 마찬가지다. 아브라함은 하나님이 소돔 성을 멸망시키려 하시자 여섯 차례에 걸쳐 하나님을 설득하려 하였다. 그런 아브라함이 자신의 후손들이 이집트에서 종살이를 하게 될 것이라는 하나님의 말씀에 만류도 대꾸도 하지 않고 침묵한다.

앞에서 나는 **호제**(환상)와 **타르데마**(깊은 잠)는 다르다고 하였다. 즉, 예언을 하거나 환상을 보는 **호제**의 상태와 **타르데마** 상태는 다르다. 소돔의 멸망을 앞두고 하나님을 만류하는 중보기도를 하는 상태는 **호제**다. **호제**의 상태와 **타르데마** 상태가 어떻게 다른지는 이를 어느 정도 체험한 영성가들은 알 것이다. 굳이 설명하자면 **호제**는 은사 차원으로 보면 되고, **타르데마**는 깊은 영성의 차원이다.

타르데마 상태는 창조에 대한 원초적 체험을 말한다. 창조 안으로 들어가는 창조의 잠, 무아의 잠이다. 영적 의식이 있을 때는 **호제**라고 할 수 있고, 그 의식마저 없어진 무 또는 지극한 고요의 상태가 **타르데마**라고 할 수 있다. 언어가 없어진 상태니 말이 없을 수밖에 없다. 하나님의 창조세계의 광활함과 창조에 대해서는 그 누구도 말할 수 없으며, 실제로 그렇다.[65]

비둘기와 솔개

우리가 본문을 읽다 보면 몇 가지 의문이 든다. 그 중의 하나가 다른 짐승들은 쪼개었지만 비둘기들만은 쪼개지 않았을까? 하는 것과 그리고 왜 솔개가 등장하는가? 하는 것이다. 비둘기를 쪼개지 않은 것과 솔개의 등장이 무슨 연관이 있지나 않을까? 또한 비둘기를 쪼개지 않은 것과 아브라함의 후손들이 이집트에서 종살이를 하게 되는 것과 연관이 있는가?

왜 비둘기를 쪼개지 않았을까? 그것은 알 수 없다. 송아지를 쪼갠 것에 대해서는 예레미야서에 나오나 비둘기를 계약 체결 의식에 사용한 것에 대해서는 성서 어디에도 나오지 않는다.[66] 소, 염소, 양, 비둘기들은 모두 하나님께 드리는 속죄제물로 쓰이는 짐승들이다.[67] 특히 비둘기를 드리는 규정을 보면 "그 머리를 목에서 비틀어 끊고 몸은 아주 쪼개지 말며"(레 5:8)라고 되어 있다. 따라서 속제제의 규정으로 본다면 아브라함이 비둘기의 몸을 쪼개지 않은 것은 전혀 이상할 것이 없다. 하지만 지금은 계약 체결 의식이다. 비둘기를 쪼개지 않은 것에 대해서는 알 수 없다가 정답이다.

우리가 본문의 의도를 정확히 모를 때, 본문은 우리를 묵상으로 인도

---

65 참고. 욥 40:4 "보소서 나는 비천하오니 무엇이라 주께 대답하리이까 손으로 내 입을 가릴 뿐이로소이다."

66 렘 34:18 "유다와 예루살렘의 지도자들과 궁중 관리들과 제사장들과 너희 모든 백성들이 송아지를 둘로 쪼개고 그 사이를 지남으로 나와 계약을 맺었다. 그러나 너희는 그 계약을 어기고 지키지 않았다. 그러므로 너희가 송아지에게 한 것처럼 나도 너희에게 할 것이다."(현대인의 성경)

한다. 자, 창세기 15장 처음부터 다시 보자. 하나님이 아브라함의 몸에서 난 자로 하늘의 뭇별처럼 번성하게 해주시겠다고 약속하시자 아브라함이 이를 믿었다. 하나님은 이 믿음을 그의 의로 여기셨다. 아브라함이 약속에 대한 증표를 요구하자, 아브라함의 믿음을 인정한 하나님은 그에게 계약 체결 의식을 위한 준비를 시키신다. 이 계약 의식의 핵심은 쪼갬에 있다.

레위기의 제사 규정을 잘 알고 있는 창세기의 편집자가 속죄제의 규정을 들어 비둘기를 쪼개지 않도록 한 것은 아닐까? 분명히 계약 의식의 규정은 쪼개야만 하는데, 속죄제의 규정을 고려해 쪼개지 않았다는 것은 우리에게 깊은 묵상을 요구한다. 이에 대한 예를 우리는 고르반이란 단어에서 찾을 수 있다.[68] 하나님은 분명히 네 부모를 공경하라 하였는데, 사람들은 하나님께 드릴 것이라 하고 정작 부모에게 주지 않는다.

---

67 레 4:3 "만일 기름 부음을 받은 제사장이 범죄하여 백성의 허물이 되었으면 그가 범한 죄로 말미암아 흠 없는 수송아지로 속죄제물을 삼아 여호와께 드릴지니."
레 4:13-14 "만일 이스라엘 온 회중이 여호와의 계명 중 하나라도 부지중에 범하여 허물이 있으나 스스로 깨닫지 못하다가 그 범한 죄를 깨달으면 회중은 수송아지를 속죄제로 드릴지니 그것을 회막 앞으로 끌어다가."
레 4:27-28 "만일 평민의 한 사람이 여호와의 계명 중 하나라도 부지중에 범하여 허물이 있었는데 그가 범한 죄를 누가 그에게 깨우쳐 주면 그는 흠 없는 암염소를 끌고 와서 그 범한 죄로 말미암아 그것을 예물로 삼아."
레 4:32 "그가 만일 어린 양을 속죄제물로 가져오려거든 흠 없는 암컷을 끌어다가."
레 5:7-8 "만일 그의 힘이 어린 양을 바치는 데에 미치지 못하면 그가 지은 죄를 속죄하기 위하여 산비둘기 두 마리나 집비둘기 새끼 두 마리를 여호와께로 가져가되 하나는 속죄제물을 삼고 하나는 번제물을 삼아 제사장에게로 가져갈 것이요 제사장은 그 속죄제물을 먼저 드리되 그 머리를 목에서 비틀어 끊고 몸은 아주 쪼개지 말며."

68 막 7:9-13 "또 이르시되 너희가 너희 전통을 지키려고 하나님의 계명을 잘 저버리는도다 모세는 네 부모를 공경하라 하고 또 아버지나 어머니를 모욕하는 자는 죽임을 당하리라 하였거늘 너희는 이르되 사람이 아버지에게나 어머니에게나 말하기를 내가 드려 유익하게 할 것이 고르반 곧 하나님께 드림이 되었다고 하기만 하면 그만이라 하고 자기 아버지나 어머니에게 다시 아무것도 하여 드리기를 허락하지 아니하여 너희가 전한 전통으로 하나님의 말씀을 폐하며 또 이같은 일을 많이 행하느니라 하시고."

하나님의 말씀을 자기에게 유익한 방향으로 해석하고 적용하는 사람들의 이기심에 대한 경고의 말씀이다. 말씀은 그 말씀이 주는 본래의 의도대로 풀고 순종해야 한다. 그래야만 하는 상황에 다른 규정을 들어 그 의미를 왜곡하면 안 된다.

하나님은 계약을 맺으시기 원하셨다. 아브라함은 그 계약 의식에 따라 짐승들을 쪼개어 준비했어야만 했다. 여기에 속죄제의 규정을 적용할 필요도 없고, 적용되어서는 안 된다. 그저 하나님의 명령대로 계약 의식에 맞춰 쪼갰어야만 했다. 쪼개지 않으면 솔개가 날아든다. 여기서 솔개를 사탄이나 마귀로 해석할 필요는 없다. 적어도 창세기에는 그런 사상이 나오지 않기 때문이다. 그러나 분명한 것은 솔개는 하나님과의 계약을 방해하는 것들을 대표한다. 우리가 하나님의 말씀이나 명령을 왜곡하게 되면 반드시 솔개가 날아든다는 것은 알아야 한다.

우리는 아무리 사소한 것이라도 쪼개야 한다. 작은 일에 충성하는 것이 먼저다.[69] 큰 소는 쪼개고 하찮게 보이는 작은 비둘기를 쪼개지 않음으로 솔개를 쫓아내는 수고를 할 필요는 없다. 내 삶 전부를 하나님께 드리는 것은 나를 쪼갤 때 가능하다. 큰 것만 쪼개고 사소한 습관은 괜찮겠지 하며 쪼개지 않으면 안 된다. 처음부터 다 쪼개는 것이다. 다른 규정과 전통, 이성과 신학에 매여 쪼개지 않거나 잘못 쪼개는 일이 없어야 한다. 쪼갬은 믿음의 표현이자 헌신으로서의 응답이다.

---

69 마 25:23 "그 주인이 이르되 잘하였도다 착하고 충성된 종아 네가 적은 일에 충성하였으매 내가 많은 것을 네게 맡기리니 네 주인의 즐거움에 참여할지어다 하고."
누 16:10 "지극히 작은 것에 충성된 자는 큰 것에도 충성되고 지극히 작은 것에 불의한 자는 큰 것에도 불의하니라."

3) 땅의 언약

자 다시 한 번 창세기 15장의 짜임새를 보자.

A. 창 15:1-7 계약 : 자손과 땅의 약속 : 아브람의 믿음

X. 창 15:8-17 계약 체결 의식 : 땅 약속의 증표 : 쪼갬

A'. 창 15:18-21 계약 : 땅의 범위

우리는 이제까지 A 부분에서 자손과 땅에 대한 약속, 그리고 그 약속을 아브라함이 믿었다는 것을 보았다. 그리고 X 부분에서 아브라함이 요구한 약속의 증표에 하나님이 친히 계약을 체결하신 것을 살펴보았다. 이제 남은 것은 땅에 대한 약속 부분(A')인데, 여기서 하나님은 땅의 경계와 그 땅에서 사는 족속들 명단까지 아주 구체적으로 제시하신다. 창세기 17장의 할례의 계약 때 하나님은 다시 한 번 땅에 대한 약속을 하시지만 지금처럼 구체적으로 말씀하시지는 않는다.[70] 그리고 더 이상 땅에 대한 약속의 언급은 없다.[71] 그렇다고 본다면 본문은 땅에 대한 약속의 최종 확약이 된다.

히브리서에 의하면 아브라함은 하나님이 주시고자 약속한 땅을 향하

---

70 창 17:8 "내가 너와 네 후손에게 네가 거류하는 이 땅 곧 가나안 온 땅을 주어 영원한 기업이 되게 하고 나는 그들의 하나님이 되리라."

71 창세기 22장 모리아 산에서 이삭을 바친 후에는 자손에 대한 축복을 다시 한 번 확인하신다.
창 22:16-18 "이르시되 여호와께서 이르시기를 내가 나를 가리켜 맹세하노니 네가 이같이 행하여 네 아들 네 독자도 아끼지 아니하였은즉 내가 네게 큰 복을 주고 네 씨가 크게 번성하여 하늘의 별과 같고 바닷가의 모래와 같게 하리니 네 씨가 그 대적의 성문을 차지하리라 또 네 씨로 말미암아 천하 만민이 복을 받으리니 이는 네가 나의 말을 준행하였음이니라 하셨다 하니라."

여 떠나라고 하실 때 사실 그는 자기가 가는 곳이 어떤 곳인지도 모르고 떠났다.[72] 창세기를 자세히 보면 히브리서 기자가 그렇게 말하는 것이 맞는다는 것을 알 수 있다. 분명히 하나님은 아브라함에게 내가 지시하는 땅으로 가라고 하셨지 그곳이 어디인지 말씀하지 않으셨다. 그리고 그 땅에 대한 말씀도 처음에는 막연하였지만 점차로 분명하게 구체적으로 말씀하시는 것을 볼 수 있다. 약속의 근간이 될 땅에 대한 하나님의 말씀이 어떻게 구체적으로 변해 가는지 성서를 통해 보자.

1단계 : 여호와께서 아브람에게 이르시되 너는 너의 고향과 친척과 아버지의 집을 떠나 내가 네게 보여 줄 땅으로 가라(창 12:1)

2단계 : 여호와께서 아브람에게 나타나 이르시되 내가 이 땅을 네 자손에게 주리라 하신지라(창 12:7)

3단계 : 롯이 아브람을 떠난 후에 여호와께서 아브람에게 이르시되 너는 눈을 들어 너있는 곳에서 북쪽과 남쪽 그리고 동쪽과 서쪽을 바라보라 보이는 땅을 내가 너와 네 자손에게 주리니 영원히 이르리라(창 13:14-15)

4단계 : 그 날에 여호와께서 아브람과 더불어 언약을 세워 이르시되 내가 이 땅을 애굽강에서부터 그 큰 강 유브라데까지 네 자손에게 주노니 곧 겐 족속과 그니스 족속과 갓모 족속과 헷 족속과 브리스 족속과 르바 족속과 아모리 족속과 가나안 족속과 기르가스 족속과 여부스 족속의 땅이니라 하셨더라 (창 15:18-21)

---

72 히 11:8 "믿음으로 아브라함은 부르심을 받았을 때에 순종하여 장래의 유업으로 받을 땅에 나아갈새 갈 바를 알지 못하고 나아갔으며."

아브라함은 유프라테스 강 상류 지역인 하란을 떠나 가나안 땅으로 들어왔다. 1단계에서는 하나님이 지시하시는 땅이 어디인지 모르고 떠났지만 그의 아비 데라가 애당초 가려고 했던 가나안 땅으로 들어왔다.[73] 지리적으로 가나안 북쪽을 통해 들어온 것이 확실하다. 점차 남쪽으로 이동하다 세겜 땅에 와서 비로소 하나님께 첫 제단을 쌓았다.[74] 세겜은 예루살렘 북쪽으로 약 65킬로미터 떨어진 그리심 산 동쪽에 있는 고대 도시 중 하나다. 신약 시대의 야곱의 우물이 있는 수가가 세겜과 동일시되는 곳이다.[75] 그곳에 도착해서야 2단계로 하나님이 나타나셔서 '이 땅을 네 자손에게 주리라' 고 하여 아브라함이 지시한 땅으로 제대로 왔음을 비로소 확인해 주신다.

아브라함은 벧엘과 아이 사이를 거쳐 계속 남쪽으로 향하여 헤브론 남쪽의 네겝을 거처 이집트로 간다. 우여곡절 끝에 다시 이집트를 나와 왔던 길을 거슬러 올라와 벧엘과 아이 사이의 산악 지역에 머물게 된다. 하지만 지역이 좁아 조카 롯과 동거하기가 불편하게 되자 롯과 헤어져 헤브론으로 간다. 헤브론에서 3단계로 하나님은 아브라함에게 눈에 보이는 모든 땅을 주시겠다고 약속하신다.

이후 하나님은 아브라함의 믿음을 확인하고, 그와 계약을 맺고 나서야 비로소 그에게 주시기로 약속한 땅의 경계를 분명하게 제시하신다. 4단계에서 언급된 땅의 경계는 이스라엘의 최고 전성기였던 솔로몬 시

---

73 창 11:31 "데라가 그 아들 아브람과 하란의 아들인 그의 손자 롯과 그의 며느리 아브람의 아내 사래를 데리고 갈대아인의 우르를 떠나 가나안 땅으로 가고자 하더니 하란에 이르러 거기 거류하였으며."

74 창 12:7 "여호와께서 아브람에게 나타나 이르시되 내가 이 땅을 네 자손에게 주리라 하신지라 자기에게 나타나신 여호와께 그가 그곳에서 제단을 쌓고."

75 참고. 요 4:4-5 "사마리아를 통과하여야 하겠는지라 사마리아에 있는 수가라 하는 동네에 이르시니 야곱이 그 아들 요셉에게 준 땅이 가깝고."

대의 경계와 일치한다.[76]

약속의 구체화

땅에 대한 하나님의 약속을 단계별로 검토해 보았다. 처음에는 어디인지도 모르고 그저 떠나라고만 하시다가 점차로 네가 있는 땅, 네 눈에 보이는 모든 땅, 마지막에는 애굽 강에서부터 유프라테스 강까지 그 사이에 있는 모든 족속의 땅을 주시겠다고 하신다. 이처럼 시간을 두고 점차로 구체화하시는 이유가 무엇일까? 처음부터 '여기부터 여기까지' 라고 속 시원하게 말씀하시지 않는 이유가 무엇일까?

그것은 아브라함의 믿음의 연단과 관계가 있다. 처음에 아브라함은 자기에게 주시겠다는 땅이 어디인지도 모르고 그 땅을 두루 밟고 다녔다. 기근을 피해 이집트로 내려갔다가 그곳에서 수모를 당하기도 하고, 부족국가들 간의 전쟁 통에 조카 롯이 사로잡히자 롯을 구하기 위해 집에서 훈련시킨 사병, 318명과 자신의 동맹군을 데리고 당시 그 지역의 패권을 잡고 있던 연맹군과 싸워 승리하기도 했다. 이런저런 삶의 과정 속에서 그는 하나님의 인도하심과 도우심을 체험하게 된다.

그리고 아들을 주시겠다는 하나님의 약속을 믿을 때 하나님이 그런 그의 믿음을 의로 여기시고, 그와 계약을 체결하셨다. 계약을 맺고 나서 하나님은 비로소 이제까지 아브라함이 모르고 밟고 다녔던 그 땅이 그에게 주시기로 약속한 땅임을 확인해 주시고, 그 경계까지 분명하게 계

76 왕상 8:65 "그 때에 솔로몬이 칠 일과 칠 일 도합 십사 일간을 우리 하나님 여호와 앞에서 절기로 지켰는데 하맛 어귀에서부터 애굽 강까지의 온 이스라엘의 큰 회중이 모여 그와 함께 하였더니."

시해 주셨다. 다시 말하자면 아브라함의 믿음이 하나님의 약속을 받아들일 수 있을 정도로 연단되고 인정되었을 때, 그 만큼의 땅을 가르쳐 주신 것이다. 하나님은 막연하게 보이던 축복을 믿음의 단계에 따라 구체적으로 보여주신 것이다.

우리 모두는 하나님의 축복을 받기를 원한다. 그리고 하나님은 우리에게 하나님의 축복을 이미 약속하셨다. 그럼에도 많은 사람들이 하나님의 축복을 구체적으로 받지 못해 안개 속을 헤매는 것처럼 축복과 현실 속에서 방황한다. 왜 그럴까 하는 답을 여기서 찾을 수 있다. 즉, 하나님의 약속은 단계별로 구체화된다는 것이다. 하나님의 축복이 현실 속에 구체적으로 나타나지 않고 희미한 것은 우리가 아직도 하나님의 축복을 받을 만한 믿음의 단계에 이르지 못했다는 증거다. 하나님의 약속이 잘못된 것이 아니라 내가 하나님이 요구하시는 믿음의 분량에 이르지 못했기 때문이다.

하나님은 하나님의 때가 이르렀는지 저울에 달아 보시는 분이다.[77] 또한 하나님은 여호와 보시기에 합당한 믿음에 이를 때 그에 상응하는 축복을 내리시는 분이다.[78] 그런데도 우리가 그저 내 생각을 내세워 "이 정도면 이렇게 해 주셔야 할 것 아닙니까?" 하고 하나님께 항변한다. 그것은 어리석음 그 자체다. 하나님의 계획과 뜻은 생각하지 않고 현실의 어려움과 고통을 내세워 "하나님 너무하십니다. 도와주시겠다고 약속하시지 않았습니까? 그런데 왜 안 이루어 주십니까?"라고 투덜댄다.

---

77 단 5:27 "데겔은 왕을 저울에 달아 보니 부족함이 보였다 함이요."

78 왕상 11:38 "네가 만일 내가 명령한 모든 일에 순종하고 내 길로 행하며 내 눈에 합당한 일을 하며 내 종 다윗이 행함 같이 내 율례와 명령을 지키면 내가 너와 함께 있어 내가 다윗을 위하여 세운 것 같이 너를 위하여 견고한 집을 세우고 이스라엘을 네게 주리라."

이것은 하나님의 계획과 꿈을 조건 없이 수용할 만한 믿음이 아직까지 갖추어지지 않았다는 증거요, 아직까지 연단받을 것이 남아 있다는 사실이다. 연단과 시험을 두려워해서는 안 된다. 싸우지 않는 장수는 승리의 면류관을 쓸 수 없다. 하나님의 축복은 연단받은 만큼, 믿음의 단계만큼, 성장한 만큼 주어지는 것이다. 내 생각, 내 계획, 내 당위성 등을 버리고 여과 없이 순전히 하나님의 약속을 믿을 때, 하나님의 축복이 구체화되어 현실에 임한다.

4. 하나님과의 계약 Ⅱ(창 17장)

하나님은 17장에서 다시 한 번 아브라함과 계약 체결을 시도하신다. 이번에는 계약의 증표로서 할례를 행할 것을 요구하시는데, 이것은 아브라함뿐만 아니라 후손 대대로 지키라고 하신다. 할례의 계약은 15장의 계약과 사뭇 다르다. 15장에서의 계약은 아브라함의 요청에 의해 이루어진 반면, 17장에서의 계약은 하나님의 일방적인 요구로 이루어진다.

17장은 크게 두 부분으로 나눌 수 있다. 하나님이 아브라함에게 나타나 자신을 전능자라고 밝히는 것으로부터 시작하여 모든 말씀을 마치고 그를 떠나가셨다는 이야기(1-22절)와 이에 아브라함이 하나님이 명하신 대로 할례를 행했다는 이야기(23-27절)로 되어 있다. 앞 부분(1-22절)은 다시 5개의 소단락으로 구성되어 있다. 각각의 소단락들은 "하나님이 또 아브라함에게 이르시되"라는 말로 시작하기에 구분하기가 쉽다. 17장을 서툰 솜씨지만 그 짜임새를 분석해 보았다.

Ⅰ 창 17:1-22

A. 전능자의 축복 : 전능자와 완전(1-2절)

B. 이름을 바꿈(아브람→아브라함), 자손과 땅의 축복(3-8절)

X. 할례 : 계약의 증표(9-14절)

B'. 이름을 바꿈(사래→사라), 자손의 축복(15-16절)

A'. 이삭과 이스마엘에 대한 축복 : 아브라함의 불신앙(17-22절)

Ⅱ 창 17:23-27

할례의 시행(23-27절)

17장의 Ⅰ단락은 할례(X)를 중심으로 대칭 구조로 되어있다. 이를 세 부분(A와 A', B와 B', X)로 나누어 살펴보자.

1) 완전과 아브라함의 불신앙

A와 A' 부분부터 보자. 아브라함이 99살 때 하나님이 나타나셔서 자신을 '전능한 하나님'으로 밝히시는 것으로부터 할례의 계약을 제정하는 이야기가 시작된다. 왜 여기서 전능자라고 밝히실까?[79] 여러 가지 이유가 있겠지만 여기서는 아브라함의 불신앙, 그리고 이삭의 탄생과 관련이 있다.

17장에 나오는 하나님의 축복의 언약은 당시 아브라함으로는 받아들이기 힘든 내용들이다. 그는 이미 늙었고, 그의 아내 사라는 아이를 못 낳는 여인이다. 따라서 하나님이 자신을 전능자라고 밝히시는 것으로부터 할례 계약의 이야기가 시작되는 것은 이제부터 모든 언약들을 이루시기 시작했다는 것, 불가능을 가능하게 하시겠다는 것을 복선에 깔고 있는 것이다. 그럼에도 아브라함은 불신앙적인 웃음을 웃는다. 그 불신앙과 대조하기 위하여 하나님은 자신을 전능자라고 소개하시면서 완전하라고 말씀하시는 것이다.

이를 계약Ⅰ(창세기 15장)과 연관시켜 보면 보다 분명해진다. 15장의

79 창세기에는 모두 여섯 차례 전능하신 하나님(엘 샤다이)이란 호칭이 나온다.(창 17:1; 28:3; 35:11; 43:14; 48:3; 49:25)

계약은 아브라함이 하갈을 취하여 이스마엘을 낳기 이전에 체결하였다. 이스마엘은 아브라함이 86살에 낳았다. 그러므로 첫 계약은 적어도 아브라함의 나이 85살 이전에 맺은 것이다. 지금이 99살이므로 최소한 15년 정도의 시차가 있다. 그 사이 하나님은 한 번도 아브라함에게 나타나시지 않았다. 첫 계약의 기억조차 가물가물한 시기일 것이다.

그때 하나님이 다시 그에게 나타나셔서 자신을 전능자라고 밝히시고 그와 맺은 언약들을 다시 확인시켜 주신다. 그러자 아브라함이 웃으면서 100살 된 사람이 어떻게 아이를 낳겠는가? 이스마엘이나 하나님 앞에서 살기를 원한다고 말한다.(창 17:17-18) 이러한 아브라함의 불신앙적인 태도에 하나님은 내년 이 맘 때 이삭을 낳을 것이라고 말씀하신다. 즉, 아브라함도 믿지 못하는 기적을 일으키시겠다는 말씀이다. 그러므로 불가능을 가능하게 하시는 전능자가 되신다. 이런 의미에서 당신을 전능자라고 말씀하신 것이다.

계속해서 하나님은 아브라함에게 "너는 내 앞에서 행하여 완전하라"(창 17:1b)고 하신다. 이전과는 달리 왜 이런 말씀을 하실까? 이에 대하여는 좀더 자세히 살펴볼 필요가 있어 2절의 언약 부분을 먼저 보도록 하자.

하나님은 "내 언약을 나와 너 사이에 두어 번성케 하시겠다"고 말씀하신다. 언약은 하나님과 우리 사이에 있는 것이다. 하나님과 우리를 맺어 주는 것이 언약이다. 이를 복음과 연관시켜 생각하면 쉽다. 우리와 하나님 사이에 무엇이 있는가? 그것은 십자가다. 십자가를 통하지 않고는 하나님께 나갈 수 없다. 예수 그리스도께서 중보자가 되셨다는 말도 같은 의미다.[80] 우리는 그리스도를 통하여 모든 약속을 이어받을 상속자가 된다.[81] 따라서 하나님과 아브라함 사이에 맺은 언약은 곧 그리스도로 말미암아 우리와 하나님이 맺는 언약도 되는 것이다. 그리고 그 언약을 받은 자는 누구든지 하나님이 크게 번성케 하신다. 자 이제 하나씩 보도록 하자.

완전

1절의 "나는 전능한 하나님이라 너는 내 앞에서 행하여 완전하라"는 말씀은 서로 연결된 말씀이다. 즉 "나는 전능한 하나님이므로 너는 내 앞에서 행하여 완전하라"는 뜻이다. 전능자와 그의 앞에서 완전한 것이 무슨 상관이 있을까? 그리고 하나님은 할례를 명하시기 전에 내 앞에서 완전하라고 하신다. 완전함과 생식기에 행하는 할례가 무슨 연관이 있을까?

먼저 완전함에 대해 살펴보자. '완전하라'는 말은 히브리어로 **타밈**이라는 단어다. 이는 행위의 완전함, 또는 율법적 행위의 완전함을 의미하는 단어가 아니다. **타밈**은 하나님과의 관계에 있어서 흠 없고 진실한 마

---

80 히 8:6 "그러나 이제 그는 더 아름다운 직분을 얻으셨으니 그는 더 좋은 약속으로 세우신 더 좋은 언약의 중보자시라."
히 9:14-15 "하물며 영원하신 성령으로 말미암아 흠 없는 자기를 하나님께 드린 그리스도의 피가 어찌 너희 양심을 죽은 행실에서 깨끗하게 하고 살아 계신 하나님을 섬기게 하지 못하겠느냐 이로 말미암아 그는 새 언약의 중보자시니 이는 첫 언약 때에 범한 죄에서 속량하려고 죽으사 부르심을 입은 자로 하여금 영원한 기업의 약속을 얻게 하려 하심이라."
히 9:22 "율법을 따라 거의 모든 물건이 피로써 정결하게 되나니 피흘림이 없은즉 사함이 없느니라."

81 갈 3:16 "이 약속들은 아브라함과 그 자손에게 말씀하신 것인데 여럿을 가리켜 그 자손들이라 하지 아니하시고 오직 한 사람을 가리켜 네 자손이라 하셨으니 곧 그리스도라."
갈 3:29 "너희가 그리스도의 것이면 곧 아브라함의 자손이요 약속대로 유업을 이을 자니라."

음의 상태, 또는 그런 삶을 뜻한다. 행위의 완전함을 추구하는 사람은 바리새인이다. 하지만 완전이 행위와 상관없다고 말해서는 안 된다. 그 이유는 '행하여' 라는 말에 있다. '행하여' 는 할라크란 단어인데 이것은 '걷다' 라는 뜻으로 일상생활을 지칭하는 말이다. 따라서 완전하게 사는 것은 일상생활에서 하나님의 말씀대로 행하며 하나님만을 사랑하며 살아가는 것이다.

신명기 18장 13절에도 "너는 네 하나님 여호와 앞에 완전하라(타밈)"는 말씀이 나온다. 신명기에서 '완전하라' 는 말씀의 배경은 이렇다. 이스라엘이 가나안 땅에 들어가거든 그곳에 살고 있는 민족들의 가증한 행위를 본받지 말고, 복술자나 무당이나 진언자나 신접자나 술객이나 마술사 등을 용납하지 말고 하나님 앞에서 완전하라는 말씀이다. 이는 가나안 토착민들이 섬기는 우상이나 복술자나 술객들에게 마음을 빼앗기지 말고 오직 하나님만을 섬기는 것이 하나님 앞에서의 완전함이라는 말씀이다.

하나님 앞에서 완전하게 행하라는 말씀을 가장 잘 표현한 성서 구절을 들라면 나는 주저 없이 다음 구절을 제시한다. "너는 마음을 다하고 성품을 다하고 힘을 다하여 네 하나님 여호와를 사랑하라"는 신명기 6장 5절의 말씀이다. 예수께서도 여기에 '네 이웃을 네 몸같이 사랑하라' 는 말씀을 더해 이것이 최고의 계명이라고 하셨다.[82] 그러므로 우리가 진실 되고 흠 없이 마음을 다하고 성품을 다하고 뜻을 다하고 힘을 다해

---

82 막 12:29-31 "예수께서 대답하시되 첫째는 이것이니 이스라엘아 들으라 주 곧 우리 하나님은 유일한 주시라 네 마음을 다하고 목숨을 다하고 뜻을 다하고 힘을 다하여 주 너의 하나님을 사랑하라 하신 것이요 둘째는 이것이니 네 이웃을 네 자신과 같이 사랑하라 하신 것이라 이보다 더 큰 계명이 없느니라."

하나님을 사랑하는 것이다. 그 사랑의 마음으로 하나님이 명하신 계명을 지키며 이웃을 내 몸처럼 사랑하며 살아가는 것이다. 이것이 하나님 앞에서 완전한 것이다. 그렇게 살아갈 때 하나님이 의로 여기시며 의롭다고 말한다.[83]

또 한 가지 우리가 더 생각해 보아야 하는 것은 **타밈**이란 단어가 처음 노아에게 쓰였다는 사실이다.[84] 노아는 기존의 창조를 물로 심판하신 이후에 하나님과 새로운 계약을 맺은 사람이다.[85] 또한 의인(처다크)이란 호칭도 노아가 처음이요, 그 다음은 아브라함이다. 이것은 홍수 이후에 새로운 세상을 시작한 자는 노아이며, 홍수 이후에 창조의 과업을 이어 갈 새로운 민족을 이루는 시작은 아브라함이란 의미다. 그리하여 노아와 아브라함에게만 의인이란 칭호와 완전(타밈)이란 단어를 쓴 것이다.

마지막으로 '완전하라' 는 말씀을 우리 주님께서도 하셨다는 사실이다. "그러므로 하늘에 계신 너희 아버지께서 완전하신 것 같이, 너희도 완전하여라."(마 5:48, 새번역) 여기서 완전은 **텔레이오스**란 단어로 히브리어 **타밈**과 같은 의미다. 원수를 사랑하라는 말씀의 결론으로 주신 말씀이다.[86] 구약의 하나님 말씀에 따라 사는 순종의 삶에 사랑의 개념을 더

---

83 창 15:6 "아브람이 여호와를 믿으니 여호와께서 이를 그의 의로 여기시고."
신 6:25 "우리가 그 명령하신 대로 이 모든 명령을 우리 하나님 여호와 앞에서 삼가 지키면 그것이 곧 우리의 의로움이니라 할지니라."

84 창 6:9 "이것이 노아의 족보니라 노아는 의인이요 당대에 **완전한** 자라 그는 하나님과 동행하였으며."

85 창 9:9-11 "내가 내 언약을 너희와 너희 후손과 너희와 함께 한 모든 생물 곧 너희와 함께 한 새와 가축과 땅의 모든 생물에게 세우리니 방주에서 나온 모든 것 곧 땅의 모든 짐승에게니라 내가 너희와 언약을 세우리니 다시는 모든 생물을 홍수로 멸하지 아니할 것이라 땅을 멸할 홍수가 다시 있지 아니하리라."

86 마 5:43-44 "또 네 이웃을 사랑하고 네 원수를 미워하라 하였다는 것을 너희가 들었으나 나는 너희에게 이르노니 너희 원수를 사랑하며 너희를 박해하는 자를 위하여 기도하라."

하여 주님께서 말씀하신 것이다. 따라서 우리가 주님의 말씀에 따라 하나님을 사랑하고 이웃을 사랑하며 살아갈 때 완전한 삶은 이루어지며, 그런 삶들의 상태가 하나님 나라다.

아브라함의 불신앙

아브라함의 불신앙에 대한 본문(A', 창 17:17-22)은 우리에게 몇 가지 의문점을 갖게 한다. 이미 15장에서 아브라함은 하나님으로부터 그 의를 인정받았다. 그렇다면 의인도 불신앙의 태도를 가질 수 있는가? 여기에 아브라함의 불신앙적인 태도를 기록한 창세기 저자의 의도는 무엇인가? 무엇보다도 아브라함의 불신앙적인 태도가 과연 그의 불신앙을 표현한 것인가? 아니면 또 다른 의도가 있는가? 하는 점이다. 이와 같은 물음들을 크게 둘로 나누어 살펴보자.

첫째로 의인도 불신앙의 태도를 가질 수 있는가? 이러한 물음은 의인에 대한 우리의 편견에서부터 비롯된 것이다. 성서는 의인을 완전한 자라고 말하지 않는다.[87] 의인은 삶 속에서 실수하거나 더 이상 죄를 짓지 않는 사람을 말하는 것도 아니다. 그렇다면 그것도 우리의 편견이다. 노아는 술을 마시고 실수하였고, 아브라함도 지금 그러고 있다. 모세도 혈기를 부려 가나안 땅에 들어가지 못했지 않은가? 성서는 그 어떠한 사람도 다 죄인이며, 하나님 외에는 선한 사람이 없다고 말한다.[88] 다 구원의 대상이다.

아브라함은 죄 없는 의인이 아니다. 그는 하나님을 믿는 믿음으로 의인이라고 인정받은 사람이다. 앞에서 검토한 **타밈**이란 단어는 행위의 완전함을 뜻하는 것이 아니라, 하나님과의 관계에 있어서 흠 없고 진실한 마음의 상태나 그러한 삶이라고 했다. 이를 주님의 말씀대로 하자면 온전히 하나님을 사랑하고 이웃을 사랑하며 살아가는 삶을 말한다.

이것은 우리에게 용기를 준다. 실수와 죄로 얼룩진 삶을 살아가는 우리에게 용기를 준다. 아브라함도 그랬지 않았는가? 노아도, 모세도, 다윗도 그랬다. 그러므로 하나님 보시기에 늘 저지레하는 나도 마음 고쳐 먹고 믿음을 가지고 사랑하며 살아가다 보면 언젠가는 하나님의 은총으로 의롭다고 인정받을 날이 올 것이다. 하나님과 할례의 계약을 체결하

---

87 이영재 목사는 다음과 같이 다양한 의의 개념을 정리하였다. 이 중에 특히 5번을 참고하라.

1. 아브라함이 신뢰의 요건을 충족시켜서 의롭다고 여김을 받은 것처럼 어떤 기준에 맞을 때에 의롭다고 한다.(창 15:6)
2. 그 기준이 지존하신 하나님의 뜻과 성품으로 제시될 때 하나님은 올바르고 의로우신 분으로 고백한다.(신 32:4) 토기를 굽는 옹기장이처럼 하나님의 결정은 언제나 적절하여 의롭다.(사 45:9-12)
3. 하나님의 뜻이 인간 행동의 궁극적인 기준이 될 때 하나님은 의로우신 분으로 표현한다.
4. 부도덕한 일을 벌하는 하나님은 의로우시다. 이스라엘을 보내 주기를 거절하는 파라오는 하나님의 의로우신 심판을 받는다.(출 9:27) 죄를 심판하는 것이 의로우신 하나님의 한 속성이다.
5. 하나님은 백성 가운데 마땅한 자를 의롭다고 하신다.(창 18:25) 벌을 받아도 의로운 자는 회개함으로써 다시 사랑을 받는다.
6. 다윗이 용서를 구할 때 의롭게 하시는 사역이 드러난다.(시 51:14, 16) 인간의 공로에 관계없이 구원을 베푸시는 하나님이시다. 죄에 대한 대속적 희생이 의인론 속에 깔려 있다.(시 51:16-19, 68:18-21) 시편의 이러한 사상이 로마서 3:26에 그대로 나타난다.
7. 로마서 7장에서 의는 하나님의 상속자들이 의롭게 서서 구원받는 것을 의미한다. 구원을 막을 것은 없다.(사 54:17) 의로우신 메시아는 신약성서의 그리스도가 우리의 의임을 예표로 보여 준다.(렘 23:6) 하나님의 구원의 상속자들은 의로우며 메시아의 구원 사역을 믿는 믿음을 통하여 하나님께서 상속자들을 메시아처럼 의롭다고 인정하신다.
8. 마지막으로 포로기 이후에 **처다카**의 기본형은 경건한 사람이 행하는 자선 행위를 가리키는 것으로 발전한다.(시 112:9)

88 막 10:18 “예수께서 이르시되 네가 어찌하여 나를 선하다 일컫느냐 하나님 한 분 외에는 선한 이가 없느니라.”
롬 3:10 “기록된 바 의인은 없나니 하나도 없으며.”

는 아주 중요한 순간에 실수를 하는 아브라함의 모습을 기록함으로 믿음의 조상인 그도 결국 인간일 수밖에 없다는 것을 창세기 저자는 우리에게 말하고 있는 것이다.

이러한 아브라함의 불신앙적인 태도에 대해 하나님은 야단치지 않으신다. 오히려 "이스마엘이나 하나님 앞에서 살기를 원한다"는 아브라함의 말을 받아들여 이스마엘에게 축복을 하신다. 그러나 그 축복은 후에 이스라엘에게 비극이 된다. 이스마엘의 후손들은 하나님의 축복에 따라 큰 민족을 이룬다. 이스마엘의 자손들은 창세기 37장에 의하면 미디안 족속이다.[89] 미디안 족속은 두고두고 이스라엘을 괴롭히는 가시가 된다.[90] 아브라함의 불신앙의 말 한마디가 이런 결과를 가져왔다. 이는 불신앙적인 언행이 우리의 삶에 때로는 아주 엄청난 불행을 가져올 수도 있다는 교훈을 우리에게 준다.

둘째로 아브라함의 불신앙적인 태도가 과연 그의 불신앙을 표현한 것인가? 아니면 또 다른 의도가 있는가? 결론을 말하자면 둘 다 정답이다. 불신앙에 대해서는 앞에서 보았으므로 여기서는 아브라함으로 하여금 불신앙의 태도를 가지게 한 또 다른 의도에 대해 보자. 창세기 17장

---

89 창 37:25-28 "그들이 앉아 음식을 먹다가 눈을 들어 본즉 한 무리의 이스마엘 사람들이 길르앗에서 오는데 그 낙타들에 향품과 유향과 몰약을 싣고 애굽으로 내려가는지라 유다가 자기 형제에게 이르되 우리가 우리 동생을 죽이고 그의 피를 덮어둔들 무엇이 유익할까 자 그를 이스마엘 사람들에게 팔고 그에게 우리 손을 대지 말자 그는 우리의 동생이요 우리의 혈육이니라 하매 그의 형제들이 청종하였더라 그 때에 미디안 사람 상인들이 지나가고 있는지라 형들이 요셉을 구덩이에서 끌어올리고 은 이십에 그를 이스마엘 사람들에게 팔매 그 상인들이 요셉을 데리고 애굽으로 갔더라." 창 37:36 "그 미디안 사람들은 그를 애굽에서 바로의 신하 친위대장 보디발에게 팔았더라."

90 삿 6:1 "이스라엘 자손이 또 여호와의 목전에 악을 행하였으므로 여호와께서 칠 년 동안 그들을 미디안의 손에 넘겨 주시니."

은 하나님 스스로가 자신을 전능자라고 밝히시는 것으로 시작한다. 그것은 불가능을 가능하게 하시는 분이라는 전제를 미리 하고 있는 것이다.

현재 아브라함의 현실은 어떠한가? 75살이라는 늦은 나이에 하나님의 약속을 믿고 떠났다. 그로부터 햇수로 25년이 흘렀는데도 하나도 달라진 것이 없다. 이제는 처음 가졌던 소망마저도 이루어질 가능성이 전혀 없어 보인다. 아브라함도 포기하고 있었음이 분명하다. 그리하여 사라가 아들을 낳으리라는 말씀에 그만 웃고 만다. 그는 웃으면서 속으로 이렇게 말한다. "백 세 된 사람이 어찌 자식을 낳을 수 있으며, 사라도 구십 세니 어찌 출산을 할 수 있겠는가?"

현실적으로 불가능한 일들, 당사자인 아브라함도 포기할 수밖에 없는 일들을 하나님은 이루신다. 그리하여 하나님은 스스로 전능자가 되신다. 따라서 본문은 하나님의 전능하심을 강조하기 위하여 아브라함으로 불신앙의 태도를 가지게 했던 것이다. 이것은 아브라함의 불신앙이 본문의 주제가 아니라, 하나님의 전지전능하심이 본문의 주제라는 것이다.

전능하신 하나님의 능력은 성서 전체의 주제이기도 하다. 이 전능함이 출애굽을 가능하게 했으며, 이스라엘 역사 속에 있었던 수많은 불가능한 현실을 가능하게 하신 것, 역시 하나님의 전능하신 능력 때문이다. 성육신 사건도 그의 전능하신 능력으로 말미암았으며, 죄 가운데 죽을 수밖에 없는 우리를 구원하시는 것도 그의 전능함 때문이다.[91]

---

91 눅 1:37 "대저 하나님의 모든 말씀은 능하지 못하심이 없느니라."

2) 아브라함과 사라

할례에 대한 규정을 사이에 두고 하나님은 아브라함과 사라의 이름을 바꾸어 주신다.(B와 B') 아브라함의 본래 이름은 아브람이었고, 사라의 본 이름은 사래였다. 서문에서 밝힌 것처럼 아브라함의 예전 이름인 아브람도 편의상 아브라함이라고 통일하여 불렀으나 실제로는 17장에 이르러서 비로소 그의 이름이 아브라함이 된다. 사라도 마찬가지다. 이렇게 한 것은 이 글이 학문적인 글이 아니기 때문이기도 하고, 또한 아브라함의 이야기를 처음부터 순서대로 쓴 것이 아니라, 주제에 맞게 재구성하여 쓴 글이라 자칫 혼동됨을 우려했기 때문이다.

아브라함의 본 이름인 아브람은 '높은 권세자' 란 뜻이다. 높은 권세자란 의미에서 보듯이 아브람이란 이름은 세속적이고 출세 지향적이다. 사라도 마찬가지다. 사라의 본 이름은 사래인데, 이는 '귀족 부인' 또는 '나의 왕후님' 이란 뜻이다. 역시 세속적인 욕망의 의미다. 그러나 아브라함은 '많은 사람들의 아버지The father of a multitude of nations' (ASV) 란 뜻이다. 성서는 '여러 민족의 아버지' 라고 했다. 새로 주어진 사라는 '그녀는 모든 사람의 왕후이시다' 는 뜻이다. 성서는 '여러 민족의 어머니' 라고 말한다.

대부분의 사람들의 신앙의 첫걸음은 하나님을 추구하는 것이 아니라, 이기적인 욕심, 그것이 건강이 되었든, 경제적이고 사회적인 것이 되었든, 아니면 마음의 평화와 같은 내면적인 것이 되었든지 간에 이기적인 속성으로 말미암는다. 후에 하나님의 은혜와 주님 자체가 주는 그 아름다움을 체험하게 되면 비로소 세속적인 것과 구별하여 하나님을 섬기게 된다. 세상적인 그 어떤 것보다 주님이 귀하고 아름답기에 주님만을 구하는 신앙으로 나아간다.

아브람이란 이름이 주는 의미로만 볼 때, 아브라함도 그랬을 것이다. 아마도 아브라함은 자신의 세속적인 욕망을 하나님이 충족시켜 주리라 믿고 떠났는지도 모른다. 사라와 롯도 마찬가지다. 떠난 지 25년 만에 하나님이 그의 이름을 바꾸어 주셨다는 것은 그 동안 아브라함이 아브람으로 살았다는 것을 말한다. 하나님은 아브람이 아브라함이 되기를 원하셨건만 아브라함은 여전히 25년 동안을 아브람으로 살았다.

이 25년의 기간이 아브라함에게는 연단의 기간이었다. 하나님은 아브라함으로 하여금 의인의 계보를 계승하여 창조의 위업을 계속할 새로운 민족을 만들기 원하셨다. 한편 아브람은 세상에서 높은 권세자로 살기를 원했다. 하나님과 아브람 사이에 있는 큰 틈, 아브람과 아브라함 사이에 있는 큰 관점의 차이를 메우는 작업이 25년 동안 계속된 것이다. 25년 동안의 우여곡절 끝에 아브라함의 모든 소망이 끊어지고 자신의 욕망이 사라졌다고 고백할 때[92] 비로소 하나님은 그의 이름을 바꾸어 주신 것이다. 아브람이 죽고 아브라함이 된 것이다. 하나님은 아브람이었을 때 약속의 아들을 주시지 않고 아브라함이 되었을 때 아들을 주신 이유가 바로 이것이다.

하나님은 아브라함이란 이름을 주시며, 그 이름에 해당하는 의미를 축복의 형태로 그에게 말씀하신다. "내가 너로 심히 번성하게 하리니 내가 네게서 민족들이 나게 하며 왕들이 네게로부터 나오리라 (내가 내 언약을 나와 너 및 네 대대 후손 사이에 세워서 영원한 언약을 삼고 너와 네 후손의 하나

---

92 창 17:17-18 "아브라함이 엎드려 웃으며 마음속으로 이르되 백 세 된 사람이 어찌 자식을 낳을까 사라는 구십 세니 어찌 출산하리요 하고 아브라함이 이에 하나님께 아뢰되 이스마엘이나 하나님 앞에 살기를 원하나이다."

님이 되리라) 내가 너와 네 후손에게 네가 거류하는 이 땅 곧 가나안 온 땅을 주어 영원한 기업이 되게 하고 나는 그들의 하나님이 되리라."(창 17:6-8) 7절은 할례의 제정과 관련이 있어 괄호 안에 넣었다.

아브라함의 이름과 직접적으로 관련된 축복문은 6절과 8절이다. "네게서 민족들이 나게 하며 왕들이 네게로부터 나온다"는 말은 글자 그대로 여러 민족의 아버지가 된다는 아브라함의 이름에 대한 해석이다. 그런데 실제로 아브라함의 언약을 이어받은 민족은 이스라엘 뿐이다. 물론 이스마엘과 그두라를 통해 낳은 아들들을 말한다고 할 수 있다. 그러나 그것은 후대의 일이며, 그것 가지고는 설명이 부족하다.

아브라함은 이스라엘만의 조상이 아니다. 엄밀히 말하자면 이스라엘의 조상은 네 명의 아내로부터 열 두 아들을 낳아 그들로 열 두 지파를 형성한 야곱이다. 따라서 아브라함이 여러 민족의 조상이 된다는 것은 그가 낳은 아들들이 몇 몇 족속의 조상이 되어 나라를 이룬다는 말은 아니다. 성서는 아브라함을 이스라엘의 조상에 국한하여 말하지 않고 그를 믿음의 조상이라 부른다. 그러므로 아브라함은 모든 믿는 자들의 조상이 된다. 여러 민족이란 말은 숫자의 개념이 아니라 모든 믿는 자들을 말하는 보편적인 개념이다. 믈론 사라도 마찬가지다.

그렇다고 한다면 한 가지 풀리지 않는 것이 있다. 그것은 8절에 나오는 가나안 땅 때문이다. 하나님은 아브라함과 그의 후손들에게 가나안 온 땅을 주어 그들의 영원한 기업이 되게 하시겠다고 말하신다. 이 말만 보면 아브라함이 낳은 모든 아들들이 여러 민족이 되고, 그 중에서 이삭의 후손이 가나안 땅을 차지하여 그들만이 하나님의 영원한 기업이 되게 하시겠다는 뜻으로 해석된다.

그러나 이 말은 에덴과 같은 의미로 보면 된다. 창세기 2장에 하나님이 세상을 창조하신 후에 땅을 경작할 사람이 없으므로 아담을 만드셨다.[93] 즉 아담은 땅(세상)을 경작하고 관리하도록 지음 받은 것이다. 하나님은 에덴에 동산을 창설하시고 아담을 거기에 두어 세상을 관리하게 하셨다.[94] 에덴은 일종의 관리사무소인 격이다. 가나안도 에덴과 같은 의미다. 에덴은 가나안의 표상이자 하나님 나라의 원형이다.

자, 이를 연결시켜 정리해 보자. 하나님은 아브라함을 통해 여러 민족들, 믿음의 사람들의 조상이 되게 하셨다. 그리고 그중에서 이삭을 통해 새 언약을 세우시고 가나안 땅을 그의 후손에게 주어 세상을 경작하게 하실 계획이시다. 이 때문에 19절과 21절에서 이삭과 언약을 세우시겠다고 하신 것이다.[95] 그러므로 이스라엘은 아브라함의 뒤를 이어 모든 민족들을 주께로 이끌고 그들에게 주의 도를 가르쳐야 할 사명이 있는 것이다. 이스라엘은 선민사상에 젖은 민족주의와 편협한 국수주의를 버리고 본래의 사명을 회복해야 한다.

오늘날의 기독교인에게도 이 말씀은 그대로 적용된다. 구원받은 것에 안주하여 세상을 도외시하지 말고 오히려 세상에 그리스도의 복음을 널리 전해야 하는 사명, 그리스도의 생명으로 세상을 경작하는 사명을 실천해 가야 한다. 이것이 하나님 나라의 삶이다.

---

93 창 2:5 "여호와 하나님이 땅에 비를 내리지 아니하셨고 땅을 갈 사람도 없었으므로 들에는 초목이 아직 없었고 밭에는 채소가 나지 아니하였으며."

94 창 2:8 "여호와 하나님이 동방의 에덴에 동산을 창설하시고 그 지으신 사람을 거기 두시니라."
창 2:15 "여호와 하나님이 그 사람을 이끌어 에덴동산에 두어 그것을 경작하며 지키게 하시고."

95 창 17:19 "하나님이 이르시되 아니라 네 아내 사라가 네게 아들을 낳으리니 너는 그 이름을 이삭이라 하라 내가 그와 내 언약을 세우리니 그의 후손에게 영원한 언약이 되리라."
창 17:21 "내 언약은 내가 내년 이 시기에 사라가 네게 낳을 이삭과 세우리라."

3) 계약의 증표로서의 할례

이제 17장의 핵심 부분인 할례에 대해 보자.(X) 하나님은 아브라함과의 관계에 있어서, 그리고 그 후손과의 관계에 있어서 보다 분명한 계약의 증표서의 할례를 요구를 하신다. 할례는 하나님과의 계약을 몸에 새기는 것이다. "나의 언약이 너희 몸에 영원한 언약으로 새겨질 것이다." (창 17:13, 새번역) 즉 하나님과의 계약은 문자로서 맺어진 계약이 아니라 온몸으로 맺는 것이다. 자신의 몸의 일부를 잘라 내는 것은 몸, 즉 자신의 전 존재에 하나님과의 계약을 새기는 것이다.

할례의 계약은 주님이 말씀하신 포도나무의 비유와 같은 의미다.(요 15:1-10) 자신의 근원을 잘라 내고 참 포도나무이신 주님께 접붙임을 받는 것이다. 그럼으로써 우리는 주님 안에 거하게 된다. 할례는 몸에다 새기는 것이지만 접붙임은 아예 주님과 한 몸이 되는 것이다. 사랑으로 하나 되는 것이다. 참 포도나무의 비유는 할례를 복음에 입각해 해석한 말씀이다. 그리하여 우리는 유대인들처럼 몸에 할례를 받지 않더라도 주님과 계명 안에서 하나가 될 수 있는 것이다.

할례와 생식기

할례는 알기 쉽게 말하자면 포경수술과 흡사한 것인데, 왜 하필이면 다른 곳도 아닌 생식기의 표피 일부를 잘라 내라고 하시는 것일까? 이는 두 가지로 생각할 수 있다.

첫째로 남자의 생식기는 그곳이 생명을 잉태하는 중심이기에 고대사회에서는 신성한 부분으로 인식되었다. 아브라함이 이삭의 배필을 구하기 위해 그의 모든 소유를 맡은 늙은 종을 부른다. 그리고 그에게 자신의 허벅지 밑에 손을 넣고 가나안 족속이 아닌 자신의 고향으로 가서 이삭의 아내를 택하여 오도록 맹세시킨다.[96] 본문에서는 허벅지 밑이라는 완곡한 표현을 썼지만 이는 자신의 생식기에 손을 대고 맹세하도록 한 것이다. 의무에 대해 지극히 진지한 맹세를 할 때 신체 중 신성한 부분인 생식기에 손을 대고 하도록 하는 고대의 관습이다.

이러한 맹세의 관습이 창세기에 또 나온다. 야곱이 죽을 날이 가까움을 알고 그의 아들 요셉을 부른다. 그러고는 자신의 허벅지 아래 손을 넣게 하고 자신이 죽거든 이집트에 장사 지내지 말고 조상의 묘지에 장사 지내 줄 것을 맹세시킨다.[97] 이 역시 생식기에 손을 대고 맹세한 것이다. 이처럼 남자의 생식기는 신성한 부분을 가리킨다. 그러므로 왜 하필이면 생식기에 언약을 새기는 할례를 행하느냐는 것은 우리 몸 중에 가장 신성한 부분이 그곳이기 때문이다.

둘째로 성서는 생식기를 신앙의 지조와 정욕의 상징으로 보기 때문이다. 하나님을 떠나 우상숭배 하는 것을 하나님은 음행하는 것이라고 말씀하신다.[98] 바울은 하나님의 즐거움을 떠나 세상의 즐거움을 따르는 것을 육체의 정욕 때문이라고 하였다.[99] 우리의 신체 중 육체의 정욕을

---

96 창 24:2-4 "아브라함이 자기 집 모든 소유를 맡은 늙은 종에게 이르되 청하건대 내 **허벅지 밑**에 네 손을 넣으라 내가 너에게 하늘의 하나님, 땅의 하나님이신 여호와를 가리켜 맹세하게 하노니 너는 내가 거주하는 이 지방 가나안 족속의 딸 중에서 내 아들을 위하여 아내를 택하지 말고 내 고향 내 족속에게로 가서 내 아들 이삭을 위하여 아내를 택하라."

97 창 47:29-30 "이스라엘이 죽을 날이 가까우매 그의 아들 요셉을 불러 그에게 이르되 이제 내가 네게 은혜를 입었거든 청하노니 네 손을 내 **허벅지 아래**에 넣고 인애와 성실함으로 내게 행하여 애굽에 나를 장사하지 아니하도록 하라 내가 조상들과 함께 눕거든 너는 나를 애굽에서 메어다가 조상의 묘지에 장사하라 요셉이 이르되 내가 아버지의 말씀대로 행하리다."

대표하는 곳이 바로 생식기다. 그러므로 할례가 생식기의 표피 일부를 잘라 내는 의식이라고 하는 것은 우상숭배를 하지 않고 오직 하나님만을 섬기겠다는 의미이며, 우리의 육체의 정욕을 제거한다는 의미가 된다.

할례는 단지 생식기의 일부를 잘라 내어 하나님의 언약을 몸에다 새기는 의식이 아니다. 하나님이 할례를 명하시기 전에 완전하라고 하셨다. 그것은 우상숭배와 육체의 정욕을 제거하고 마음을 다하고 성품을 다하고 힘을 다하는 진실하고 흠 없는 마음으로 하나님만을 섬기겠다는 믿음과 그에 따른 결단으로서 할례를 행하라는 말씀이다.

이에 아브라함은 자신과 이스마엘을 포함해 집안의 모든 남자에게 할례를 행한다.(창 17:23) 15장의 계약 체결 의식과 더불어 17장의 할례 의식으로 아브라함과 그의 후손이 하나님과 완전한 계약을 맺는다. 아브라함을 비롯한 그의 후손들은 마음을 다하고 성품을 다하고 힘을 다하는 진실하고 흠 없는 마음으로 하나님만을 섬기고, 하나님은 전능하

---

98 렘 3:6-8 "요시야 왕 때에 여호와께서 또 내게 이르시되 너는 배역한 이스라엘이 행한 바를 보았느냐 그가 모든 높은 산에 오르며 모든 푸른 나무 아래로 가서 거기서 행음하였도다 그가 이 모든 일들을 행한 후에 내가 말하기를 그가 내게로 돌아오리라 하였으나 아직도 내게로 돌아오지 아니하였고 그의 반역한 자매 유다는 그것을 보았느니라 내게 배역한 이스라엘이 간음을 행하였으므로 내가 그를 내쫓고 그에게 이혼서까지 주었으되 그의 반역한 자매 유다가 두려워하지 아니하고 자기도 가서 행음함을 내가 보았노라."
계 2:14 "그러나 네게 두어 가지 책망할 것이 있나니 거기 네게 발람의 교훈을 지키는 자들이 있도다 발람이 발락을 가르쳐 이스라엘 자손 앞에 걸림돌을 놓아 우상의 제물을 먹게 하였고 또 행음하게 하였느니라."

99 롬 1:24 "그러므로 하나님께서 그들을 마음의 정욕대로 더러움에 내버려 두사 그들의 몸을 서로 욕되게 하게 하셨으니."
벧후 2:10 "특별히 육체를 따라 더러운 정욕 가운데서 행하며 주관하는 이를 멸시하는 자들에게는 형벌할 줄 아시느니라 이들은 당돌하고 자긍하며 떨지 않고 영광 있는 자들을 비방하거니와."

신 그의 능력과 성실함으로 약속된 축복을 내리시며 보호하시는 그들의 하나님이 된 것이다.

여기서 우리가 한 가지 더 생각해야 할 것이 있다. 아브라함의 가족들만 아니라, 이민족의 노예들까지 모두 친아들과 동등하게 할례 계약에 참여해야 한다고 하셨다. 이것은 노예들까지도 한 식구처럼 대해야 한다는 인도주의 정신을 표방한 것이다. 하나님은 선인과 악인을 구별하지 않으시며, 오히려 의지할 것 없는 약자의 편이 되어 주신다는 것이 성서 정신이다.[100] 고대사회에 있어서 이러한 평등사상은 획기적인 것이다. 차별 없는 세상을 만들기 원하시는 하나님은 계약도 차별 없이 행하라고 하신다.

나도 계약의 당사자

이제까지 두 차례에 걸친 아브라함과 하나님과의 계약을 살펴보았다. 이 계약의 말씀을 성서에 기록한 이유가 무엇일까? 이 계약의 말씀

---

100 마 5:44-45 "나는 너희에게 이르노니 너희 원수를 사랑하며 너희를 박해하는 자를 위하여 기도하라 이같이 한즉 하늘에 계신 너희 아버지의 아들이 되리니 이는 하나님이 그 해를 악인과 선인에게 비추시며 비를 의로운 자와 불의한 자에게 내려주심이라."
출 22:21-27 "너는 이방 나그네를 압제하지 말며 그들을 학대하지 말라 너희도 애굽 땅에서 나그네였음이라 너는 과부나 고아를 해롭게 하지 말라 네가 만일 그들을 해롭게 하므로 그들이 내게 부르짖으면 내가 반드시 그 부르짖음을 들으리라 나의 노가 맹렬하므로 내가 칼로 너희를 죽이리니 너희의 아내는 과부가 되고 너희 자녀는 고아가 되리라 네가 만일 너와 함께 한 내 백성 중에서 가난한 자에게 돈을 꾸어 주면 너는 그에게 채권자 같이 하지 말며 이자를 받지 말 것이며 네가 만일 이웃의 옷을 전당 잡거든 해가 지기 전에 그에게 돌려보내라 그것이 유일한 옷이라 그것이 그의 알몸을 가릴 옷인즉 그가 무엇을 입고 자겠느냐 그가 내게 부르짖으면 내가 들으리니 나는 자비로운 자임이니라."
특히 노예에 관한 법 규정은 계약법에 분명히 명시되어 있다. 출 21:1-11을 보라.

을 단지 아브라함과 하나님, 또는 이스라엘과 하나님이 맺은 계약이라고 읽는다면 나와 상관없는 말씀이 된다. 말씀에서는 아브라함과 하나님이 계약을 맺었지만 성서를 읽는 성도라면 누구나 자신과 하나님과의 계약이라고 믿어야 한다. 나도 이 말씀 속에서 하나님과 계약을 맺는 당사자가 된다.

그런데 우리는 내가 계약의 당사자라는 사실을 잊고 살 때가 많다. 그것은 하나님과의 계약에 대한 직접적이고 분명한 체험이 없기 때문이다. 하나님과의 계약은 믿음으로 맺는 것이다. 믿음은 바라는 것들의 실상이 되어야 하고 현실에서 증명되어야 한다. 그러므로 이 계약의 말씀을 우리가 믿음으로 읽을 때, 이 말씀은 우리의 삶에서 현실이 되어야 하며 우리의 삶으로 증명되어야 한다.

하나님과의 계약이 현실이 되는 체험은 어느 순간에 믿음이 생김으로 시작된다. 믿음은 막연한 그 어떤 것이 아니다. 믿음은 분명한 것이다. 내가 아브라함의 침묵이 믿음의 표현이라는 것을 깨닫기 전에는 나도 막연하게 믿고 있었다. 믿음으로 건축을 시작하면 하나님이 알아서 도와주시리라는 믿음은 있었다. 그러나 그 믿음은 막연한 그 무엇과도 같은 믿음이었다. 그리하여 그때 그 믿음은 현실이 되지 못했다. 그러나 믿음이 무엇인지를 깨닫는 순간 그 믿음이 현실이 되기 시작했다.

아브라함의 침묵의 의미를 깨닫기 전에는 건축으로 인한 빚이 2천만 원이었다. 1년 여 후, 건축이 끝났을 때, 빚도 2천만 원이었다. 침묵이 믿음이라는 것을 깨닫고는 빚이 전혀 늘어나지 않았다. 모든 것이 순조로웠다. 내가 할 때는 빚이 늘어났지만 하나님 앞에서 침묵하고 하나님을 믿으니 하나님이 하셨다. 하나님이 하실 때는 빚도 없다. 건축 후, 봉헌식을 하기 전 주에 김월식 장로님이 모든 빚을 청산해 주어 빚 없이 하나님께 봉헌할 수 있었다.

봉헌식을 한 후, 그 다음 주에 교회를 사임하고 나실인수도원에서 기도할 때였다. 성서를 읽다가 "그러므로 염려하여 이르기를 무엇을 먹을까 무엇을 마실까 무엇을 입을까 하지 말라 이는 다 이방인들이 구하는 것이라 너희 하늘 아버지께서 이 모든 것이 너희에게 있어야 할 줄을 아시느니라 그런즉 너희는 먼저 그의 나라와 그의 의를 구하라 그리하면 이 모든 것을 너희에게 더하시리라"(마 6:31-33)라는 이 말씀이 마음에 들어와 믿음이 되었다.

그때 순간적으로 아랫배에 뭔가 묵직한 납덩어리 같은 것이 생기는 것이었다. 느낌이 아니라 실제로 그렇다. 그 이후로 지금까지 내가 사소한 것들이라 부르는 것들, 무엇을 마실까 무엇을 먹을까 무엇을 입을까 하는 것들 때문에 문제가 된 적은 단 한 번도 없었다. 그때그때마다 하나님은 구하지 않아도 필요한 것을 필요한 때 보내 주신다.

치악산에는 만나가 내리지 않는다. 돈이 비처럼 내리지도 않는다. 나도 누군가가 헌금을 해야 살아갈 수 있다. 하나님이 그를 보내 주신 것이다. 그는 나로 말미암아 축복의 기회를 잡은 것이다. 왜냐하면 내가 주님께 순종하고 이곳에 들어왔으니 내가 아브라함처럼 복이 되었기 때문이다. 믿음이 현실이 되는 삶을 이곳에서 살고 있다. 감사하다.

하나님과의 계약은 믿음으로 체결한다. 믿음이라는 도장을 계약의 말씀 위에 찍는 것이다. 그리고 하나님을 신뢰하고 그에게 순종하는 것이다. 그러면 계약서에 명시된 대로 하나님은 우리의 하나님이 되시고 인도자가 되어 우리에게 축복해 주신다. 아브라함의 계약과 그의 삶이 이것을 우리에게 가르쳐 준다. 성서의 모든 말씀은 오직 체험으로만 내 것이 된다. 믿음의 체험, 믿을 때 그 믿음이 현실이 되는 체험, 하나님의 모든 말씀이 나의 삶 속에서 증명되어지는 체험이 있게 되면 사소한 것들로부터 참 자유로워진다.

2부

아브라함의 침묵

이제까지 1부에서 왜 아브라함인가? 아브라함을 성서의 본론 첫 부분에 등장시킨 이유가 무엇인가? 왜 하나님은 아브라함을 부르셨는가? 하나님은 왜 두 번에 걸쳐 아브라함과 계약을 맺으셔야만 했는가? 등에 대해 살펴보았다.

다시 정리하여 말하자면 아브라함 이전의 상황들을 통해 이 세상에는 두 부류의 사람들이 있음을 보았다. 즉, 하나님 중심의 삶을 살아가는 의인의 계보를 잇는 아담의 후손들과 세상 중심의 가인의 후손들이 그들이다. 하나님은 노아의 홍수를 통해 가인의 후손들을 심판하셨으나 노아 이후 셈과 함으로 인해 또 다시 두 부류의 사람들이 생겨났다. 이에 하나님은 노아 때처럼 심판이 아닌 새로운 계획을 세우셨다.

하나님의 창조 목적을 수행하고 세상을 아름답게 경작할 민족을 만드는 새로운 계획, 그 계획의 시작이 아브라함이다. 아브라함으로부터 시작한 이 새로운 민족은 혈통의 개념이 아니라, 믿음으로 이어지는 신앙의 개념이다. 그리하여 아브라함은 믿음의 조상이 된 것이다. 믿음으로 아브라함이 하나님으로부터 의롭다 하심을 얻은 것처럼 우리 모두는 믿음으로 하나님과 계약을 맺고 그의 자녀요 아브라함의 상속자가 된다.

하나님은 아브라함으로부터 시작하는 새로운 민족에게 복 주고 그 이름을 드높여 모든 사람들의 모델이 되게 하신다. 세상 사람들이 그들이 복을 받고 이름이 창대해지는 것을 보고 모든 사람들이 그들처럼 하나님을 믿고 하나님의 계획과 목적에 순종하면 복받을 것이라고 약속하신다. 이러한 약속에 하나님은 친히 강림하셔서 계약을 맺으셨고, 그 계약에 순종하는 사람들은 자신의 생식기의 표피를 잘라 그 계약을 몸에다 새김으로 계약을 체결한다. 이상이 1부의 내용이다.

1부는 아브라함을 이해하기 위해 꼭 필요한 부분들이다. 이제 2부에서는 아브라함의 믿음의 연단에 대해 중점적으로 살펴볼 것이다. 우리는 그저 피상적으로 아브라함이 믿음의 조상이 되었다고만 생각한다. 그러나 실제로 아브라함이 믿음의 조상으로 하나님께 인정받기까지 40년 이상이 걸렸다는 사실에 대해서는 별 관심이 없는 것 같다.

75살에 고향과 아버지의 집을 떠나 100살에 이삭을 낳았다. 그리고 그 이삭을 바칠 때에 몇 살이었는지 성서에는 나오지 않지만 이삭이 번제에 쓸 나무를 지고 모리아 산에 오른 것으로 봐서는 적어도 15살은 되었을 것이다.[1] 그렇다고 한다면 아브라함이 이삭을 바치는 최종 시험을 통과한 때는 115살이었을 것이므로 아브라함의 믿음의 연단 기간은 40년 정도였음을 알 수 있다. 이는 출애굽 과정에서 40년 동안 광야를 방황하다 가나안 땅에 들어간 햇수다. 예수께서도 40일 동안 광야에서 금식하시며 사탄에게 시험받으셨다.[2]

나는 아브라함의 일생이 믿음을 완성하기 위한 연단의 과정이라고 본다. 성서는 아브라함의 생애를 통해 그가 믿음으로 떠났고, 믿음으로 의롭다 하심을 받았으며, 이삭을 바치라는 하나님의 명령에 순종함으로 믿음의 완성을 이루었다는 것을 우리에게 펼쳐 보인다. 떠남과 완성 사이에는 수많은 우여곡절이 담겨 있고, 갈등과 시행착오도 있었다. 하나님께 대한 무지와 불신앙으로 실수하기도 했다. 그러한 40여 년에 걸친 믿음의 연단 과정을 세 부분으로 나누어 살펴보고자 한다.

---

1 가톨릭에서는 예수께서 부모와 떨어져 성전에서 랍비들과 대화하던 시기와 동일시하여 12살이었다고 말한다.

2 막 1:12-13 "성령이 곧 예수를 광야로 몰아내신지라 광야에서 사십 일을 계시면서 사탄에게 시험을 받으시며 들짐승과 함께 계시니 천사들이 수종들더라."

첫째는 세상을 통한 연단이다. 이를 통해 아브라함이 믿음으로 세상에 대해 어떻게 승리할 수 있었으며, 그 결과가 어떻게 나타나는가를 볼 것이다. 둘째는 아브라함의 근심이다. 이는 감정의 연단 부분이다. 그의 삶을 통해 드러난 감정들과 이들 감정이 어떻게 연단되고, 연단의 결과가 어떠한지를 보게 될 것이다. 셋째는 아브라함의 침묵이다. 그가 하나님의 자기모순 앞에서 끝까지 침묵을 지킴으로 믿음의 완성을 이루었음을 살펴볼 것이다.

1. 세상을 통한 연단

성서는 아브라함을 완벽한 인간으로 묘사하지 않는다. 오히려 불신앙적인 모습을 가감 없이 독자들에게 보여 준다. 죽음이 두려워 아내 사라를 누이라 속인 것, 두 번이나 가나안을 버리고 이집트와 블레셋 땅으로 간 것, 하나님의 약속을 기다리지 못해 하갈을 통해 이스마엘을 낳은 것, 하나님 앞에서 투덜대는 모습 등 믿음의 조상이라고 불리기에는 초라한 그의 행동이 성서 전반에 걸쳐 나타나 있다. 왜 그런가?

그것은 아브라함이 완전한 사람이 아니라는 것을 우리에게 말해 주려는 것이다. 그는 처음부터 의인이 아니었다. 처음부터 침묵하는 사람이 아니었다. 그는 비록 하나님의 말씀에 순종하여 떠나기는 했지만 자신을 포기하지 못한 사람이었다. 하나님의 약속을 믿고 떠난 후에도 25년간을 아브람으로 살았다. 그래서 그는 실수도 하고, 때로는 사람들 앞에서 비굴한 행동도 하고, 하나님께 대들기도 한 것이다.

그런 아브라함이 40여 년에 걸쳐 어떻게 믿음의 조상이 되었으며, 하나님으로부터 인정받는 믿음의 완성을 이루었는지를 성서는 우리에게 보여 주려 한다. 이러한 아브라함의 일련의 삶의 과정들은 그것을 읽는 독자들에게 힘과 용기를 준다. 지금은 비록 부족하고 불신앙적인 모습 속에서 살아가지만 아브라함처럼 믿음을 가지고 살아가다 보면 언젠가는 믿음의 완성을 이룰 수 있다는 희망을 주기 위함이다.[3]

이제부터 그런 아브라함이 어떻게 연단받아 믿음의 조상이 되었는지를 추적해 보자. 여기서는 먼저 아브라함이 세상을 통해 어떻게 연단받았는지를 살펴볼 것이다. 그 연단의 과정과 그 결과를 성서가 어떻게 기록하고 있는지, 그를 통해 우리에게 무슨 교훈을 주시는지를 보도록 하자.

1) 이집트 체험

우리는 나름대로의 계획과 기대를 가지고 살아간다. 그러나 우리의 바람대로 이루어지는 것은 사실상 아무것도 없다. 설사 우리가 믿음을 가지고 살아갈 때도 그렇다. 왜 그럴까? 그것은 세상에 대해 내가 살아 있기 때문이다. 바로 내가 살아 있음 때문에 하나님 안에 있는 자는 누구나 세상을 통해 연단받는다.

내가 살아가는 세상, 즉 직장, 대인 관계, 사업 등을 통해 우리의 믿음이 연단받는 것이 세상을 통한 연단이다.

세상에서의 연단의 핵심은 하나님이 나와 함께하심을 체험하는 것이다. 하나님이 나의 목자가 되시고 정말로 나를 푸른 초장 맑은 물가로 인도하신다는 것을 체험하는 것이다. 우리의 계획과 계산, 우리의 의지와 생각이 죽고 하나님의 의지와 계획과 생각으로 살아가기를 하나님은

---

3 또 다른 이유를 들자면 성서를 기록하고 편집할 당시 상황의 영향 때문이다. 포로기 이후 민족이 와해될 위험에 처하자, 제사장 그룹들은 회개 운동과 더불어 문서 운동을 전개하였다. 회개 운동은 에스라, 제2이사야, 학개 등과 같은 예언자들이 주도하였다. 그리고 문서 운동은 제사장 그룹들이 주로 맡았을 것인데, 이들은 신앙을 문서화하여 신앙으로 민족의 와해를 막고, 하나님의 말씀을 기록하여 이 말씀으로 민족의 구심점을 삼고자 했던 것이다. 이들의 주요 사상은 느헤미야기 1장에 잘 요약되어 있다.
성서는 원본이 존재하지도 않을 뿐더러 처음부터 지금의 형태를 가지고 있지도 않았다. 전래되어 온 문서들과 수집된 단편들을 지금의 형태로 편집하여 기록한 것은 포로기 이후다. 이를 담당한 사람들은 분명히 제사장들이었을 것이다. 제사장에 해당하는 영문 Priest의 첫 글자를 따서 이들을 P기자라고 부른다.

원하신다.[4] 진정 하나님은 우리가 세상에 대해 지금과 달라지기를 원하신다. 하나님의 원하시는 방법과 방향으로 세상에서 살아가도록 하나님은 우리를 연단하신다.

세상에서의 연단을 통해 우리는 우리의 계획과 생각의 옹졸함을 깨닫게 되고 하나님의 계획에 동참하고 순종하게 된다. 우리는 하나님이 우리와 함께하심을 체험함으로 담대함을 얻게 되며, 그로 인해 세상에 대한 조급함을 버리게 되고 너그러움과 의연한 믿음의 삶을 살게 된다. 이러한 연단의 시작을 아브라함은 이집트에서부터 시작한다.

이집트 체험은 아브라함에게 있어서 매우 중요한 체험이다. 이 체험을 통해서 아브라함은 하나님의 함께하심을 깨달았다. 그는 담대하게 살아갈 용기와 믿음의 담력을 이 체험을 통해 얻었다. 자신이 무엇을 어떻게 하지 않더라도 하나님께서 책임져 주심을 배웠다. 그에게 있어서 이 이집트에서의 체험이 체험 이전과 그 이후의 삶의 태도를 크게 바꾸어 놓는다. 그 과정을 따라가 보자.

이집트 사건의 전말

하란을 떠난 아브라함은 가나안 땅 북쪽을 통해 들어와 세겜을 거쳐 점점 남으로 내려가 남방, 즉 네겝 지역으로 이동하였다. 그는 자신이 밟고 다니는 땅이 주시기로 약속한 땅인지 모르고 다녔지만 지금 그 약속의 땅을 일주하고 있는 셈이다. 그러다 그 땅에 기근이 들었으므로 얼

4 갈 6:14 "그러나 나에게는 우리 주 예수 그리스도의 십자가밖에는 아무것도 자랑할 것이 없습니다. 그리스도께서 십자가에 못박히심으로써 세상은 나에 대해서 죽었고 나는 세상에 대해서 죽었습니다."(공동번역 개정판)

마간 유하려고 이집트로 내려갔다. 아브라함은 아내 사라의 뛰어난 미모로 인해 닥칠 위험 때문에 고민하게 된다. 아름다운 여인의 남편보다는 그녀의 오빠가 훨씬 덜 위험하다고 생각한 그는 사라에게 자신의 누이 행세를 하라고 당부한다. 실제로 사라는 아브라함의 이복 누이동생이다.

우려한 대로 사건은 진행되어 급기야 사라가 바로의 궁으로 들어간다. 바로는 그녀의 오빠인 아브라함에게 양과 소와 노비와 나귀, 낙타 등을 주고 사라를 궁으로 이끌어 들인다. 여기서 이끌어 들이다는 말은 '라카흐' 란 단어로 '아내를 취하다' 라는 뜻이다. 사라는 바로의 후궁이 된 것이다. 바로가 아브라함을 책망할 때 "네가 어찌 그를 누이라 하여 내가 그를 데려다가 아내를 삼게 하였느냐"(창 12:19)라고 한 것을 보아도 분명히 그렇다. 아브라함은 자신의 아내 사라를 바로에게 빼앗긴 것이다.

이때 아브라함의 심정이 어떠했을까? 하나님의 약속을 믿고 떠났는데, 약속의 아들을 낳아 줄 아내도 빼앗기고, 하나님의 약속이 송두리째 와해될 위기에 봉착한 것이다. 상대가 이집트의 바로이니 그 누구에게도 하소연할 수도 없었다. 이 위기에서 아브라함은 자신이 할 수 있는 일이 아무것도 없었다. 그의 심정은 그저 달 보고 울었다고 하는 갑돌이의 처량함일 것이다.

사랑하는 아내, 자기만 믿고 함께 믿음의 여정을 따라 나섰던 그 아내를 그는 살기 위해 배신했다. 아내에게 씻을 수 없는 상처를 주었다. 아내를 구하기 위해 그 어떠한 일도 할 수 없는 자신의 무능력에 심한 좌절감을 맛보았다. 하나님의 약속을 믿고 떠났지만 이 이집트에 와서 그 모든 약속들이 와해될 위기를 맞았다. 자신의 힘으로 이 위기를 극복할 힘이 없다는 무력감과 하나님의 약속이 사라져 버릴 것만 같은 허탈감을 절실히 깨달았다.

그가 아무것도 할 수 없었을 때 하나님께서 일을 하기 시작했다. 여호와께서 사라 때문에 바로와 그의 집안에 큰 재앙을 내리셨다. 아브라함이 아무것도 할 수 없을 때 하나님이 손을 대셨다. 이것은 우리가 아무것도 할 수 없어 그저 하나님만 바랄 때가 하나님이 일하시는 때라는 것을 가르쳐 준다.

여기서 한 가지(큰 재앙을) '내리셨다'는 말은 히브리어로 '나가'인데 이는 '손을 대다'라는 뜻이다. 이 단어는 사람과 하나님 모두에게 부정적인 것과 긍정적인 면으로 고루 사용된다. 선악과를 만지지도 말라고 하실 때나 부정한 것에 손을 대지 말라고 하실 때 이 단어를 썼으며,[5] 사람들에게 재앙을 내리실 때나 엘리야를 어루만지실 때도 이 단어를 썼다.[6]

하나님이 손을 대심으로 그는 이집트에서 나올 수 있었다. 이집트에 들어갈 때는 기근을 피해 붙어살려고 들어갔지만 나올 때는 오히려 큰 부자가 되어서 나왔다.(13:2) 바로가 볼 때는 적반하장이지만 아브라함에게는 이보다 좋을 수 없는 결과다. 자신은 실패를 하였지만 하나님은

---

5 창 3:3 "동산 중앙에 있는 나무의 열매는 하나님의 말씀에 너희는 먹지도 말고 만지지도(나가) 말라 너희가 죽을까 하노라 하셨느니라."
창 26:29 "너는 우리를 해하지 말라 이는 우리가 너를 범하지(나가) 아니하고 선한 일만 네게 행하여 네가 평안히 가게 하였음이니라 이제 너는 여호와께 복을 받은 자니라."
레 5:2 "만일 누구든지 부정한 것들 곧 부정한 들짐승의 사체나 부정한 가축의 사체나 부정한 곤충의 사체를 만졌으면(나가) 부지중이라고 할지라도 그 몸이 더러워져서 허물이 있을 것이요."
레 7:19 "그 고기가 부정한 물건에 접촉되었으면(나가) 먹지 말고 불사를 것이라 그 고기는 깨끗한 자만 먹을 것이니."

오히려 그에게 축복으로 갚아 주셨다. 이집트에서의 일들을 보면서 아브라함은 하나님을 신뢰하게 되었다. 정말로 뼈저리게 하나님의 은혜와 사랑을 체험하였던 것이다.

능력의 하나님이 내 편이라는 사실을 확인한 그는 두려울 것이 없어졌다. 그로 말미암아 그에게 담대함이 생겼다. 이 이집트 체험으로, 즉 세상을 통한 체험으로 그는 하나님을 전적으로 신뢰할 수 있게 되었고 그로 말미암아 그는 담대하게 세상에서 승리하는 삶을 살게 된다. 생각도 못했던 일이다. 이처럼 하나님이 하시는 일은 언제나 우리의 상상을 초월하신다.[7]

바로의 죄와 그 결과

큰 재앙을 당한 바로가 아브라함을 불러 야단을 친다. 바로의 말은 세 개의 의문문과 하나의 명령문으로 되어 있다. "네가 어찌하여 나에게 이렇게 행하였느냐?" "네가 어찌하여 그를 네 아내라고 내게 말하지 아

---

6 창 32:25 "자기가 야곱을 이기지 못함을 보고 그가 야곱의 허벅지 관절을 치매(나가) 야곱의 허벅지 관절이 그 사람과 씨름할 때에 어긋났더라."
삼상 6:9 "보고 있다가 만일 궤가 그 본 지역 길로 올라가서 벧세메스로 가면 이 큰 재앙은 그가 우리에게 내린 것이요 그렇지 아니하면 우리를 친 것(나가)이 그의 손이 아니요 우연히 당한 것인 줄 알리라 하니라."
삿 6:21 "여호와의 사자가 손에 잡은 지팡이 끝을 내밀어 고기와 무교병에 대니(나가) 불이 바위에서 나와 고기와 무교병을 살랐고 여호와의 사자는 떠나서 보이지 아니한지라."
왕상 19:5 "로뎀 나무 아래에 누워 자더니 천사가 그를 어루만지며(나가) 그에게 이르되 일어나서 먹으라 하는지라."

7 사 55:8-9 "이는 내 생각이 너희의 생각과 다르며 내 길은 너희의 길과 다름이니라 여호와의 말씀이니라 이는 하늘이 땅보다 높음 같이 내 길은 너희의 길보다 높으며 내 생각은 너희의 생각보다 높음이니라."

니하였느냐?" "네가 어찌 그를 누이라 하여 내가 그를 데려다가 아내를 삼게 하였느냐?" "네 아내가 여기 있으니 이제 데려가라."(창 12:18-19) 이 바로의 말은 우리로 하여금 두 가지를 생각하게 한다.

첫째로 바로의 말속에는 회개가 없다. 자신의 잘못에 대한 뉘우침이 없다. 다만 자신의 잘못의 원인이 자신을 속인 아브라함에게 있음을 강력하게 주장하는 말밖에는 없다. 악인의 속성을 그대로 보여 준다. 바로의 잘못은 **라카흐**란 단어에 있다. "하나님의 아들들이 사람의 딸들의 아름다움을 보고 자기들이 좋아하는 모든 여자를 아내로 삼는지라(라카흐)."(창 6:2) 하나님의 아들들은 용사를 말한다. 이들이 자기 마음에 드는 사람의 딸들을 강제로 빼앗아 자기 아내를 삼았다. 바로도 아브라함의 의지와 상관없이 사라를 강제로 빼앗아 자기 아내로 삼은 것이다. 이것이 바로의 죄다.

악인과 의인의 차이는 무엇인가? 악인과 의인 모두가 죄를 짓는다. 의인은 죄를 짓지 않기 때문이 아니다. 회개했기 때문에 의인이라 인정받는 것이다. 악인은 죄를 짓고도 회개하지 않기에 죄가 그대로 남아 있어 악인인 것이다. 그러므로 바로는 악인의 전형이다. 악인은 자신의 죄를 회개하지 않고 그 원인을 남에게 돌리는 사람이다.

우리는 바로의 이러한 행동에서 가인의 죄를 떠올리게 된다. 하나님은 가인의 삶을 쭉 지켜보고 계셨기에 그와 그의 제사를 받지 않으셨다. 그러나 가인은 하나님이 자신의 제사를 받지 않은 것을 아벨의 탓으로 돌려 아벨을 죽인다. 의인들은 자신의 죄를 알고 회개하는 자이기에 그는 죄인이라고 고백한다. 하지만 악인들은 모든 것을 자기중심적으로 보기에 자신은 의인이고 자신 주변의 모든 사람들을 죄인으로 본다. 자신에게는 잘못이 없고, 자신을 그렇게 만든 사람들이 죄인이요 악인인 것이다. 가인이나 바로는 바로 그런 사람이다. 바로는 자신의 잘못을 인정해서 아브라함을 내보낸 것이 아니라, 하나님의 재앙이 두려워서 그를 이집트 밖으로 추방한 것이다.

둘째로 아브라함을 책망하는 바로의 말속에는 하나님께서 아브라함에게 보내는 메시지도 간접적으로 들어 있다. 약속을 믿고 믿음으로 떠났으면 하나님을 끝까지 의지하고 믿음의 담대함으로 살아야 했는데, 그는 그러지 못했다. 세상을 상징하는 이집트와 타협을 시도했다. 자신의 생각과 계획대로 생존을 모색했다. 그에 대한 하나님의 질책이 바로의 말속에 들어 있다. 아브라함은 바로의 말속에서 심한 창피와 수모를 당하는데, 그러한 과정 속에서 하나님의 음성을 들었을 것이다. 그 이후의 삶, 특히 롯을 구출하기 위한 전쟁이 이를 증명한다.

우리도 세상에서 멸시와 수모를 당한다. 그럴 때면 심한 스트레스와 신앙의 좌절도 경험한다. 이때 우리는 우리에게 수모를 주는 그들로 인해 속상하다고 그들을 탓하고 하나님을 원망하고 푸념할 것만 아니라, 그 속에 담겨진 주님의 음성을 들을 줄 알아야 한다. 모든 사건과 환경 속에 하나님은 계신다. 내 고난의 삶의 현장 속에서 하나님을 찾아라. 그리하면 원망과 한숨이 변하여 찬송과 감사가 될 것이다. 주님의 살아계심과 인도하심을 체험하게 될 것이다.

약속의 땅, 가나안을 벗어나 이집트로 갔다는 자체가 불신앙이다. 또한 이집트에서의 그의 행동도 역시 불신앙의 모습으로 점철된다. 하나님을 믿으려면 철저하게 믿고 죽든 살든 하나님의 약속 가운데 머물러야 하는데 그러지 못했다. 아직까지 그의 믿음이 온전하지 못한 결과다.

그러나 하나님은 이러한 아브라함의 실패와 허물에도 불구하고, 인간적인 잔꾀로 위기를 벗어나 보려고 했던 그의 불신앙에도 불구하고 하나님은 약속을 지켰다. 하나님의 성실하심이 그와 그의 가정을 지키시고 구원하셨다. 이집트에서의 구원의 과정을 보면 그것은 전적인 하나님의 역사였다. 아브라함은 자신의 판단으로 이집트에 들어갔지만 나올 때는 그의 힘으로 한 것이 없었다. 하나님이 바로의 집에 재앙을 내리셨으므로 바로가 하나님이 두려워 그를 내보낸 것이다. 아브라함 때문에 그를 내보낸 것이 아니라 하나님 때문에 그를 보낸 것이다.

이러한 과정 속에서 아브라함은 하나님의 역사하시는 능력과 인도하심을 보았다. "아하, 그렇구나. 하나님은 내 편이시구나"라는 것을 깨달았다. 말로만 내 편이 아니라, 나의 행동, 나의 인생, 나의 가정 모두를 책임져 주시는 분이심을 깨달았다. 능력의 편 팔로 지켜 주심을 체험한 것이다.

아브라함의 출애굽기

하나님의 약속을 믿고 떠났다는 것으로부터 아브라함의 이야기는 시작한다. 그리고 그가 가나안 땅을 관통하여 다녔다는 여정을 소개한 후, 그의 믿음의 여정 중에 첫 사건으로 이집트 사건을 보도한다. 왜 성서가 아브라함 이야기의 첫 사건으로 이집트 사건을 거론한 것일까? 모든 물음에는 해답이 있으며, 모든 사건에는 그 이유가 있다. 여기에도 성서 저자의 의도가 있다. 대략 세 가지의 이유가 있음을 추론해 볼 수 있다.

첫째로 도성 문화의 악함에 대한 고발이다. 성서는 지금까지 일관되게 이 세상에는 두 부류의 사람들이 있음을 말하고 있다. 하나님 중심으로 살아가는 아담의 후손과 세상 중심으로 살아가는 가인의 후손이 그들이다. 가인의 후손들은 도성 문화를 이루고 살면서 점점 더 악해져만 간다. 이집트는 도성 문화의 중심이다. 이집트와 그 통치자인 바로가 악하다는 것을 통해 다시 본래의 주제를 환기시키는 것이다.

사라가 바로의 후궁이 되는 과정을 보면 홍수로 인한 심판 이전의 상황을 떠올리게 된다. "하나님의 아들들이 사람의 딸들의 아름다움을 보고 자기들이 좋아하는 모든 여자를 아내로 삼는지라."(창 6:2) 여기서 하나님의 아들들은 고대의 영웅들을 지칭하는 말이다. 바로가 이에 해당한다. 아브라함은 권력에서 소외되어 의지할 것 없는 사람이다. 사라는 그런 사람의 딸이다. 바로는 자기 욕심대로 아름다운 사라를 후궁으로 들였다.

아름다운 여자를 보고 좋으면 남편도 죽이고 그 여인을 아내로 취하는 이집트의 도성 문화, 하나님이 손을 대심으로 재앙이 내려도 자신을 속인 아브라함만 탓하고 회개할 줄 모르는 바로, 아브라함의 이집트 사건을 통해 성서가 고발하는 도성 문화의 악함이다. 당시 사라의 나이가 65살이다. 아무리 사라가 미모가 뛰어나다한들 65살 먹은 여자를 어떤 왕이 후궁으로 맞아들이겠는가? 이는 도성 문화의 악함을 고발하려는 의도임이 분명하다.

둘째로 그런 도성 문화를 극복하는 것은 사람의 잔꾀나 힘으로는 할 수 없고 오직 하나님의 능력으로만 가능하다는 것을 우리에게 가르치기 위함이다. 바로에게 맞설 권력도 없고, 의지할 것 없는 아브라함에게는 하나님이 있었다. 자신이 아무것도 할 수 없기에 아무것도 하지 못하는 아브라함을 대신하여 하나님이 하셨다. 이것은 출애굽기의 상황과 교훈을 미리 맛보게 하는 것이다. 출애굽 당시 이스라엘 백성들은 장정만 60만 명이었지만 이집트 군대와 맞서 칼 한 번 휘두르지 않았으며, 돌 한 번 던지지 않았다. 홍해를 건너기 위해 물 한 바가지 푼 적도 없다.

그저 하나님이 다 하셨다. 구원은 하나님께로 말미암는다.[8]

셋째로 아브라함의 이집트 사건과 출애굽 사건을 동일시하려는 성서 저자의 의도다. 이를 아래의 유사점 비교를 통해 보다 상세히 살펴보자.

아브라함의 이집트 체험과 출애굽 사건의 유사점 비교

① 이집트에 들어간 이유가 둘 다 기근이 원인이 된다.(창 12:10; 41:57-42:2, 출 1:1)

② 이집트에서 둘 다 히브리인이 된다.(창 14:13; 출 3:18)

③ 둘 다 이집트에서 억울한 사람들이 된다. 즉, 아브라함은 아내를 빼앗기고 이스라엘은 종이 되어 심한 학대를 받는다.(창 12:15; 출 1:11-14, 22)

④ 둘 다 이집트에서의 위기를 벗어나기 위해 자신들의 힘으로 한 일이라고는 아무것도 없다.

⑤ 둘 다 이들을 구원하기 위해 하나님이 전적으로 역사하셨다. 또한 하나님의 역사는 둘 다 재앙으로 나타난다.(창 12:17; 출 7:20-12:30)

⑥ 둘 다 바로는 자신의 잘못을 뉘우치지 않고 하나님의 능력에 항복을 하고 내보낸다.(창 12:19; 출 12:31)

⑦ 이집트를 떠날 때 자신의 재산뿐 아니라 이집트 사람의 물품을 취하여 떠난다.(창 12:20-13:2; 출 12:32-36)

---

8 욘 2:9 "나는 감사하는 목소리로 주께 제사를 드리며 나의 서원을 주께 갚겠나이다 구원은 여호와께 속하였나이다 하니라."
시 68:19-20 "날마다 우리 짐을 지시는 주 곧 우리의 구원이신 하나님을 찬송할지로다(셀라) 하나님은 우리에게 구원의 하나님이시라 사망에서 벗어남은 주 여호와로 말미암거니와."

우리는 유사점 비교를 통해 창세기 저자 혹은 편집자가 이집트에서의 아브라함의 행적과 하나님의 구원하시는 역사를 출애굽 모형에 맞추어 설명하고 있음을 알 수 있다. 그것은 아브라함을 이집트에서 온전히 하나님의 능력으로 구원하신 것처럼 이스라엘도 하나님이 전적으로 구원하셨다는 것을 말하고자 함이다. 출애굽 사건이 이스라엘 역사에 지대한 영향을 미치고 그들 신앙의 핵심이 된 것처럼 아브라함에게 있어서 이집트 체험은 그 후 그의 일생에 지대한 영향을 미치게 되고 그의 신앙과 삶에 "하나님이 나와 내 가정을 이집트에서 구원하셨다"는 확실한 체험적 근거를 제공하게 된다.

약속과 축복의 동반자

왜 아브라함이 선뜻 자기의 아내 사라를 바로에게 내주었을까? 물론 불가항력적인 바로의 권력 때문이었을 것이다. 그러나 아브라함이 자신의 아내 사라를 너무 경홀히 여긴다는 생각을 지울 수 없다. 왜 그랬을까? 대체 아브라함이 무슨 생각을 하고 그랬을까? 죽음이 두려웠다면 다른 방법을 찾을 수도 있었을 것이다. 정말로 아내를 약속의 동반자로 소중하게 생각했다면 아브라함이 그래서는 안 된다. 그 이유를 생각해 보자.

고대사회에서 아내와 자녀들은 소유의 대상이다. 즉, 가장이 필요하면 자녀나 아내를 다른 사람에게 팔 수 있었다.[9] 사라를 바로에게 내준 아브라함의 행동은 당시의 관습으로는 그럴 수도 있었다. 하지만 아브라함은 하나님으로부터 약속을 받았다. 혹시 자기의 아내를 희생시켜서라도 하나님의 약속을 받아 내야겠다는 얄팍한 생각이 그에게 있었는지도 모른다. 일단은 살아야 약속도 축복도 이루어질 것이기 때문이다.

너로 인하여 큰 민족을 이루시겠다는 하나님의 약속을 자의적으로 해석한 것은 아닌가? 즉, 사라가 아니더라도 다른 여자를 구해서 아이를 낳으면 되지 않는가? 씨는 자기 외에는 안 되지만 배는 빌릴 수 있으리라는 꼼수가 숨어 있었던 것은 아닌가? 이집트에서의 그의 행동은 이런 오해를 받기에 충분하다. 아니 오해가 아니라 사실일 수도 있다.

하지만 하나님의 생각은 달랐다. 아담에게 하와를 배필로 주신 것처럼 아브라함의 배필은 사라다. 함께 하나님의 약속을 이루어 가야 할 동반자로 주신 것이다. 따라서 하나님께서는 사라를 보호하실 수밖에 없었으며, 그녀를 구원해야 하나님의 모든 약속이 이루어질 수 있는 것이다. 이것은 분명 남성 중심의 가부장적인 고대사회와 다르다. 하나님은 가장 중심의 가정을 인정하신다. 하지만 가장은 그 가정의 책임자요 대표로서의 역할이지 하나님의 축복을 독차지하는 존재는 아니다. 우리는 그와 같은 사실을 보다 구체적으로 확인하기 위해 창세기 2장으로 되돌아가 보자.

하나님이 흙으로 사람을 지으셨다.(창 2:7) 에덴동산을 만드시고 아담을 거기에서 살게 하셨는데 하나님께서 보시기에 혼자 사는 것이 좋지 않아 보였다. 여기서 좋지 않다는 말은 선하지 않다, 즉 악하다는 뜻이다. 그러므로 하나님은 그를 위해 배필(에쩨르), 즉 그를 돕는 알맞은 짝을 만들어 주시기로 작정하셨다.(2:18) 처음에 하나님은 흙으로 모든 육

---

9 레 25:39-41 "너와 함께 있는 네 형제가 가난하게 되어 네게 몸이 팔리거든 너는 그를 종으로 부리지 말고 품꾼이나 동거인과 같이 함께 있게 하여 희년까지 너를 섬기게 하라 그 때에는 그와 그의 자녀가 함께 네게서 떠나 그의 가족과 그의 조상의 기업으로 돌아가게 하라."

축과 공중의 새와 들의 모든 짐승을 만들어 주셨다. 하지만 거기에는 그의 배필이 없었다. 이에 아담을 깊이 잠들게 하시고 그의 갈빗대 하나를 취하여 여자를 만드셨다.

마치 결혼식에서 신부의 아버지가 신부를 신랑에게로 데리고 가는 것처럼 하나님이 여자를 아담에게로 데리고 오시자, 아담은 "이제야 나타났구나, 이 사람! 뼈도 나의 뼈, 살도 나의 살, 남자(이쉬)에게서 나왔으니 여자(이솨)라고 부를 것이다."(2:23, 새번역)라고 기쁨의 환호성을 지른다.

여자는 남자의 기쁨의 대상이다. 이 말은 여자가 남자에게 기쁨을 주는 부속물이라는 뜻이 아니다. 여자가 있음으로 남자에게 비로소 기쁨이 있는 것이다. 모든 육축과 생물들에 대하여 아담은 기쁨을 표현하지 않았지만 여자를 보는 순간 그에게 기쁨의 환호성이 터져 나왔다. 남자에게 있어서 여자는 기쁨의 원천이다. 이 세상 그 무엇과도 바꿀 수 없는 기쁨과 인생의 가치가 여자로부터 나온다.

이에 대한 성서의 결론을 보자. "이러므로 남자가 부모를 떠나 그 아내와 연합하여 둘이 한 몸을 이룰지로다 아담과 그 아내 두 사람이 벌거벗었으나 부끄러워 아니하니라."(창 2:24-25) 남자와 여자, 남편과 아내는 둘이 아니라 하나다. 나뉨 없는 진정한 하나다. 한 몸을 이루었기에 부끄러움도 없는, 허물없는 사이가 된 것이다.[10] 이제 남자는 자기가 속해 있는 부모의 가정을 떠나 이제 독립된 새 가정을 여자와 함께 만들어 가는 것이다. 그러므로 부부는 한 몸이요, 그들에게는 기쁨과 슬픔도 하나요, 축복도 하나요, 미래도 하나다.

그런데 아브라함은 한 몸인 사라를 자신과 나누었다. 기쁨도 슬픔도, 즐거움도 고통도, 하나님의 약속과 축복된 미래도 함께하여야 할 아내를 자신과 분리시키는 죄를 범했다. 이집트에서의 현실적인 위기 앞에서 한 몸인 것을 잊었다. 하나님이 짝지어 주신 것을 사람의 생각으로 나누었다.[11]

아브라함이 이집트에서 현실적인 어려움과 위기를 극복해 보려고 나누는 잘못을 했지만 하나님은 이를 다시 복원시켜 하나가 되게 하셨다. 아브라함이 가정의 복원을 위해 한 일이 아무것도 없었지만 하나님의 전적인 능력이 이를 가능케 하셨다. 하나님께서 바로의 집에 재앙을 내리심으로 다시 되돌리셨다. 그리고 사라를 통해 이삭을 낳음으로 하나님의 축복과 약속을 이루셨다.

2) 전쟁

이집트에서의 체험 이후 아브라함이 변한 사실을 우리는 동방 왕들과의 전쟁을 통해서 보다 분명히 알 수 있다. 당시에 시날 왕 아므라벨과 엘라살 왕 아리옥 그리고 엘람 왕 그돌라오멜과 고임 왕 디달 등 지리적으로 동북쪽에 있는 네 국가의 왕들이 연합군을 조직해서 쳐들어왔

10 '부끄러워하다'는 말은 '부쉬'란 단어로 '실망하다'란 뜻도 있다. 이는 한 몸이란 서로에게 실망스런 존재가 되지 않는다는 뜻이다. 서로에게 실망하지 않고 오로지 기쁨이 되는 관계가 에쩨르다. 이는 부부가 서로에게 실망시키지 않도록 서로 노력해야 한다는 의미가 된다. 또한 '욕되게 하다', '수치를 당하다'라는 뜻도 있다. 부부는 서로를 욕되게 하지 않고, 수치를 당하지 않도록 지켜 주어야 참된 에쩨르 관계가 된다. 이런 의미에서 아브라함은 실수를 한 것이다.
참고. 잠 29:15 "채찍과 꾸지람이 지혜를 주거늘 임의로 행하게 버려 둔 자식은 어미를 욕되게 하느니라."(부쉬)
시 119:31 "내가 주의 증거들에 매달렸사오니 여호와여 내가 수치를 당하지(부쉬) 말게 하소서."

11 막 10:9 "그러므로 하나님이 짝지어 주신 것을 사람이 나누지 못할지니라 하시더라."

다. 이에 소돔 왕 베라와 고모라 왕 비르사와 아드마 왕 시납과 스보임 왕 세메벨과 벨라 곧 소알 왕 등 다섯 국가의 왕들이 함께 연합하여 싯딤 골짜기 곧 사해에서 전쟁을 벌였다. 전쟁의 이유는 사해 주변의 작은 나라들이 당시의 대제국이었던 엘람 왕 그돌라오멜에게 조공을 바쳤는데 이들이 연합하여 대항했기 때문이다. 전쟁의 결과는 처참했다. 사해 주변의 다섯 국가의 왕들이 힘없이 패하고 그들의 도성 소돔과 고모라가 승전국의 군사들에게 약탈을 당했다. 이때 롯도 포로로 잡혀갔다.

그 와중에 도망한 자가 히브리 사람 아브라함에게 와서 이 사실을 알렸다.(창 14:13)[12] 아브라함은 자기 조카가 붙잡혀 갔다는 말을 듣고 자기 집에서 태어나고 성장한 잘 훈련된 종 318명을 거느리고 단까지 쫓아갔

---

12 본문에서 아브람을 히브리 사람으로 부른다. 히브리 사람에 대한 이영재 목사의 글을 소개하고자 한다. 더 이상 손댈 것이 없어 전문을 소개한다. 출처는 미발표 그의 주석이다.

아브람은 히브리 족속으로 알려져 있다. 히브리 사람이란 말은 에벨의 후예로서 셈의 자손임을 뜻한다. 히브리란 단어는 이곳 창 14:13에 처음으로 언급되는데, 앞으로 이집트에서 종살이하는 히브리인과의 연결성을 도모하려는 의도가 있다. 이집트인들은 히브리인을 부정 타는 족속으로 천시하였다.(창 43:32) 히브리란 단어는 '지나가다', '물을 건너다'란 뜻의 동사 아바르에서 파생하였다. 일자리를 찾아서 물을 건너온 사람들이 곧 히브리인들이다. 이들은 먹을 것을 찾아서 이곳저곳 유리 방랑하였으며 도성을 쌓고 그 안에서 정주하는 사람들이 아니었다. 히브리인들은 또한 조상 대대로 목축하는 자들이었다. 이집트 도성 사람들은 목축하는 자들도 재수 없는 족속이라고 천대하였다.(창 46:34) 이로써 도성의 왕들이 전쟁을 벌이는 장면과 히브리 사람 아브람의 사는 장면 사이에는 큰 차이가 드러난다. 히브리 사람은 나그네로 살기 때문에 사람들에게 멸시 당하고 박해를 당하기 일쑤였다. 롯은 히브리 사람의 신세에서 벗어나서 어엿한 도성민을 갖고 싶었다.

히브리 사람이란 말은 요셉 이야기인 창 39:14, 17에 다시 나오는데, 17절에서 숫제 '히브리 종'이란 표현을 노골적으로 사용한다.(하에베드 하이브리트) 그리고 창 40:15에는 '히브리 땅'이란 표현도 쓴다.(아레츠 하이브리림) 요셉은 히브리 청년으로 불린다.(나아르 이브리) 히브리 사람은 이집트에서는 불가촉不可觸, untouchable 천민으로 간주되었다.(창 43:32) 이들은 마침내 이집트에서 노예의 신분으로 전락하고 말았다. 히브리 산파들이 보니 히브리 여인은 이집트 여인과 달리 아기를 잘 낳았다.(출

다. 거기서 병력을 나누고 야음을 틈타 그 네 왕을 공격하였다. 그리고 다마스쿠스 북쪽 호바까지 그들을 추격하여 약탈된 재물을 다 되찾아 오고 조카 롯과 그의 모든 소유와 붙잡혀 간 사람들을 모두 데리고 왔다.

엘람 왕 그돌라오멜은 주위의 나라들에게 조공을 받는 나라의 왕이다. 더구나 네 국가가 연합군을 조직해 다섯 국가 연합군을 물리쳤다. 이들을 불과 318명을 가지고 기습 공격으로 격파했다는 것은 아무리 고대국가가 작은 나라였을 것이라고 폄하한다 하더라도 이해가 잘 되지 않는다. 여기서 318명의 사람들이 모두 아브라함의 종들인지, 아니면 그와 동맹을 맺은 아넬과 에스골과 마므레의 사람들이 포함된 수치인지 쉽게 알 수는 없다.(창 14:13, 특히 14:24) 만약에 동맹을 맺은 자들을 합한 수치라면 318명으로 동방 왕들의 연합군을 격파한 일은 실로 기적 중의

1:15-16, 19) 이집트 공주는 물에 떠내려 온 아기 모세를 보고 '히브리 사람의 아기'라고 부른다.(출 2:6) 모세가 장성한 후에 동족 히브리 사람이 이집트 사람에게 맞는 것을 보고 격분하여 이집트인을 살해하였다.(출 2:11) 이튿날 히브리 동포들끼리 서로 싸우는 것을 보고 절망에 빠졌다.(출 2:13) 마침내 호렙 산에 현현하신 하나님 야훼께서 자신은 '히브리 사람'의 하나님이라고 소개하는데(출 3:18), 모세는 바로 앞에 가서 야훼 하나님을 가리켜 '히브리인의 하나님'이라고 선포한다.(출 5:3; 7:16; 9:1, 13; 10:3) 이집트의 파라오와 도성민들은 강하고 찬란한 물질문명을 이룩하고 있었던 반면에 히브리인들은 천하고 연약한 소외집단에 속해 있었다. 야훼는 이러한 약한 피억압 족속의 하나님이시니 파라오나 그 귀족들이 야훼를 얼마나 우습게 보고 멸시했을 것인가!

창 14:13에 처음 나온 히브리란 단어는 요셉 이야기를 거쳐서 출애굽기로 뻗어 나가는 이야기의 흐름에 중요한 역할을 하며 마침내 하나님은 누구이신가 하는 쟁점에까지 봉사하고 있다. 하나님은 히브리인의 하나님이시기 때문에 히브리 사람이 노예로 팔렸을 경우 7년째 되는 해에는 그를 해방시켜 주어야 한다.(출 21:2) 이 용어는 계약법에서 그 용례의 절정에 이른다. 이와 같이 성서의 저자는 히브리란 단어를 창세기 10장의 족보에 나오는 에벨에서부터 시작하여 용의주도하게 배치함으로써 출애굽기 계약법의 명령을 충분히 이해하도록 배려하고 있다.

기적이라 할 만하다. 이는 마치 기드온의 300용사를 떠올리게 한다.[13] 하지만 "그와 그의 가신들"(창 14:15)의 표현을 보면 318명과 그의 동맹군들이 전쟁에 참여한 것으로 보인다.

다섯 국가 연합군도 패한 그들에게 아브라함이 그토록 담대하게 맞서 승리할 수 있었던 것은 이집트 체험의 결과다. 하나님께서 함께하시면 승리한다는 믿음의 결과인 것이다. 나는 비록 약하나 하나님은 강하다는 것을 그는 이집트에서 절실히 깨달았기에 그는 담대하게 승리하게 하시는 하나님을 믿는 믿음으로 싸울 수 있었던 것이다. 이제 그는 이집트에서처럼 연약한 아브라함이 아니다. 그는 이집트에서의 연단을 통하여 강한 자가 되었다. 또한 이 전쟁을 통하여 하나님이 정말로 나와 함께하시며, 나의 방패가 되시며 승리하게 하시는 하나님이라는 사실을 다시금 체험했다. 그러므로 체험은 더 큰 체험을 위한 기초가 되며 승리는 더 큰 승리를 위한 맛보기가 되는 것이다.

믿음의 의연함

우리는 이집트 체험 이후 아브라함이 얼마나 당당하고 의연해졌는가 하는 것을 전쟁에서 승리한 후 소돔 왕과의 대화에서 분명히 볼 수 있다. 승리한 아브라함을 영접하기 위해 살렘 왕 멜기세덱과 소돔 왕이 왕

13 삿 7:7 "여호와께서 기드온에게 이르시되 내가 이 물을 핥아 먹은 삼백 명으로 너희를 구원하며 미디안을 네 손에 넘겨 주리니 남은 백성은 각각 자기의 처소로 돌아갈 것이니라 하시니."
삿 7:22 "삼백 명이 나팔을 불 때에 여호와께서 그 온 진영에서 친구끼리 칼로 치게 하시므로 적군이 도망하여 스레라의 벧 싯다에 이르고 또 답밧에 가까운 아벨므홀라의 경계에 이르렀으며."

의 골짜기로 나왔다. 아브라함이 멜기세덱의 축복을 받은 후 소돔 왕이 아브라함에게 말했다. "사람들은 나에게 돌려주시고, 재물은 그대가 가지시오." 아브라함이 되찾아온 네 왕 연합군에게 빼앗겼던 모든 재물과 사람들 중에 재물은 당신이 전쟁에서 승리한 대가로 가지고 그 대신 내 백성은 돌려달라고 요청한 것이다.

아브라함은 승리자였다. 고대국가 간의 전쟁에서 승자는 모든 것을 다 차지한다. 그런데 뻔뻔스럽게도 소돔 왕은 자신의 백성을 돌려달라고 요구한 것이다. 이는 도성 문화의 회개할 줄도 모르는 바로의 모습을 재연한 것이다. 아브라함은 이 요청을 거절하고 자신이 모든 것을 다 차지할 수도 있었다. 적당히 양보해서 소돔 왕의 제의를 수락한다 하더라도 전혀 이상할 것도 없다. 하지만 아브라함은 그렇게 하지 않았다. 그 이유는 대략 두 가지다.

첫째로 아브라함의 말속에 그 이유가 들어 있다. 소돔 왕 때문에 부자가 되었다는 말을 듣고 싶지 않았기 때문이었다. 이 말은 하나님으로 인하여 부자가 되어야지 사람으로 인하여 부자가 되고 싶지 않다는 말이다. 복의 근원되시는 하나님을 믿는 믿음의 결과다. 그는 재물 때문에 사람에게 아쉬운 소리를 하거나 사람에게 잘 보이는 일을 하고 싶지 않았다. 오직 하나님만을 의지하고 그에게 복을 받기를 원했다.

이러한 믿음으로 아브라함은 지극히 높으신 하나님의 이름을 들어 맹세하며 말하기를 "그대의 것은 실오라기 하나나 신발 끈 하나라도 가지지 않겠습니다. 그러므로 그대는, 그대 덕분에 아브람이 부자가 되었다고는 절대로 말할 수 없을 것입니다"(창 14:23, 새번역)라고 하며 정중히 사양한다. 다만, 자신의 집에서 기른 젊은이들이 먹은 것과, 그와 함께 싸우러 나간 동맹군들, 곧 아넬과 에스골과 마므레에게로 돌아갈 몫만은 따로 내놓아서 그들에게 주라고 말한다.

둘째로 전쟁은 하나님께 속한 것이라는 믿음이 있었기 때문이다.[14] 그는 이집트 체험을 통해 이것을 분명히 경험했다. 자신과 상관없이 하나님의 능력이 그를 구원했다. 이와 같은 사상은 이스라엘 전체의 신앙이기도 하다. 그리하여 전쟁에서의 전리품은 개인이 갖지 못하도록 헤렘법으로 규정하고 있다.[15] 하나님의 백성들은 재산을 취득할 목적과 노예를 확보하기 위해 전쟁을 해서는 안 된다. 그것은 가인의 후손인 도성

---

14 아브라함이 전쟁에서 보여 준 무모함에 가까운 용기는 마치 다윗과 골리앗의 싸움을 연상하게 한다. 다윗도 객관적인 전력으로는 상대가 되지 않았지만 여호와의 이름으로 나가 승리했다. 다윗이 칼을 들고 나가지 않고 돌멩이를 들고 나간 것도 이 때문이다. 칼로 맞서 싸워서는 어차피 이길 수 없는 싸움이기에 다윗은 여호와의 이름과 자신이 위험했을 때 그 위기를 극복해 준 물맷돌을 들고 나간 것이다.

삼상 17:45-47 "다윗이 블레셋 사람에게 이르되 너는 칼과 창과 단창으로 내게 나아오거니와 나는 만군의 여호와의 이름 곧 네가 모욕하는 이스라엘 군대의 하나님의 이름으로 네게 나아가노라 오늘 여호와께서 너를 내 손에 넘기시리니 내가 너를 쳐서 네 목을 베고 블레셋 군대의 시체를 오늘 공중의 새와 땅의 들짐승에게 주어 온 땅으로 이스라엘에 하나님이 계신 줄 알게 하겠고 또 여호와의 구원하심이 칼과 창에 있지 아니함을 이 무리에게 알게 하리라 전쟁은 여호와께 속한 것인즉 그가 너희를 우리 손에 넘기시리라."

15 헤렘법은 성전聖戰에 대한 법규를 말한다.(신 20:10-18) 특히 신명기와 여호수아기를 통해 보여지는 중요한 사상이다. 이스라엘에 있어서 전쟁은 종교적 행위이고, 적敵은 [헤-렘] 즉 주 여호와께 바쳐진 것으로서, 진멸하지 않으면 안 된다. [아간]은 이 바친 물건을 횡령하고, [헤-렘]을 범했기 때문에 그와 그 일족은 근절되었다.(수 7:1) 이 성전의 규정에 의하면, [어떤 성읍](멀리 떨어져 있는 성읍)을 치는 경우, 먼저 항복 권고를 하고, 그것에 응하지 않으면, 그 성읍의 남자를 모두 칼날로 쳐 죽일 것으로 되어 있다. 여자들과 유아들과 육축 등은 전리품으로서 취해도 된다. 다만 포로 된 여자는 인도적으로 취급해야 한다.(신 21:10-14) 그러나 가나안의 성읍들을 공격하는 경우에는, 거기에 사는 백성은 진멸해야 한다.(신 20:16-17) [헤-렘]의 원뜻은 '문밖에 쫓아낸다', '한 패에 끼지 못하도록 한다' 다.

이스라엘에 있어서 전쟁은 처음부터 끝까지 신앙의 행위다. 적을 진멸하고 모든 전리품을 하나님께 바치는 것이다. 잔인한 이 헤렘법이 가장 잘 그려져 있는 것이 삼상 15장이다. 이스라엘 초대 왕 사울은 아말렉과의 전쟁에서 "가서 죄인 아말렉 사람을 진멸하되 다 없어지기까지 치라"는 하나님의 명령을 어기고, 사로잡은 아각 왕을 사하고, 또한 탈취물의 좋은 것을 남기고, 그것을 진멸하지 않았다. 이 때문에 하나님은 사울을 버렸다.

문화의 사람들이 하는 것이다. 따라서 아브라함이 전리품을 가지지 않은 것은 전쟁은 하나님께 속한 것이기에 그 전쟁에서 승리한 영광도 하나님께 돌려져야 한다는 믿음 때문이다. 자신이 전리품을 취함으로 그 승리의 영광이 행여 자신에게 돌려지는 것에 대한 거부다.

아브라함이 소돔 왕에게 말할 때 그의 의연하고도 당당한 태도를 보라. 이를 이집트 왕 바로 앞에서의 그의 모습과 비교하여 보라. 아내를 누이라고 속인 아브라함을 심하게 질책하는 바로 앞에서 한마디 말도 못하는 아브라함, 참담함과 옹색함으로 마치 고양이 앞의 쥐처럼 겁에 질린 듯한 모습이 연상되지 않는가?(창 12:18-19) 그런 그가 변했다. 이제는 더 이상 패배자의 모습이 아니다. 이제는 승리자의 여유와 당당함이 그에게 있음을 보라.

이집트에서 비록 실패는 했지만 그는 그곳에서 생명이 사람 손에 달린 것이 아니라 하나님께 속하였다는 것을 체험했다. 그럼으로써 그는 담대히 전쟁에 뛰어들 수 있었다. 또한 하나님이 복 주시는 분임을 깨달았기에 그는 하나님의 이름으로 축복하는 멜기세덱에게 머리를 숙일 수 있었다. 그리고 사람의 손이 아니라 하나님의 손이 나를 승리하게 만드셨다는 것을 알았기에 그는 소돔 왕 앞에서 당당하고 의연한 여유를 가지고 그의 제안을 거절할 수 있었다.

멜기세덱

아브라함이 전쟁에서 승리하고 돌아올 때 소돔 왕이 왕의 골짜기라고도 하는 사웨 골짜기에 나와 그를 영접하였다. 그때에 살렘 왕 멜기세덱이 빵과 포도주를 가지고 나왔다.(창 14:18) 그는 지극히 높으신 하나님의 제사장이었다. 살렘은 예루살렘과 동일시된다. 그는 이 전쟁에 참여하지 않았지만 승전하고 돌아온 아브라함을 맞이하러 나왔다.

이 멜기세덱에 대해서는 본문과 시편(시 110:4), 그리고 히브리서(5-7장), 이렇게 단 세 군데만 나온다. 특히 히브리서에서 그리스도의 구원과 중보를 설명할 때 이 멜기세덱을 거론하기에 그는 신비한 인물로 여겨지기도 한다. 아직 여호와 신앙이 확립되지 않았고, 이스라엘에 제사장이 등장한 것은 약 400년 후에 일이므로 그는 분명히 가나안 토착 종교의 제사장이었을 것이다. 하지만 성서는 다윗 왕가와 이를 연관 지어 여호와 신앙으로 흡수하여 예루살렘 성전의 기원을 이에서부터 시작한다.(시 110편) 이러한 연유로 히브리서에서는 다윗의 후손인 예수 그리스도가 레위인이 아님에도 불구하고 이 멜기세덱의 반차를 따라 대제사장이 되었다고 말한다.[16]

멜기세덱이 천지의 주재시며 지극히 높으신 하나님의 이름으로 아브라함을 축복하자 아브라함은 그에게 십일조를 바친다.[17] 이 말씀을 아브

---

16 시 110:4 "여호와는 맹세하고 변하지 아니하시리라 이르시기를 너는 멜기세덱의 서열을 따라 영원한 제사장이라 하셨도다."
히 5:5-10 "또한 이와 같이 그리스도께서 대제사장 되심도 스스로 영광을 취하심이 아니요 오직 말씀하신 이가 그에게 이르시되 너는 내 아들이니 내가 오늘 너를 낳았다 하셨고 또한 이와 같이 다른 데서 말씀하시되 네가 영원히 멜기세덱의 반차를 따르는 제사장이라 하셨으니 그는 육체에 계실 때에 자기를 죽음에서 능히 구원하실 이에게 심한 통곡과 눈물로 간구와 소원을 올렸고 그의 경건하심으로 말미암아 들으심을 얻었느니라 그가 아들이시면서도 받으신 고난으로 순종함을 배워서 온전하게 되셨은즉 자기에게 순종하는 모든 자에게 영원한 구원의 근원이 되시고 하나님께 멜기세덱의 반차를 따른 대제사장이라 칭하심을 받으셨느니라."
히 6:20 "그리로 앞서 가신 예수께서 멜기세덱의 반차를 따라 영원히 대제사장이 되어 우리를 위하여 들어 가셨느니라."
히 7:16-17 "그는 육신에 속한 한 계명의 법을 따르지 아니하고 오직 불멸의 생명의 능력을 따라 되었으니 증언하기를 네가 영원히 멜기세덱의 반차를 따르는 제사장이라 하였도다."

라함도 십일조를 드렸으므로 우리도 십일조를 드려야 한다는 십일조 헌금의 당위성으로 설명하는 것은 무리가 있다. 여기서 중요한 것은 멜기세덱에 관한 논의가 아니다. 정말 중요한 것은 아브라함의 태도다. 그는 본문에 등장하는 다른 왕들에게는 경의를 표하지 않았다. 하지만 그는 하나님의 이름으로 축복하는 멜기세덱에게만 머리를 숙였다. 왜 그랬을까? 그는 이집트에서 하나님의 위대함을 체험하였기에 멜기세덱이 하나님의 이름으로 축복할 때 그에게 머리를 숙였던 것이다.

---

17 **십일조에 관하여**: 아래의 각주는 이영재 목사의 주석에서 발췌한 것이다. 이보다 더 잘 쓸 수가 없어 이를 소개하는 것으로 만족한다.

십일조는 복을 받은 사람이 감사로 드리는 예물이다. 복을 달라고 비는 조건부의 예물이 아니다. 이것은 창12:2의 **웨흐예 버라카**가 의미하는 바와 일맥상통한다. 아브람은 부름을 받을 당시에 이미 하나님께서 그를 복덩이로 만들어 주셨다. 아브람 자신은 복 그 자체이며 지금 행복하며 앞으로도 계속 행복할 것이고 다른 모든 민족들에게 복을 베푸는 사람이 될 것이다. 아브람은 복덩이로 부름을 받았다. 십일조는 복덩이로 살아가는 하나님의 백성이 제사장에게 바치는 예물이다.

십일조는 **마아세르**다. 이 명사는 레위기 27장에 세 차례 나오고(레 27:30, 31, 32), 민수기 18장에 여섯 번 나오며(민 18:21, 24, 26, 26, 26, 28), 신명기에 세 차례 나온다. 법문 이외에 이 용어는 거의 나오지 않으며 예언서에는 아모스서와 말라기서에 나온다.(암 4:4; 말 3:8, 10) 에스겔서에서는 십일조를 가리키는 것이 아니라 도량형에서 십 분의 일을 가리켜 두 차례 나온다.(겔 45:11, 14)

할례의 경우처럼 십일조는 이스라엘에만 고유한 것이 아니었다. 이집트나 메소포타미아에서도 실행되던 관습이었다.(CAD, IV-E, 369) 모세의 율법 바깥에서는 창세기 14장과 28장에 언급되는데(창 28:22), 학자들은 지금까지 흔히들 모세의 율법 이전에 십일조가 이스라엘에 존재했다는 본문 증거로 이 본문을 제시하였다. 그러나 창세기의 본문이 모세의 율법 본문보다 더 이르지 않다는 현대의 학술 동향으로 미루어 볼 때 종래의 추정은 근거가 없다.

내가 볼 때, 십일조는 이스라엘의 디아스포라 공동체의 유지와 발전을 위해서 자발적으로 모으는 공공기금으로 발기되어 정착한 제도로 보인다. 채소나 가축을 포함한 모든 농작물 수확량의 십 분의 일을 야훼께 거룩하게 구별하여 드렸다.(레 27:30-34) 민수기에 의하면 십일조는 레위인에게 주었다. 레위인은 가나안에서 땅을 분배받지 못했기 때문이다.(민 18:21-32) 레위인 제사장이 받을 몫은 십일조다. 신명기에 의하면 십일조는 야훼께서 정하신 중앙 성소, 곧 예루살렘 성전에서 바쳐야 한다.(신 12:6, 14) 먼 곳에서 올 경우에는 현물을 돈으로 바꾸어 가져와도 된다. 신명기에서는 십일조를 가난하고 힘없는 자들을 위해서 사용할 것을 강조한다.(신 26:12-15) "그것을 레위인과 객과 고아와 과부에게 주어 네 성읍 안에서 먹고 배부르게 하라."

하나님을 믿고 하나님의 능력과 은혜를 체험한 사람은 누구나 하나님의 이름으로 축복하는 자에게 머리를 숙여야 한다. 그것은 그 사람이 위대하기 때문이 아니다. 하나님의 이름이 위대하기 때문이다. 여호와의 이름은 영원히 찬양받기에 합당한 이름이다. 그 이름 앞에서 누구도 머리를 들 수 없다. 그 이름의 충만함이 온 땅에 가득하다. 세계 만민과 온 우주는 항상 주를 찬양해야 한다. 말로 다 형용할 수 없는 신비가 그

이 경우에 이스라엘에 화폐제도가 민간에 통용되던 시기를 알아보는 것은 본문의 연대를 추정하는 데 꼭 필요하다. 하지만 지금으로서는 이스라엘의 화폐제도가 정립된 연대를 확정지울 수 있을 만큼 연구가 풍성하지 못한 실정이다. 비교적 B.C. 665년 무렵의 고대에는 사용된 '돈' 의 양이 그리 많지 않았기 때문에 돈이 민간에 통용된 것은 아마도 B.C. 500년 이후에서나 비로소 가능했을 것 같다. 더 비판적으로 보면 이보다 훨씬 더 후대에나 화폐가 통용되었다고 보는 편이 더 안전할 것이다. 그리스 제국 셀류코스 왕조 시대에 엄청나게 많은 주화들이 유통되었다는 정보가 있다. 그러므로 유다 왕국에서는 화폐가 일반에 통용되었다고 보기 어렵고 더 후대인 포로기 이후에서나 화폐의 일반 통용이 이루어졌을 것이다. 신명기의 본문은 포로기 내지는 포로기 이후의 문장이라고 보아야 마땅할 것이다.

오경에는 세 가지 종류의 십일조가 나타난다. 첫째는 레위인에게 주는 소득의 십일조(레 14:27; 민 18장), 둘째는 명절에 바치는 십일조(민 14:22-25), 셋째는 가난한 동포를 위해 삼 년마다 바치는 십일조(민 14:28-29)가 그것이다. 요약하자면, 십일조는 정의를 위하여 레위인에게, 믿음을 위하여 하나님에게, 사랑을 위하여 가난한 자에게 바치는 세 가지 성격을 지녔다고 하겠다. 처음에 십일조 법은 잘 지켜지지 못했다. 하지만 후기 유대교에 이르러서는 이 법을 너무 엄격하게 적용하다 보니 그 법의 본래 취지를 상실하고 말았다. 십일조는 하나님께 복을 받는 수단으로 전락하여 오용된 것이다.(눅 11:42) 이스라엘은 십일조를 바치지 않았고 하나님의 것을 도둑질했다고 예언자에게 경고를 받았다.(말 3:8-10)

구약성서에서 십일조는 하나님과 인간을 향한 두 가지 의미를 지닌다. 첫째로 하나님을 향한 의미다. 십일조를 부담스럽게 여기지 말고 소득의 십 분의 일을 바치는 것은 하나님을 향한 즐거운 예배에 성공하는 비결이다.(신 12:12; 고후 9:7) '여호와 앞에서 즐거워할 것이요.' 모든 것은 하나님의 것이며 하나님께서 주신 것이므로 그 중에서 십 분의 일이라는 작은 분량을 바치는 것은 조금도 부담이 되지 않고 감사하게 드리는 믿음의 생활이다. 둘째로 사람을 향한 의미다. 하나님의 백성 공동체 내에서 공동체 성원 서로의 관계에서 상호부조의 성격을 지닌다. 레위인과 일반인의 관계가 정립된다.(민 18:21) 공동체 안에서 가난한 자, 과부, 고아가 보살핌을 받는다.(신 14:29; 사 1:23; 약 1:2) 이와 같이 십일조는 건강한 사회를 이룩하는 데 없어서는 안 될 공동체의 물질적 조건이다. 더구나 국가가 지원하지 않는 경우에 십일조는 디아스포라 공동체의 자립과 자치를 위해서 반드시 지켜야 할 중요한 규칙이 되었다.

이름 속에 감추어져 있다. 그러므로 하나님의 이름으로 축복하는 자가 누구이든 그의 이름으로 축복하는 것이기에 머리를 숙여야 한다.

하나님의 이름으로 오는 자는 하나님의 이름의 권위가 그에게 임해 있다는 사실을 믿어야 한다. 사람의 권위가 아니라 하나님의 권위, 곧 영적 권위 때문이다. 아브라함이 이방 제사장이었던 멜기세덱에게 머리를 숙였다는 것은 여호와의 이름의 권위를 믿었기 때문이다. 영적 권위를 인정하거나 신뢰하지 않고서는 그 권위로 주어지는 축복을 받을 수 없다. 목회자의 축복권은 하나님으로부터 위임된 영적 권위로 말미암는 것이다.

교회의 분란은 영적 권위가 실추되었기 때문이다. 하나님의 이름이 너무 가볍게 자신들의 권익을 위해 사용하는 목회자들 때문이다. 이는 십계명 중 제3계명을 위반하는 것이다. "너는 네 하나님 여호와의 이름을 망령되게 부르지 말라 여호와는 그의 이름을 망령되게 부르는 자를 죄 없다 하지 아니하리라."(출 20:7) 교회가 올바로 서려면 영적 권위를 회복해야 한다. 영적 권위는 하나님의 이름의 신비를 체험한 자들이 그 이름 앞에 무릎 꿇을 때에만 가능하다. 시시비비를 가리는 다툼에 열 올리지 말고, 하나님 앞에 머리 숙이는 것으로부터 시작해야 한다. 모두가 그 이름 앞에 무릎 꿇을 때 해결되지 않는 문제는 없다.

교회가 영적 권위를 회복하지 못하면 밖에 던져져 밟히는 소금과 다름없다. 목회자가 영적 권위로 충만하지 못하면 그는 교회의 영적 지도자가 아니라, 단지 교회를 관리하는 관리인일 뿐이다. 목회자는 그 이름의 신비를 체험하고 그 이름의 아름다움과 능력으로 영적 권위를 세워야 하며, 성도들은 아브라함처럼 그 권위에 무릎 꿇어야 한다. 그때 하나님의 보좌로부터 흘러나오는 복이 영적 권위를 타고 무릎 꿇는 자에게 임할 것이다.

3) 소돔의 멸망과 아브라함의 간구

세상과의 관계 속에서 아브라함의 모습을 다시 찾아보려면 창세기 18장 후반부로 건너뛰어야 한다. 15장과 17장은 앞서 본대로 하나님과의 계약에 대한 말씀이고, 16장은 이스마엘을 낳는 과정에 대한 이야기다. 18장 전반부는 마므레의 상수리나무 밑에서 하나님과 그의 사자들을 대접하고 이삭 탄생의 예고를 받는 말씀이고, 18장 후반부는 아브라함이 소돔을 위해 하나님께 간구하는 내용으로 되어 있다. 소돔을 위해 간구하는 아브라함의 모습을 통해 세상에서 믿음의 사람들이 어떠한 태도를 가지고 살아야 하는가 하는 것을 보도록 하자.

18장 전반부에서 하나님은 아브라함에게 잘 대접을 받으신 후, 그에게 내년 이맘때에 이삭을 낳을 것이라는 수태고지를 하신다. 그런 후에 아브라함이 여호와 하나님을 전송하러 나갈 때 하나님은 그에게 소돔 성의 멸망 계획에 대해 속내를 털어놓으신다. 하나님의 소돔 성 멸망에 대한 이야기를 들은 아브라함은 하나님을 만류하는 간구를 한다. 그것도 여섯 차례에 걸쳐 그리한다. 이에 하나님은 아브라함의 집요한 간구에도 화를 내지 아니하시고 그의 요구를 다 들어주신다. 비록 의인 열 명이 없어 소돔이 멸망당하기는 했지만 아브라함으로서는 멸망을 막기 위해 최선을 다한다.

여기서 우리는 몇 가지 질문을 해야 한다. 하나님은 왜 소돔 성을 멸망시키려 하시는가? 왜 하나님은 소돔과 고모라를 멸망시킬 계획을 아브라함에게 미리 알려 주실까? 왜 아브라함이 소돔 성을 위해 그토록 집요하게 만류하는 간구를 하였을까? 조카 롯 때문이었을까? 아니면 또 다른 이유가 있었을까? 차례로 위의 물음들에 대해 보도록 하자.

세 가지 물음

첫째, 하나님은 소돔과 고모라를 멸망시키려 하시는가? 이에 대해 성서는 "소돔과 고모라에 대한 부르짖음(저아카)이 크고 그 죄악이 심히 무거우니(카베드)"(창 18:20)라고 말한다. 우선 부르짖음의 의미부터 보자. 부르짖음(저아카)은 매우 어렵고 힘든 상황에 처한 사람이 도와 달라고 부르짖는 것을 가리킨다. **저아카**의 동사형이 **자아크**인데, 이 말은 출애굽기에서 이스라엘이 이집트의 학대에 하나님께 부르짖을 때 사용한 단어다.[18] 느헤미야기에 보면 부유한 귀족들과 관리들이 가난한 유대 형제들을 억압할 때 이들이 느헤미야에게 부르짖었다고 하였다. 그때도 이 단어가 쓰였다.[19] 무겁다(카베드)는 단어는 짐이 힘들 정도로 매우 무거울 때 쓰는 말로 가난한 자들에 대한 학대와 부담이 고통스러울 정도로 무겁다는 말이다.[20]

이는 소돔과 고모라가 도성 문화의 해악과 타락이 극을 달리고 있음

18 출 2:23 "여러 해 후에 애굽 왕은 죽었고 이스라엘 자손은 고된 노동으로 말미암아 탄식하며 부르짖으니 그 고된 노동으로 말미암아 부르짖는 소리가 하나님께 상달된지라."
출 3:9 "이제 가라 이스라엘 자손의 부르짖음이 내게 달하고 애굽 사람이 그들을 괴롭히는 학대도 내가 보았으니."

19 느 5:1 "그 때에 백성들이 그들의 아내와 함께 크게 부르짖어 그들의 형제인 유다 사람들을 원망하는데."
느 5:6 "내가 백성의 부르짖음과 이런 말을 듣고 크게 노하였으나."

20 출 5:9 "그 사람들의 노동을 무겁게(카베드) 함으로 수고롭게 하여 그들로 거짓말을 듣지 않게 하라."

을 보여 주는 말이다. 실제로 19장에서 소돔의 죄악상이 여과 없이 고발되는데, 이들이 얼마나 타락했는지를 여실히 보여 준다. 특히 23절에 '멸하다'란 단어로 사파가 쓰였는데, 이는 싹 쓸어버린다는 뜻이다.[21] 즉, 죄악으로 높이 쌓아 올린 소돔 도성의 교만한 문명을 완전히 쓸어 없애 버리겠다는 말이다. 그러므로 소돔에 대한 심판은 도성 문화와 그 악에 대한 심판이다. 하나님은 심판을 하기 전에 이를 확인하려고 소돔성으로 가던 길에 아브라함에게 들르신 것이다.

둘째로 왜 하나님은 아브라함에게 소돔의 멸망에 대한 계획을 미리 말해 주시는가? 그에 대한 해답은 17절부터 19절에 나온다. "여호와께서 이르시되 내가 하려는 것을 아브라함에게 숨기겠느냐 아브라함은 강대한 나라가 되고 천하 만민은 그로 말미암아 복을 받게 될 것이 아니냐 내가 그로 그 자식과 권속에게 명하여 여호와의 도를 지켜 의와 공도를 행하게 하려고 그를 택하였나니(야다) 이는 나 여호와가 아브라함에게 대하여 말한 일을 이루려 함이니라."(창 18:17-19)

하나님은 이제까지 자신이 하시려는 일들을 아브라함에게 숨기지 않으셨다. 처음 12장에서부터 아브라함에게 설명하시고 자신의 계획을 밝히셨다. 두 번의 계약도 아브라함과 대화하는 형식으로 진행되었다. 위의 본문에서 하나님은 아브라함이 그의 자식과 그의 후손들을 잘 가르쳐 여호와의 도를 지키고 의와 공도를 행하게 하기 위하여 그를 택하셨

---

21 이 단어는 보통 심판하는 상황에 사용된다.
삼상 12:25 "만일 너희가 여전히 악을 행하면 너희와 너희 왕이 다 멸망하리라."(사파)
렘 12:4 "언제까지 이 땅이 슬퍼하며 온 지방의 채소가 마르리이까 짐승과 새들도 멸절하게 되었사오니(사파) 이는 이 땅 주민이 악하여 스스로 말하기를 그가 우리의 나중 일을 보지 못하리라 함이니이다."

다고 했다. 이것은 아담을 만드신 목적과 같은 의미다. 다만 아담은 하나님이 창조하신 세상을 잘 경작하여 그 창조 목적을 이루도록 하는 사명을 받았지만 아브라함은 후손들로 하여금 여호와의 도를 잘 지켜 의가 이루어지는 세상을 만드는 시조의 사명을 받았다.[22] 물론 두 이야기는 하나님 나라 안에서 하나다.

하나님은 이러한 목적으로 아브라함을 택하셨다. '택하다' 는 말의 원어는 야다다. '택하다' 는 뜻의 히브리어로 박하르란 단어가 따로 있음에도 여기서 야다란 단어를 쓴 이유가 무엇일까? 아담과 하와가 동침하여 가인을 낳았을 때, 동침이란 단어로 야다를 썼다.(창 4:2) 성관계를 완곡하게 표현할 때 쓰는 동사를 여기에 썼다는 것은 아브라함을 에쩨르요 아내로 삼으셨다는 말이다. 하나님이 아브라함의 신랑이 되셨다는 뜻이다. 부부 사이에 숨길 것이 무엇이 있겠는가? 그리하여 하나님은 소돔 멸망에 대한 자초지종을 아브라함에게 말씀하시는 것이다.

셋째로 왜 아브라함이 소돔 성을 위해 그토록 집요하게 만류하는 간구를 하였을까? 조카 롯 때문이었을까? 아니면 또 다른 이유가 있었을까? 물론 롯 때문일 수도 있다. 아브라함은 롯이 포로로 잡혀갔다는 말을 듣고 즉시로 쫓아가 롯을 구해 왔다. 죽음을 무릅쓰고 전쟁도 마다하지 않았다. 그만큼 롯에 대한 애정이 각별하다는 뜻이다. 아버지를 잃은 롯을 어려서부터 데려다 키운 정 때문일 수도 있다.

이를 추측하게 하는 구절이 나온다. "하나님이 그 지역의 성을 멸하실 때 곧 롯이 거주하는 성을 엎으실 때에 하나님이 아브라함을 생각하

---

22 의가 이룩된 나라가 하나님의 나라다. 그러므로 하나님 나라의 원형은 에덴일 수밖에 없다. 특히 이사야서 11장을 보라.

사 롯을 그 엎으시는 중에서 내보내셨더라"(창 19:29)는 말씀이다. 하지만 우리는 이 한 구절 때문에 본문의 의도를 왜곡해서는 안 된다. 분명한 것은 아브라함이 여섯 차례에 걸쳐 간구하는 중보기도 속에는 롯이란 단어가 전혀 나오지 않는다. 롯 때문일 수도 있지만 본문이 우리에게 주고자 하는 의도는 그것이 아니다.

아브라함이 여섯 차례에 걸쳐 중보기도를 한 이유는 "주께서 의인을 악인과 함께 멸하려 하시나이까"(창 18:23)라는 간구 속에 있다. 하나님은 의와 공도를 행하게 하시려고 자신을 택하셨다고 했는데, 어찌하여 공도를 행하실 분이 의인과 악인을 함께 멸하려 하시는지 아브라함은 이의를 제기하고 있는 것이다. 하나님은 악인의 죄 때문에 의인과 악인을 함께 멸하지 않는다는 성서의 기본 사상이다.

이 때문에 노아의 홍수 때 악인들에 대해서는 지우개로 지워 버리듯 그들을 멸하셨지만 당대의 의인인 노아와 그의 식구들만은 구원하셨다. 의인은 그가 어디에 있든지, 그가 비록 음부에 자리를 펴고 있을지라도 하나님은 의인을 보호하신다.[23] 의인을 고난 속에서 보호하시는 것은 하나님의 속성이다. 하지만 악인에게는 심판이 있을 뿐이다.

아브라함은 처음에 의인 50명이 있으면 멸망시키지 않으실 것이냐고 묻는다. 하나님이 흔쾌히 용서하시겠다고 하자, 오히려 불안해진 그는 45명으로 낮춘다. 이번에도 하나님이 용서하신다고 하자, 점점 더 숫자를 줄여 마침내 10명으로 합의를 한다. 아브라함 생각에는 롯의 식구들을 합쳐, 그래도 10명의 의인은 있을 줄 알았다. 그러나 막상 뚜껑을 열

23 시 139:8-10 "내가 하늘에 올라갈지라도 거기 계시며 스올에 내 자리를 펼지라도 거기 계시니이다 내가 새벽 날개를 치며 바다 끝에 가서 거주할지라도 거기서도 주의 손이 나를 인도하시며 주의 오른손이 나를 붙드시리다."

고 보니 롯의 가족들조차도 다 의인이 아니었다.

이 여섯 차례의 중보기도를 통해 우리는 이 세상에서 믿음으로 산다는 것이 무엇인지를 배워야 한다. 믿음으로 산다는 것이 세상과의 단절을 의미하지는 않는다. 오히려 세상을 구원하고 그를 위해 끊임없이 기도하는 자세를 가져야 함을 가르쳐 준다. 기독교는 세상을 향해 열려 있는 종교다. 성도에게는 세상을 하나님의 의와 그리스도의 복음으로 변화시킬 사명이 있다. 이런 사명을 감당하는 자만이 아브라함의 후손이요, 아담의 계보를 잇는 의인이 된다.

4) 제2의 이집트 사건

창세기 19장은 소돔과 고모라의 멸망과 롯의 구출에 대한 기사다. 그리고 모압과 암몬 자손의 기원에 대해 적고 있다. 19장은 다음에 보도록 하고 20장으로 가 보자. 20장 전체는 그랄 왕 아비멜렉에게 이집트 왕 바로에게 그랬던 것처럼 사라를 빼앗겼다가 하나님의 도우심으로 다시 되찾은 사건이다. 나는 이를 제2의 이집트 사건이라고 부른다.

20장은 여러모로 이해가 되지 않는다. 왜 이집트 사건과 유사한 사건이 지금 이 시점에서 재현되는가? 더구나 사라는 임신한 상태였고, 무엇보다도 나이가 90세가 아닌가? 사라가 아무리 뛰어난 미모를 가졌다 한들 90세의 임신한 여인을 처녀로 알고 아내로 맞이할 왕이 어디 있겠는가? 또한 시간과 장소만 다를 뿐 이집트에서와 같은 패턴으로 진행되는 사건도 의심스럽기는 마찬가지다. 그리고 이삭도 이와 같은 패턴의 유사한 일을 경험한다.(창 25:7-11)

사라가 이집트와 그랄 땅에서 당한 위기, 그리고 이삭의 아내 리브가가 블레셋 땅에서 당한 위기를 학자들은 '선조모의 위기' 라고 부른다. 학자들은 선조모의 위기에 관한 이집트에서의 사건(창 12:10-20)은 J문서로, 그리고 그랄 땅에서의 사건(창 20장)은 E문서로, 이삭의 아내 리브가의 사건은 E문서의 변형된 형태로 분류한다.[24] 주의 깊게 성서를 보면 개역개정판 성서를 기준으로 볼 때 이집트에서의 사건에서는 하나님의 명칭이 여호와로 표기되었고, 20장에서는 하나님(엘로힘)으로 표기된 것을 확인할 수 있다.(단, 20:18은 후대 편집자에 의해 첨가된 구절로 봄) 이렇게 보면 어느 정도 성서의 통일되지 못한 불일치와 불합리한 흐름 등을 이해할 수 있을 것이다.

그렇다고 한다면 풀리지 않는 또 한 가지 의문점이 생겨난다. 구전되어 내려오던 성서가 최초 문서로 편집된 후 최종 형태로 완성될 때까지 최소한으로 잡아도 대략 500년 이상은 걸렸다. 그러는 가운데 수많은 편집자들의 손을 거쳐 첨가와 생략을 거듭하며 다듬어진 결과가 지금의 성서다. 그렇다면 수백 년 동안 수많은 편집자들이 이러한 불일치와 불합리한 흐름을 몰랐을까 하는 점이 여전히 의문으로 남는다.

---

24 성서학자들은 본래 구전되어 내려오던 이야기가 J문서 편집자와 E문서 편집자에 의해 성서 속으로 들어왔다고 본다. J문서는 대략 주전 850년경, 솔로몬 시대에 유대 지방에서 기록한 것으로 하나님의 명칭을 여호와(야훼)로 표기한다. E문서는 J문서보다 한 세기 늦게 에브라임 지파에 의해 기록된 것으로 추정한다. E문서는 하나님의 명칭을 엘로힘(개역 성서에서는 하나님으로 번역함)으로 표기한다. 창세기부터 신명기에 이르는 다섯 권의 책, 즉 오경은 J문서와 E문서가 유대 왕국 말기인 주전 550년경에 D문서 편집자에 의해 D(신명기 법전)를 포함하여 JED의 형태로 편집되어 내려오다가 포로기 혹은 포로기 말기인, 주전 550-450년경에 제사장들이 작성한 P문서를 포함하여 P문서 계열의 편집자들이 이 문서들을 종합하여 지금의 오경을 만들었다는 이론이 문서가설이다. 나중에 여기서 더 발전하여 각각의 문서들이 시대를 따라 차례로 결합되어 성장한 결과 지금의 오경을 갖추게 되었다는 이론이 있는데, 이러한 이론을 학자들은 '전승사가설' 이라고 부른다. 그러나 지금은 이 모든 가설들을 불확실한 것으로 보며, 대체로 P문서를 기준으로 P 이전의 문서(pre-P)와 P 이후의 문서(post-P)의 두 가지로 크게 대별되고 있는 추세다.

요즘도 책 한 권 출판할 때 6번 내지 10번의 교정과 편집 작업을 하면 대부분의 오류는 다 수정되는데 수백 년을 거치면서도 불합리한 점들을 수정하여 일목요연하고도 매끄럽게 편집하지 않은 이유는 무엇일까? 과연 그들이 몰라서 그랬을까? 물론 성서 편집자들이 몰랐으리라고는 생각지 않는다. 아마도 하나님 말씀의 권위 때문에 쉽게 삭제하거나 편집할 수 없었으리라는 추측은 할 수 있을 것이다. 하지만 그보다도 본문들을 현재의 위치에 어느 정도 변형하여 편집한 것에는 본문을 통하여 독자에게 주고자 한 나름대로의 의도가 있었기 때문일 것이다.

이러한 의문들을 다 정리하자면 족히 한 권의 주석서가 필요할 것이다. 대학원 다닐 때, 구덕관 교수의 〈구약 주석 방법론〉을 수강했는데, 그때 교수님께서 본문이 이해가 되지 않을 때는 그 말씀 속에는 무언가 숨겨진 의도가 있다는 말씀을 하셨다. 이제 본문의 교훈과 의도를 밝히기 위해 20장의 내용을 먼저 살펴보자.

아브라함이 남방의 그랄 땅에 우거하면서 그의 아내 사라를 자기 누이라고 속였다. 그랄 왕 아비멜렉이 사람을 보내어 사라를 데려갔다.[25] 여기서 '데려갔다' 는 말은 바로가 사라를 데려간 것과 마찬가지로 **라카흐**란 단어를 썼다.[26] 따라서 아비멜렉도 사라를 강제로 빼앗아 데리고

---

25 그랄은 블레셋의 남쪽에 위치한 지역이다. 그랄이 블레셋과 동일시되는데 이는 창세기 26장에서는 블레셋 으로 말하고 있기 때문이다.(창 26:1) 아비멜렉이란 칭호는 블레셋의 왕들의 칭호다. 이집트의 모든 왕들을 바로로 부른 것처럼 블레셋도 왕들을 아비멜렉으로 불렀다. 18장의 지리적 배경은 마므레다. 이는 헤브론 지역이다.(창 23:19) 그러나 아비멜렉 사건은 E문서에 속한 것이므로 이 사건의 지리적 배경은 브엘세바로 보아야 할 것이다.(창 21:31) 더구나 소돔은 헤브론 남쪽에 해당하므로 아브라함이 멀리서 바라볼 수 있는 지역이 아니다. 그러므로 아브라함이 브엘세바에 거주하였다고 말하는 것이 자연스럽다. 소돔이 멸망 당하는 것을 바라본 아브라함이 멸망의 장소를 떠나 서쪽 그랄 지역으로 이동하였다고 설명하는 것이 합리적이라고 본다.

26 창 12:15 "바로의 고관들도 그를 보고 바로 앞에서 칭찬하므로 그 여인을 바로의 궁으로 이끌어들인지라."(**라카흐**)

갔다는 것을 알 수 있다. 하지만 하나님께서 그날 밤에 아비멜렉의 꿈에 나타나 "네가 맞아들인 여인으로 인하여 너는 죽으리라. 그 여인은 남편이 있는 몸이다" 하고 이르셨다. 이에 아비멜렉은 하나님께 항변한다. "그가 나에게 아내라고 하지 않고 누이라고 하였기 때문입니다. 나는 그녀의 몸에 손을 대지 않았습니다." 하나님은 사라를 돌려보내라고 하시면서 아브라함은 예언자이므로 그가 너를 위해 기도하면 네가 살 것이라고 말씀하신다.

그 다음날 아비멜렉은 아브라함을 불러 이집트의 바로처럼 심하게 그를 책망한다. 이에 아브라함은 "이곳 사람들은 하나님을 두려워하지 않기에 사람들이 내 아내를 탐내서 나를 죽일 것이라고 생각했노라"(창 20:11)며, 실제로는 자기의 이복 누이로 자기의 아내가 되었다고 궁색한 변명을 한다. 아비멜렉은 바로처럼 양과 소와 노비들과 함께 은 천 개를 그에게 주고 아내와 함께 보냈다. 그리고 아브라함이 하나님께 기도하매 하나님이 아베멜렉과 그 아내와 여종을 치료하셨다는 사건이다.

이집트 사건과의 비교

본문의 의도를 보다 분명히 하기 위해 우리는 창세기 12장에 나오는 이집트 사건과 본 사건을 비교해 보도록 하자.

첫째로 이집트에는 가뭄이 원인이 되어 들어갔지만 그랄에서는 이주한 원인이 나오지 않는다.

둘째로 둘 다 체류하려고 들어갔다. 체류하다는 동사는 구르인데, 이 단어에서 게르란 명사가 나왔다. 게르는 외국에 이주하여 이주 노동자로 체류하는 사람들을 가리키는 말이다. 흔히 나그네, 객 등으로 번역하였다. 그러므로 이집트와 그랄에서 아브라함은 공히 **게르**가 되었다.

셋째로 이집트에서는 사라를 매우 뛰어난 미모의 소유자로 표현하지만 그랄에서는 그런 표현이 나오지 않는다. 이것은 아마도 사라의 나이가 90세요 임신한 여인이었음을 고려한 것 같다. 하지만 아비멜렉이 사라를 취한 것으로 봐서는 사라의 미모가 뛰어났다는 것을 암시한다.

넷째로 이집트에서는 하나님이 재앙을 내리셔서 해결하셨지만 그랄에서는 하나님이 직접 아비멜렉의 꿈에 나타나셔서 문제를 해결한다.

다섯째, 바로나 아비멜렉 둘 다 아브라함을 불러 심하게 책망한다. 하지만 이집트에서는 바로에게 대꾸도 못하는 반면에 아비멜렉에게는 누이라고 속인 것은 아니라고 변명을 한다.

여섯째, 어쨌거나 두 사건을 통해 아브라함은 경제적인 큰 이득을 취한다.

일곱째, 이집트에서는 그 사건 이후 곧바로 추방되지만 그랄에서는 그곳에 오랫동안 머문다.

여덟째, 이집트에서는 재앙이 어떻게 해결되었는지 언급되지 않으나, 그랄에서는 아브라함이 하나님께 기도함으로 불임의 재앙이 해결된다.

아홉째로 이 두 사건은 **라카흐**란 단어에서 보듯이 모두 도성 문화의 악행에 대한 고발의 성격을 가진다.

마지막으로 이집트 사건은 제1의 출애굽을, 그랄 사건은 제2의 출애굽[27]을 염두에 두고 기록한 것이라는 추론을 가능하게 한다. 제1 출애굽은 10번의 재앙과 하나님의 전적인 역사로 이루어졌지만, 제2 출애굽은

---

27 남 유다 왕국의 멸망과 함께 바빌론에 포로로 끌려갔다가 바빌론을 멸망시킨 페르시아의 고레스 왕의 칙령에 의해 예루살렘으로 되돌아온 사건을 말한다.

고레스의 칙령으로 이루어졌다. 창세기 최종 편집자가 이를 염두에 두고 기록한 것이 아닐까? 이에 대해 내가 구약을 연구하는 학자도 아니고, 학자들의 연구도 접하지 못해 다만 추측만 할 뿐이다.

이러한 비교를 자세히 분석하여 다룬다는 것은 내 역량 밖의 일이고, 또 이 글의 성격에도 맞지 않기에 이 정도로 하고 우리의 주제에 맞게 아브라함의 세상을 통한 믿음의 연단이라는 초점에 맞춰 본문의 의도를 보도록 하자.

본문의 의도

성서는 지식을 위한 책이 아니다. 성서는 하나님의 말씀이다. 그래서 경전이다. 경전 속에 불합리한 부분이 있을 때에는 그것을 성서의 오류라고 말해서는 안 된다. 오히려 본문처럼 그러한 불합리한 부분이 있을 때에는 그 말씀을 통하여 우리에게 주고자 하는 하나님의 의도를 파악하는데 주력해야 한다. 전체적인 흐름 속에서 본문의 위치를 설정하고, 전체적인 흐름 속에서 본문이 우리에게 말하고자 하는 교훈에 귀 기울여야 한다.

아브라함의 전체 인생의 흐름과 아브라함의 일대기를 통해 우리에게 주고자 하는 하나님의 교훈을 생각해 보면 본문의 의도는 자명하다. 즉, 믿음의 연단이라는 주제를 놓고 보면 분명해진다. 아브라함이 이집트에서의 체험을 통해 담대함을 얻고 승승장구하였지만 그도 사람인지라 실수하고 나약해질 때도 있다는 것이다. 그랄에서의 실패는 그 나약함으로 인한 실패를 말하고자 하는 것이다. 이 또한 세상 속에서의 믿음의 연단이다.

이제까지는 아브라함이 이집트에서의 체험을 바탕으로 승승장구하는 모습을 보았다. 그러나 인생이란 언제나 승리하는 것은 아니다. 서있다고 생각하는 사람은 넘어질까 조심하라고 바울 사도도 말씀하셨다.[28] 하나님의 능력과 도우심을 체험한 아브라함이 사람에게 연연하지 않고 하나님을 의지하며 담대함으로 전쟁에서도 승리하는 삶을 살았지만 그도 사람인지라 실족할 때가 있다는 것이다. 이처럼 인생은 실패와 성공을, 승리와 좌절을 경험하면서 더 큰 하나님의 세계로 나아가는 것이다. 한 번에 완성되는 인생도 없고 믿음도 없다.

하나님의 사람 엘리야도 그랬다. 그가 갈멜 산에서 바알과 아세라를 섬기는 제사장 850인과 대결하여 승리하고 그들 모두를 기손 시냇가에서 죽였다. 그리고 하나님께 기도하자, 3년 6개월 동안 비가 오지 않던 땅에 큰 비를 내렸다. 이때만 해도 그는 두려움이 없는 매우 담대한 모습이다.[29] 하지만 그 다음날 왕비인 이세벨이 죽이겠다고 위협하자 전날의 위풍당당함은 온데간데없고 급히 일어나 생명을 구하려고 브엘세바로 도망한다. 그곳에 자기의 사환을 남겨 두고 자신은 광야로 들어가 로뎀나무 아래 앉아서 그는 "오, 야훼여, 이제 다 끝났습니다. 저의 목숨을 거두어 주십시오. 선조들보다 나을 것 없는 못난 놈입니다."(왕상 19:4, 공동번역) 하며 죽여 달라고 하나님께 기도하였다.[30]

---

28 고전 10:12 "그런즉 선 줄로 생각하는 자는 넘어질까 조심하라."
29 왕상 18:20-46을 보라.
30 로뎀나무는 콩과의 관목으로 높이 2-3미터로 자라고, 잎은 바늘모양으로 적으며, 꽃은 백색, 이른 봄에 개화하여, 긴 타원형의 열매를 맺는다. 팔레스타인과 시내 사이의 광야의 구릉 및 암석 지대, 특히 사해 부근에 많다. 욥 30:4에서는 대싸리로 번역했다. 3년 전에 성지순례를 가서 광야에 있는 로뎀나무를 본 적이 있다. 나무도 작고 볼품이 없으며, 입이 무성하지 않아 그늘도 별로 없다. 엘리야가 이 로뎀나무 아래 누웠다고 할 때 겨우 얼굴이나 상반신 정도만 그늘에 가려졌을 것이다. 이는 엘리야의 신세가 얼마나 처량하였는지를 잘 표현해 준다.

이처럼 사람은 항상 승리하는 사람도 없고 항상 성공하는 사람도 없다. 때로는 실패와 좌절 속에서 엘리야처럼 죽고 싶은 심정이 되기도 한다. 예전의 성공은 현재의 상황을 성공으로 이끌어 주는 길잡이가 될 수는 있어도 성공을 보장해 주지는 못한다. 한번 지나간 길은 다음에 지나갈 때 도움을 주지만 때로는 지나간 길에서도 길을 잃기도 한다. 예전의 체험은 항상 승리를 가져다주는 전가의 보도가 아니다. 인생의 상황은 항상 변하므로 체험도 사람마다 다르고 시대마다 다른 것이다. 오직 변하지 않는 것은 그 어떠한 상황에서도 우리를 지키시는 하나님의 신실하심과 그의 능력이다.

그랄에서의 아브라함의 실패는 삶의 여건과 조건이 바뀌었을 때 그의 인생의 기준이 되시는 하나님에 대한 믿음도 변했다는 것이다. 하지만 하나님은 변하지 않으셨다. 아브라함이 또 다시 실패했음에도 불구하고 하나님은 여전히 그의 편이 되어 주셨다. 그는 이집트에서처럼 하나님의 도우심으로 결국 승리자가 되었다. 그러므로 우리는 여건의 변화에 따라 우왕좌왕하거나 믿음이 뜨거워졌다 차가워졌다 하지 말고, 오직 우리를 도우시는 하나님, 신실하신 하나님을 믿는 믿음으로 나가면 우리는 하나님의 능력으로 항상 승리하게 될 것이다. 이것이 본문이 우리에게 주는 교훈이다.

5) 세상을 통한 연단의 결과

이제까지 이집트 체험으로부터 시작하여 그랄 땅에서의 체험까지 세상을 통한 믿음의 연단을 살펴보았다. 이 연단 과정 속에서 아브라함은 말할 수 없는 좌절감을 맛보기도 하였고, 승리의 기쁨도 누렸으며, 또 다시 좌절도 경험하였다. 하지만 그때마다 하나님은 놀라운 능력으로 아브라함을 최종 승자로 만들어 주셨다. 이제 세상을 통한 연단의 결론을 볼 차례다. 여기서는 아브라함이 아비멜렉과 평화협정을 맺는 것과 아브라함이 사라의 매장지를 구입하는 것을 통해 연단이 어떻게 종결되는가를 살펴볼 것이다.

평화협정

그랄 땅에서의 연단 이후 사라는 그토록 기다리던 아들, 이삭을 낳았다. 이삭이 젖 뗄 무렵에 사라는 하나님의 축복을 함께 가질 수 없다고 하여 아브라함의 배다른 아들인 이스마엘과 그의 어미 하갈을 내쫓는다. 그렇게 함으로써 아브라함의 가정이 완전히 정리되었다. 하갈과 이스마엘을 내보냄으로 하나님의 원래의 계획대로 돌아온 것이다.

모든 것이 정리된 그 시점에 아비멜렉이 그의 군대 장관 비골과 함께 아브라함을 찾아왔다.(창 21:22a) 그리고 아브라함에게 말했다. "당신이 무슨 일을 하든지 하느님께서는 함께 해주십니다. 그러니 이 자리에서 하느님을 증인으로 삼고 맹세해 주십시오. 나와 내 혈육 일족을 배신하지 않겠다고 말이오. 내가 당신에게 신의를 지켰듯이 당신도 당신이 정착해 사는 이 곳 사람들과 나에게 신의를 지키겠다고 하여주십시오."(창 21:22b-23, 공동번역 개정판) 아베멜렉은 하나님이 함께하는 아브라함과 일종의 불가침 조약을 맺자고 제안하러 온 것이다. 이에 아브라함은 그의 제안에 동의함으로 계약을 체결한다.

그리고 예전에 아비멜렉의 종들이 아브라함의 우물을 빼앗은 일을 따지자 아비멜렉은 자신은 모르는 일이라고 변명한다. 이에 아브라함은 어린양 일곱 마리를 그에게 주고 그 우물의 소유권을 인정받는 계약을 하였다. 이렇게 두 사람이 거기서 서로 맹세하였다고 하여 그곳 지명이 '브엘세바' 가 되었다. 그 후 아브라함은 그곳에서 오랫동안 살았다. 이후에 아브라함의 거처에 대한 설명이 없는 것으로 보아 그는 죽을 때까지 여기 살았을지도 모른다.

창세기의 배경이 되는 고대사회에서의 계약은 주종 관계의 형태로 되어 있다. 강력한 힘을 가진 국가의 왕에게 그렇지 못한 나라들은 충성을 맹세하고 조공을 바칠 것을 약속한다. 그 대가로 약소국가들은 평화를 보장받는다. 이러한 계약의 관례에 대해 성서는 전혀 다른 계약의 모습을 보인다. 충성을 맹세하는 계약은 오직 하나님께만 할 수 있고, 사람 사이의 계약은 상호 불가침 평화협정만이 가능하다.[31]

아브라함은 사람들과 두 번의 계약을 체결한다. 창세기 14장에서 마므레 족속과의 계약, 그리고 21장의 아비멜렉과의 계약이다. 14장의 계약에 대해서는 자초지종이 나오지 않아 그 내용과 형식을 알 수는 없지만 롯을 구출하기 위한 전쟁을 함께한 것으로 보아 군사동맹 성격을 가진 계약이었음이 분명하다.[32] 21장의 계약은 상호 불가침 평화협정의 성

---

31 그러나 율법에 의하면 하나님은 사람과의 사이에서도 계약(베리트)을 맺지 말라고 하신다.
출 34:12-16 "너는 스스로 삼가 네가 들어가는 땅의 주민과 언약(베리트)을 세우지 말라 그것이 너희에게 올무가 될까 하노라 너희는 도리어 그들의 제단들을 헐고 그들의 주상을 깨뜨리고 그들의 아세라 상을 찍을지어다 너는 다른 신에게 절하지 말라 여호와는 질투라 이름하는 질투의 하나님임이니라 너는 삼가 그 땅의 주민과 언약을 세우지 말지니 이는 그들이 모든 신을 음란하게 섬기며 그들의 신들에게 제물을 드리고 너를 청하면 네가 그 제물을 먹을까 함이며 또 네가 그들의 딸들을 네 아들들의 아내로 삼음으로 그들의 딸들이 그들의 신들을 음란하게 섬기며 네 아들에게 그들의 신들을 음란하게 섬기게 할까 함이니라."

32 창 14:13 "도망한 자가 와서 히브리 사람 아브람에게 알리니 그 때에 아브람이 아모리 족속 마므레의 상수리 수풀 근처에 거주하였더라 마므레는 에스골의 형제요 또 아넬의 형제라 이들은 아브람과 동맹한 사람들이더라."

격을 가진다. 이 계약은 아비멜렉의 요청으로 이루어졌다. 나중에 아브라함의 아들, 이삭과 아비멜렉은 26장에서 다시 한 번 계약을 맺는데 이것도 상호 불가침조약이었다.

왜 아비멜렉이 군대 장관을 동반하고 아브라함에게 와서 평화협정을 맺을 것을 제안하는가? 그것은 하나님이 아브라함과 함께하시기 때문이다. 그것을 아비멜렉이 보았다. 하나님이 함께하는 사람과 어찌 싸울 수 있겠는가? 아비멜렉은 아브라함과 함께하시는 하나님에 대해 두려움을 느낀 것이다.[33] 이제까지는 주변 환경이 변하면 아브라함도 따라 변해 왔지만, 그는 더 이상 세상의 변화를 두려워하지 않는 사람이 된 것이다. 세상을 통한 연단의 결과 아브라함이 환경을 두려워하는 것이 아니라 주변 환경이 아브라함을 두려워하게 된 것이다.

아브라함도 처음에는 세상을 두려워하였다. 이집트에서의 그의 모습이 바로 그것이다. 그러나 세상을 살면서 점차 하나님의 존재감을 체험하였다. 늘 나와 함께하시는 하나님의 존재감이 그를 승리자로 만들었다. 이제 오히려 세상이 그를 두려워하게 된 것이다. 따라서 성도는 세상을 두려워하는 자가 아니라, 세상에 대해 승리하는 자여야 한다. 세상이 나와 함께하시는 하나님을 보고 두려워하도록 해야 한다. 그러려면 언제나 능력의 하나님과 함께해야 한다.

---

33 창 35:5 "그리고서 그들이 그곳을 떠났으나 하나님에 대한 두려움이 그들 주변의 모든 성에 엄습하므로 그들을 추격하는 자가 아무도 없었다."(현대인의 성경)
신 11:25 "너희의 하나님 여호와께서 너희에게 말씀하신 대로 너희가 밟는 모든 땅 사람들에게 너희를 두려워하고 무서워하게 하시리니 너희를 능히 당할 사람이 없으리라."

겸손한 아브라함

아브라함이 세상에서 믿음의 연단을 받고 성숙해진 모습을 우리는 막벨라 굴 매입 사건을 통해 볼 수 있다. 사라가 죽었다(창 23:2) 그녀의 시신을 매장하기 위해 아브라함은 헷 족속 소알의 아들 에브론 소유의 땅을 사기를 원했다. 성서는 에브론의 땅, 마므레 앞 막벨라에 있는 그의 밭과 거기에 속한 굴과 그 주위에 있는 나무들까지 매입하는 과정을 상세히 묘사한다.(창 23:3-18) 이 본문은 아브라함이 세상에서 활동한 마지막 장면이다. 본문은 우리에게 세 가지를 말해 준다.

첫째로 아브라함을 대하는 세상 사람의 태도다. 헷 사람들과의 대화에서 그들은 아브라함을 주(아돈)라고 부른다. 아돈은 종이 주인을 부를 때 사용하는 말이다.[34] 또한 헷 사람들은 그를 "하나님이 세우신 자신들의 지도자"(23:6)로 부른다. 비록 마므레 사람들이 아브라함과 동맹한 관계이긴 하지만(창 14:13), 그를 주요, 자신들의 지도자라고 불렀다는 것은

---

34 사라도 아브라함을 아돈이라 불렀다.(창 18:12) 아브라함의 늙은 종을 나홀 성으로 보내 이삭의 아내를 데려오도록 할 때, 그 종이 아브라함을 아돈이라 불렀다.(창 24:5) 계약법전에서는 아돈을 상전이라 번역하였다.(출 21:4) 하나님은 모든 주(아돈) 가운데 주(아도나이)가 되신다.(신 10:17)
창 18:12 "사라가 속으로 웃고 이르되 내가 노쇠하였고 내 주인(아돈)도 늙었으니 내게 무슨 즐거움이 있으리요."
벧전 3:6 "사라가 아브라함을 주(그리스어 퀴리오스)라 칭하여 순종한 것 같이 너희는 선을 행하고 아무 두려운 일에도 놀라지 아니하면 그의 딸이 된 것이니라."
창 24:5 "종이 이르되 여자가 나를 따라 이 땅으로 오려고 하지 아니하거든 내가 주인의 아들을 주인(아돈)이 나오신 땅으로 인도하여 돌아가리이까."
출 21:4 "만일 상전(아돈)이 그에게 아내를 주어 그의 아내가 아들이나 딸을 낳았으면 그의 아내와 그의 자식들은 상전(아돈)에게 속할 것이요 그는 단신으로 나갈 것이로되."
신 10:17 "너희의 하나님 여호와는 신 가운데 신이시며 주(아돈) 가운데 주(아도나이)시요 크고 능하시며 두려우신 하나님이시라 사람을 외모로 보지 아니하시며 뇌물을 받지 아니하시고."

세상에서의 아브라함의 위상을 짐작하게 한다. 이는 스스로 그의 지위가 높아졌다는 것이 아니다. 하나님이 그의 이름을 창대케 하신 것이다.

함의 후손들은 스스로 자신들의 이름을 높이려고 바벨탑을 쌓았다. 하지만 아브라함은 하나님이 인정하고 그 이름을 높여 주신 것이다. 처음 하나님이 그를 부르실 때 하신 약속이 성취된 것이다.[35] 믿음의 연단이 끝난 자는 세상에서도 그 믿음과 인격을 인정받는다. 아니 인정을 넘어서 존경받는 자, 아돈(주)이요, 세상의 지도자가 된다.

둘째로 아브라함의 태도다. 헷 사람들이 묘실 중에 마음에 드는 좋은 것을 택하라고 하자, 그는 그들에게 아주 겸손하게 몸을 굽힌다. '몸을 굽히다'는 단어는 솨하로 '경배하다', '예배하다'란 뜻이다. 아브라함이 이삭을 바치기 위해 산에 오르면서 종들에게 "저기 가서 예배하고(솨하) 돌아오겠다"고 할 때 이 단어를 썼다. 또한 야곱이 에서를 만나 일곱 번 절할 때 썼던 단어다.[36] 그러므로 아브라함이 얼마나 겸손해졌는가 하는 것을 솨하라는 말을 통해서 알 수 있다. 이제 아브라함은 모든 사람을 주께 하듯 섬기는 자가 되었다. 그의 아들 이삭을 바쳐 하나님께 예배하는 것처럼 사람들을 대한다. 아브라함은 진정 겸손하고 온유한 자가 되었다.[37]

셋째로 아브라함은 손해를 볼 줄 아는 자가 되었다. 에그론은 막벨라

---

35 창 12:1-3 "여호와께서 아브람에게 이르시되 너는 너의 고향과 친척과 아버지의 집을 떠나 내가 네게 보여 줄 땅으로 가라 내가 너로 큰 민족을 이루고 네게 복을 주어 네 이름을 창대하게 하리니 너는 복이 될지라 너를 축복하는 자에게는 내가 복을 내리고 너를 저주하는 자에게는 내가 저주하리니 땅의 모든 족속이 너로 말미암아 복을 얻을 것이라 하신지라."

36 창 33:3-4 "자기는 그들 앞에서 나아가되 몸을 일곱 번 땅에 굽히며(솨하) 그의 형 에서에게 가까이 가니 에서가 달려와서 그를 맞이하여 안고 목을 어긋맞추어 그와 입맞추고 서로 우니라."

굴과 그 부속 토지의 값을 은 400세겔이라고 하였다.(창 23:15) 이 액수가 어느 정도의 가치인지 현재의 화폐 가치로 환산하는 것은 불가능하다. 더구나 그 밭과 굴의 규모도 알 수 없다. 하지만 후대에 북 왕국 이스라엘의 수도인 사마리아 성이 된 전체 토지를 오므리가 세멜에게 매입한 말씀이 있다.[38] 그때 한 나라의 수도 전체의 토지를 사고 치른 값이 은 두 달란트, 즉 은 6,000세겔이다. 그것과 비교하면 아브라함은 크게 바가지를 쓴 셈이다. 그러나 아브라함은 아무 소리 하지 않고 당시 상인들이 통용하는 은으로 400세겔을 주고 산다.

손해 볼 줄 모르는 기독교인들을 세상 사람들은 싫어한다. 그리스도의 십자가의 희생을 믿는다고 하는 자들이 정작 자신을 희생할 줄 모른다고 생각하기 때문이다. 10년 전 건축을 할 때, 경제적인 개념이 별로 없는 나는 하나의 원칙을 세웠다. "자재를 구입하거나 인건비를 지급할 때 그들이 요구하는 대로 준다. 적정 가격보다 더 비싸게 불러 교회에 손해를 끼친다면 그 만큼 주님께서 그들에게서 덜어 가실 것이고, 교회 일이라고 조금 덜 받아 가면 주님이 그보다 더 채워 주실 것이다"는 원칙이다. 지금도 그 원칙은 지켜지고 있다.

---

37 빌 2:3 "아무 일에든지 다툼이나 허영으로 하지 말고 오직 겸손한 마음으로 각각 자기보다 남을 낫게 여기고."
엡 6:5-7 "종들아 두려워하고 떨며 성실한 마음으로 육체의 상전에게 순종하기를 그리스도께 하듯 하라 눈가림만 하여 사람을 기쁘게 하는 자처럼 하지 말고 그리스도의 종들처럼 마음으로 하나님의 뜻을 행하고 기쁜 마음으로 섬기기를 주께 하듯 하고 사람들에게 하듯 하지 말라."
주님도 섬김을 받으러 오신 것이 아니라, 섬기러 오셨다고 하셨다. 주님은 자신을 대속물로 내어줌으로 섬김의 본을 보이셨다. "인자가 온 것은 섬김을 받으려 함이 아니라 도리어 섬기려 하고 자기 목숨을 많은 사람의 대속물로 주려 함이니라."(막 10:45)
38 왕상 16:24 "그가 은 두 달란트로 세멜에게서 사마리아 산을 사고 그 산 위에 성읍을 건축하고 그 건축한 성읍 이름을 그 산 주인이었던 세멜의 이름을 따라 사마리아라 일컬었더라."

서문에서 밝혔듯이 건축을 하면서 투덜거리는 기도도 했지만 또 다른 기도 중에 하나는 "하나님 목회자로서 돈 때문에 남에게 아쉬운 소리하지 않게 하옵소서"라는 기도였다. 3천만 원을 가지고 65평의 건물을 짓기 시작했는데 나머지 돈은 하나님이 알아서 주시리라 믿고 시작했다. 건축이 진행되면 성도들도 헌금을 하고, 도움을 주겠다고 약속한 사람들이 돈을 보내 주어 어려움 없이 잘 되리라는 믿음은 시작한지 두 달이 넘어서면서 여지없이 깨지고 말았다.

석 달 동안 헌금이 70만원 밖에 들어오지 않았다. 대신 2천만 원을 대출받아야 했다. 사실 이 2천만 원은 돈이 부족할 것을 대비해서 내 이름으로 천만 원, 친구에게 천만 원을 빌리려고 미리 계획하고 있었던 돈이었다. 이 돈마저 다 떨어지고 나자 더 이상 돈을 구할 때가 없었다. 마음에도 없는 말을 하면서 아쉬운 소리를 하면 돈을 구할 수 있었을 텐데 그렇게 하기는 정말 싫었다. 목회자로서 할 짓이 아니라고 생각했기 때문이다. 축복을 미끼로 성도들에게 헌금을 강요하는 설교는 더더욱 못했다. 그것은 목회자로서 최소한의 양심을 저버리는 일이라 믿었기 때문이다.

그런데 더 이상하게도 아브라함의 침묵을 깨닫고 나서 더 이상 돈을 빌릴 데가 없다고 생각하는 순간부터 헌금이 들어오기 시작한 것이다. 하나님께서 많이도 아니고 필요한 때 필요한 만큼의 돈을 주셨다. 기도한 대로 아쉬운 소리하지 않고 건축을 하게 된 것이다. 건축비를 아끼느라 주변에 있는 건축 자재 공장에 가서 물건을 직접 사오고, 큰 건축 도매상에 가서 한꺼번에 자재를 주문해서 쓰곤 했지만 일꾼들에게 임금을 밀린 적은 한 번도 없었다. 처음 세운 원칙대로 달라는 대로 주었다. 자재 대금도 돈이 없어 주지 못한 적이 한 번도 없었다. 오히려 조금씩이라도 더 주면 주었지 임금을 덜 주거나 늦게 주거나 한 적은 단 한 번도 없었다. 내가 기도한 대로 하나님께서 나를 목회자로 여겨 목회자로서의 체면과 위신을 지키도록 돌보신 것이다. 당시는 힘들고 불만도 많았던 것 같았는데, 돌아보면 하나님께서 알아서 다 하셨음을 고백하지 않을 수 없다.

아쉬운 소리하지 않고 그저 건축에 쓸 것인데 천만 원을 보내 달라는 전화 한 통에 언제 갚을 거냐, 차용증 쓸거냐는 등 말도 없이 선뜻 돈을 입금시켜 준 친구가 있다. 1년이 훨씬 넘도록 일체 이자 이야기도, 언제 갚을 것이냐는 말도 하지 않고 기다려 주어 목회자의 입에서 아쉬운 소리를 하지 않게 해 준 친구, 원주제일감리교회 한대희 장로에게 고맙고, 그렇게 하신 하나님께 감사한다.

손해 볼 줄 아는 아브라함의 모습을 보면서 그때의 생각이 나서 적어 보았다. 아브라함도 나와 같은 경제적 원칙이 있지 않았나 싶다. 손해 보는 줄 뻔히 알면서도 달라는 대로 줄 수 있는 것은 하나님이 이 세상의 주인이라는 믿음 때문이다. 모든 것이 다 주님의 것인데,[39] 내 것이라고 착각하기에 우리는 손해를 보지 못하는 것이다. 그 사람 손에 있어도 주님의 것이요, 내 손에 있어도 주님의 것이다. 믿음이 연단받은 아브라함은 세상에서 겸손한 사람이 되었고, 손해를 볼 줄 아는 사람이 되었다. 믿음이 연단받으면 엄청난 사람이 되는 줄 아는 것은 착각이다.

39 시 89:11 "하늘이 주의 것이요 땅도 주의 것이라 세계와 그 중에 충만한 것을 주께서 건설하셨나이다."

사소한 것에 목숨 걸지 마라

1부에서 보았듯이 아담이 죄를 범한 이후 인간에게는 경제적인 문제가 생겨났다. 경제적인 문제는 곧 삶의 문제다. 이를 어떻게 해결할 것인가 하는 데서 삶의 방식이 나온다. 이 삶의 유형의 차이로 두 부류의 인간들이 생겨났다. 가인과 함으로 대표되는 세상 사람들은 도성 문화를 구축하고 전쟁과 권력으로 사람들을 지배하고 착취함으로 경제문제를 해결한다. 이에 반해 아담과 셋의 후손들은 하나님 중심으로 살아가는 사람들이다. 비록 힘은 없지만 하나님을 의지하고 그의 능력을 믿고 살아가는 의인들이 세상 사람들에 대해 결국 승리한다는 교훈이 아브라함의 이야기다.

하지만 아브라함이 처음부터 그런 것은 아니다. 그도 하나님의 연단을 받아 성숙한 자가 되기까지 40년이 걸렸다. 그가 하나님으로부터 의롭다고 인정받고 나서도 그는 여전히 실수하는 사람이었다. 하나님 앞에서 침묵하는 믿음을 가진 다음에도 아비멜렉에게 수모를 당하였다. 그가 진정으로 성숙한 자가 되어 하나님의 명령에 온전히 순종하여 믿음으로 아들을 바칠 수 있게 될 때까지, 모든 사람을 하나님께 예배하듯 대할 수 있을 때까지 무려 40년 이상이 걸렸다.[40]

세상을 통한 연단은 경제적인 문제의 연단이기에 가장 어렵다고 생각할 수 있겠지만 사실은 가장 쉬운 연단이다. 세상의 문제에 대해 주님

---

40 이삭을 바칠 때, 이삭의 나이가 15살라고 한다면 그때 아브라함의 나이는 115살이고, 약속을 믿고 떠난 지 40년만이다. 또한 사라가 죽을 때의 나이가 127살이므로 그때 아브라함의 나이는 137살이었다. 약속을 믿고 떠난 지 62년만이다. 아브라함은 약속을 믿고 떠난 지, 꼭 100년이 되는 해, 175살의 나이로 죽는다.

은 이렇게 말씀하셨다.[41] "그러므로 염려하여 이르기를 무엇을 먹을까 무엇을 마실까 무엇을 입을까 하지 말라 이는 다 이방인들이 구하는 것이라 너희 하늘 아버지께서 이 모든 것이 너희에게 있어야 할 줄을 아시느니라 그런즉 너희는 먼저 그의 나라와 그의 의를 구하라 그리하면 이 모든 것을 너희에게 더하시리라."(마 6:31-33)

먹고 마시는 것, 입는 것들은 다 경제적인 문제들이다. 주님은 이 경제적인 문제들에 대해 염려하지 말라고 하신다. 그 나라와 그 의를 구하면 이 모든 것들은 그냥 주어지는 것들이며, 저절로 해결되는 문제들이라고 하셨다. 따라서 경제적인 문제는 아주 중요한 문제라고 생각하지만 사실은 사소한 문제들이다. 저절로 해결되는 문제가 어찌 중요한 문제가 되겠는가? 해결이 어렵거나 되지 않을 때 그것이 문제지, 그냥 해결되는 것들은 문제가 아니다.

처음 치악산에 들어온 2005년 때의 일이다. 6월 말에 카페를 구입하고는 대충 교회로 꾸몄다. 8월 마지막 주에 입당예배를 드렸다. 카페에는 에어컨이 두 대가 있었다. 입당예배를 드리기 전에 에어컨을 시험 가

---

41 마 6:25-33 "그러므로 내가 너희에게 이르노니 목숨을 위하여 무엇을 먹을까 무엇을 마실까 몸을 위하여 무엇을 입을까 염려하지 말라 목숨이 음식보다 중하지 아니하며 몸이 의복보다 중하지 아니하냐 공중의 새를 보라 심지도 않고 거두지도 않고 창고에 모아들이지도 아니하되 너희 하늘 아버지께서 기르시나니 너희는 이것들보다 귀하지 아니하냐 너희 중에 누가 염려함으로 그 키를 한 자라도 더할 수 있겠느냐 또 너희가 어찌 의복을 위하여 염려하느냐 들의 백합화가 어떻게 자라는가 생각하여 보라 수고도 아니하고 길쌈도 아니하느니라 그러나 내가 너희에게 말하노니 솔로몬의 모든 영광으로도 입은 것이 이 꽃 하나만 같지 못하였느니라 오늘 있다가 내일 아궁이에 던져지는 들풀도 하나님이 이렇게 입히시거든 하물며 너희일까보냐 믿음이 작은 자들아 그러므로 염려하여 이르기를 무엇을 먹을까 무엇을 마실까 무엇을 입을까 하지 말라 이는 다 이방인들이 구하는 것이라 너희 하늘 아버지께서 이 모든 것이 너희에게 있어야 할 줄을 아시느니라 그런즉 너희는 먼저 그의 나라와 그의 의를 구하라 그리하면 이 모든 것을 너희에게 더하시리라."

동해 보았는데 용량이 부족했다. 에어컨을 살 돈도 없고 어찌할 방법이 없었다. 다음날 아침 청년부 수련회를 인도하러 갔다.

수련회 둘째 날 아침에 사람들이 와서 에어컨을 설치한다고 집에서 전화가 왔다. 혹시 에어컨을 주문했냐고 아내가 물었다. 나는 주문한 적이 없기에 뭐가 잘못되었으니 확인해 보라고 했다. 여러 차례 확인한 결과 그 에어컨은 경품에 당첨된 것이었다. 나는 경품에 응모한 적이 없기에 혹시 그 당시에 유행하던 경품 사기가 아닌지 의심이 되어 설치를 중단하라고 했다. 한참 이리저리 확인해 본 결과, 진짜로 경품에 당첨된 것이었다. 한 달 전에 한 인터넷 서점을 통해 책을 구입한 것이 있는데, 그 책에 에어컨이 경품으로 올라 있었다. 책을 구입하면 자동으로 응모가 되는 것인데, 나는 그것을 전혀 몰랐다. 내가 1등으로 당첨되었던 것이다.

그 책 제목은 『사소한 것에 목숨 걸지 마라』다. 사실 이 책을 사려고 해서 산 것은 아니다. 그 인터넷 서점은 구입가가 2만 원 이상이 되어야지만 배송료가 면제되는 곳이었다. 그때 책을 두 권을 샀는데, 책값이 2만 원에서 조금 모자랐다. 배송료를 주느니 책 한 권을 더 사려고 이리저리 찾다가 정가의 50% 할인해 주는 특가도서코너에 들어갔다. 거기서 재미있는 책을 발견했는데, 그 책이 『사소한 것에 목숨 걸지 마라』다. 그 당시 아들이 중학생인지라 한창 사춘기여서 굉장히 예민해져 있었다. 별것도 아닌 사소한 일에 자꾸만 신경질을 내어 아들 주려고 샀다.

에어컨을 제단 앞쪽 피아노 옆에 설치했다. 나는 그 에어컨을 볼 때마다 사소한 것에 목숨 걸지 말자고 스스로 되새긴다. 내가 주님의 명령에 순종하고 이 산으로 들어왔다. 교인도 없으니 여기서 분명히 경제적인 문제들이 생겨날 것이다. 그때마다 사소한 것에 신경 쓰지 말고 오로지 주님만 의지하고 살라고 주님이 내게 주신 것이다. 나는 사소한 것들에 거의 신경을 쓰지 않는다. 그래서 두통이란 것을 모르고 산다. 오직 주님만을 믿기에 사소한 일이 생기더라도 그 문제들 앞에서 침묵하며 산다.

아브라함도 처음에는 사소한 일에 신경 쓰며 살았었다. 하지만 그가 침묵하는 믿음으로 성숙해졌다. 크게 바가지를 쓰고도 아랑곳하지 않을 정도로 믿음의 의연함을 가지고 살았다. 세상을 통해 연단된 사람은 사소한 것에 목숨 걸지 않고 오직 주님께만 목숨 걸고 주님만을 의지하며 살아간다.

세상을 통한 연단의 끝

이 세상에서 우리는 연단을 받는다. 세상이 우리를 위협하기도 하고, 때로는 세상에 져서 실패자가 되기도 한다. 세상에 끌려다니며 고생도 하고 좌절 속에 하나님을 원망하기도 한다. 어떤 때는 하나님의 도우심으로 승리의 기쁨을 맛보기도 하고, 이것이구나 하는 확신을 경험하기도 한다. 또한 승리의 환호성이 채 끝나기도 전에 호된 시련을 겪기도 한다. 어떤 때 승리하며 어떤 때 패배하는가?

우리는 흔히 하나님이 나와 함께하시면 승리하고 함께하지 않으시면 패배한다고 생각하기 쉽다. 그러나 그렇지 않다. 하나님은 항상 우리와 함께하신다. 한 번도 하나님은 우리를 배반하거나 우리를 떠나신 적이 없다. 다만 실패하거나 좌절과 시련 속에 있을 때 하나님이 멀리 계신 것처럼 우리가 느꼈을 뿐이다. 하나님은 우리와 더 이상 가까이 계실 수 없어 아예 우리와 함께, 우리 가운데 계신다. 그렇다면 우리의 시련과 고난은 어떻게 된 것일까? 하나님이 우리와 함께 계신다면서 왜 우리에게 고난을 주시는 것일까? 고난은 연단의 과정일 뿐이다. 연단은 소망을 이룬다. 그러기에 연단은 인내를 필요로 한다.[42]

우리도 아브라함처럼 이 세상에서 연단을 받는다. 그 연단은 고난을 통해 오지만 하나님의 도우심으로 결국은 승리할 것이다. 세상에서의 연단의 끝은 연단을 통해 내가 변하고, 내가 변하면 세상이 변한다는 것이다. 이전까지는 고난이 두려워 세상과 연합하기도 하고, 세상에 끌려 다니기도 하고, 세상에 수모도 당하기도 하였지만 연단이 끝나면 이제는 세상이 나에게로 끌려오고, 세상이 나를 인정하고, 나를 두려워하게 된다. 이전에는 세상이 나의 삶을 주도했지만 이제는 내 삶의 주인인 하나님과 더불어 내가 이 세상의 주인이 된다.

내가 주님과 더불어 세상의 주인이 된다는 것은 세상을 지배하고 억압하는 가인의 후손과 같은 사람이 되는 것은 아니다. 오히려 세상을 섬기는 사람이 된다. 예배하듯 마므레 사람들 앞에서 머리를 숙인 아브라함처럼 모든 사람들을 주님 섬기듯 내 몸처럼 사랑하게 되는 것이다. 그것이 마음의 움직임 없이 행하는 겸손이다. 믿음으로 기꺼이 손해를 볼 줄 아는 사람이 되는 것이다.

---

42 롬 5:3-4 "다만 이뿐 아니라 우리가 환난 중에도 즐거워하나니 이는 환난은 인내를, 인내는 연단을, 연단은 소망을 이루는 줄 앎이로다."

2. 아브라함의 근심

앞에서 나는 세상을 통한 연단은 사소한 것이라고 했다. 사소한 것에 목숨 걸지 않고 오직 목자 되신 주님만 믿고 나가면 주께서 모든 것을 알아서 해결해 주신다. 그러므로 경제적인 것이나 세상적인 것들은 목숨 걸 만큼 중요한 것이 될 수 없다. 이것보다 더 신경 쓰이는 연단이 있다. 그것은 감정의 연단이다. 감정의 문제는 돈으로 해결 안 된다. 세상 권력으로도 어찌할 수 없는 것이 감정의 문제다. 돈이나 세상적인 것들은 눈에 보이지만 감정과 그로 인한 마음의 갈등은 눈에 보이지 않는다. 보이지 않는 적이 더 무서운 법이다.

우리가 살면서 느끼는 감정의 문제 중 우리에게 가장 많은 상처를 주는 사람이 누구라 생각하는가? 직장 상사, 동료, 이웃, 이해관계에 있는 사람, 성도나 목회자, 가족들, 이 중에 가장 많은 스트레스를 주는 사람은 가족이다. 직장에서 받은 스트레스는 직장을 옮기면 되고, 이웃은 이사 가면 되고, 이해관계에 있는 사람은 그 관계를 청산하면 된다. 성도나 목회자도 교회를 옮기면 된다. 물론 다 해결되는 것은 아니지만 그래도 안 보면 어느 정도 시간이 지나 진정된다.

그러나 가족은 다르다. 아들이 속 썩인다고 안 볼 수도 없는 노릇이고, 형제끼리 갈등이 있다고 호적을 옮길 수도 없다. 자녀들이 경제적으로 큰 손해를 입히더라도 민법 상 손해배상 청구도 할 수 없다. 그저 속만 상할 뿐이다. 가족의 문제는 돈으로도 권력으로도 해결 안 된다. 그러기에 가족들로부터 받는 스트레스가 가장 크다.[43]

아브라함의 믿음이 연단되어 가는 과정에서 감정의 연단이 중요한가

하면 감정의 문제가 정리되지 않으면 영적으로 깊이 들어갈 수 없기 때문이다. 믿음의 세계에 있어서 감정의 문제는 매우 중요하다. 미움이나 시기, 열등감 등의 감정적 문제를 가진 채 하나님의 깊은 곳에 들어간다는 것은 불가능하다. 미움이 있는 채 어찌 사랑의 하나님께 나갈 수 있는가? 하나님의 자녀가 어찌 열등감을 가지고 자녀의 특권을 의연하고 자신 있게 사용할 수 있겠는가? 분노의 감정을 가지고는 하나님의 평온함에 들어갈 수도 없으며, 그것을 누릴 수도 없다.

성서에는 아브라함의 감정에 대해 구체적으로 표현하지 않는다. 단지 상황으로 미루어 짐작할 수 있을 뿐이다. 그러나 아브라함의 속상함과 그로 인해 받는 스트레스에 대해 하나님이 위로하시고, 그 모든 스트레스를 해결해 주시는 것을 통해 우리는 아브라함의 감정도 연단되었음을 알 수 있다. 여기서는 아브라함의 가정의 문제, 즉 롯과의 문제, 하갈과 이스마엘을 내보내는 과정, 그리고 이삭의 출생을 통하여 그의 감정이 어떻게 연단되었는지를 추적해 볼 것이다.

1) 롯

롯은 아브라함의 동생 하란의 아들이다. 하란은 아들 롯과 두 딸 밀가와 이스가를 낳았다. 아브라함이 하란을 떠날 때, 롯을 데리고 갔다.

---

43 미국의 토머스 홈즈 박사가 제시한 스트레스 지수를 보면 이를 분명히 알 수 있다. 스트레스 지수 중 가장 높은 것이 배우자의 사별로 스트레스 지수가 100이다. 이혼은 70, 부부 싸움은 40, 별거는 60, 친한 친척의 사망은 60, 아이가 커서 집을 나가 독립하는 경우는 30이다. 이에 반해 집을 신축하거나 이사하는 경우는 20, 상사와의 마찰은 20, 경제적인 문제는 40, 고액의 부채는 30, 승진은 30 등이다. 이를 보건대 가족 간에 가장 많은 스트레스를 받는다는 것을 알 수 있다.

밀가는 아브라함의 동생, 나홀과 결혼을 하여 아들을 여덟 낳았다.[44] 후에 밀가의 손녀인 리브가는 이삭의 부인이 된다. 이 당시에는 근친혼이 인정되는 시기라 오늘날의 시각으로 보아서는 안 된다. 롯은 아브라함이 하란을 떠나 믿음의 순례 길을 떠날 때, 함께 떠난다.

롯은 아브라함과 매우 밀접하게 연결되어 있다. 롯은 아브라함의 아들과 다를 바 없다. 롯이 아브라함의 곁을 떠나 소돔으로 떠날 때, 전쟁으로 소돔에서 살던 롯이 사로잡혀 갔다는 이야기를 들었을 때, 소돔이 멸망되었을 때, 아브라함은 남다른 감정을 가졌을 것이다. 때로는 서운하기도 하고, 때로는 안타깝기도 하고, 허전하기도 한 감정이었을 것이다. 그 감정들의 변화와 이를 하나님과의 관계에서 어떻게 처리해 나가는지를 살펴보자.

롯의 분가

이집트에서 나온 아브라함은 예전에 갔던 길을 다시 거슬러 올라와 전에 장막을 쳤던 벧엘과 아이 사이에 머물게 된다.(창 13:3) 하나님의 도우심으로 이집트에서 나올 때에 큰 부자가 되었다. 아브라함만 부자가 된 것이 아니라, 조카 롯도 큰 부자가 되었다. 롯이 큰 부자가 되었다는 말은 아브라함이 롯을 잘 돌보았다는 뜻이다. 이는 라반이 야곱을 부려

44 창 22:20-24 "이 일 후에 어떤 사람이 아브라함에게 알리어 이르기를 밀가가 당신의 형제 나홀에게 자녀를 낳았다 하였더라 그의 맏아들은 우스요 우스의 형제는 부스와 아람의 아버지 그므엘과 게셋과 하소와 빌다스와 이들랍과 브두엘이라 이 여덟 사람은 아브라함의 형제 나홀의 아내 밀가의 소생이며 브두엘은 리브가를 낳았고 나홀의 첩 르우마라 하는 자도 데바와 가함과 다하스와 마아가를 낳았더라."

먹기만 하고 제대로 돌보지 않은 것과 비교된다.[45] 그들의 소유가 많아서 함께 살기에는 그 장소가 너무 좁았다.(창 13:5-6) 급기야 롯의 가축을 돌보는 목자와 아브라함의 목자들이 서로 다투는 일까지 벌어졌다.

아브라함이 롯을 불러 우리가 서로 골육인데 다투어서야 되겠느냐 하면서 분가를 제안한다. 분가를 제안하는 이유는 무엇일까? 단지 경제적인 이유 때문일까? 그것은 아니다. 성서를 보자. "그러므로 아브람의 가축의 목자와 롯의 가축의 목자가 서로 다투고 또 가나안 사람과 브리스 사람도 그 땅에 거주하였는지라 아브람이 롯에게 이르되 우리는 한 친족이라 나나 너나 내 목자나 네 목자나 서로 다투게 하지 말자."(창 13:7-8)

분가를 제안하는 아브라함의 본뜻을 이 말씀에서 두 가지로 찾을 수 있다. 첫째는 한 친족(골육)이기 때문이다. 둘째는 그 땅에 가나안 사람들과 브리스 사람들도 함께 거주하고 있었기 때문이다. 이를 오늘날처럼 설명하자면 하나님을 믿는 사람들이 남들 보는 앞에서 서로 싸우지 말자. 우리는 한 골육, 삼촌과 조카 사이인데, 세상 사람들 보는 앞에서 서로 다투면 되겠느냐? 다투느니 차라리 따로 떨어져 사는 것이 어떻겠느냐는 말이다. 그리고 그는 땅을 선택할 우선권을 롯에게 양보를 한다.

---

45 창 31:38-42 "내가 이 이십 년을 외삼촌과 함께 하였거니와 외삼촌의 암양들이나 암염소들이 낙태하지 아니하였고 또 외삼촌의 양 떼의 숫양을 내가 먹지 아니하였으며 물려 찢긴 것은 내가 외삼촌에게로 가져가지 아니하고 낮에 도둑을 맞았든지 밤에 도둑을 맞았든지 외삼촌이 그것을 내 손에서 찾았으므로 내가 스스로 그것을 보충하였으며 내가 이와 같이 낮에는 더위와 밤에는 추위를 무릅쓰고 눈 붙일 겨를도 없이 지냈나이다 내가 외삼촌의 집에 있는 이 이십 년 동안 외삼촌의 두 딸을 위하여 십사 년, 외삼촌의 양 떼를 위하여 육 년을 외삼촌에게 봉사하였거니와 외삼촌께서 내 품삯을 열 번이나 바꾸셨으며 우리 아버지의 하나님, 아브라함의 하나님 곧 이삭이 경외하는 이가 나와 함께 계시지 아니하셨더라면 외삼촌께서 이제 나를 빈손으로 돌려보내셨으리이다마는 하나님이 내 고난과 내 손의 수고를 보시고 어제 밤에 외삼촌을 책망하셨나이다."

롯이 물이 넉넉한 소돔과 고모라 성이 있는 요단 들녘을 선택하자 아브라함은 자신의 거처를 유다 광야에 있는 헤브론 땅으로 옮긴다.(13:18)

여기서 아브라함이 상처를 받았음은 분명하다. 아브라함은 롯의 친권자 역할을 담당하며 이제까지 그를 돌보아 왔다. 땅을 선택할 때 아브라함은 자신이 먼저 선택을 하여도 조카인 롯은 할 말이 없었을 것이다. 왜냐하면 이제까지 돌보아 준 큰아버지가 먼저 선택을 하였다고 해서 불평할 처지도 아니었기 때문이다. 그럼에도 아브라함은 선택권을 롯에게 준다. 그가 롯에게 우선권을 주었을 때 롯이 다시 양보하지 않고 냉큼 좋은 땅을 차지한 것에 대한 서운함이 있었을 것이다. 우리는 여기서 몇 가지 사실에 대해 관심을 가져야 한다.

첫째로 아브라함의 성격이 변했다는 사실을 눈치채야 한다. 성서에는 아브라함의 성격에 대한 묘사가 나오지 않는다. 하지만 그가 이집트에서 자신의 아내를 누이라고 속이는 과정을 보건대 위험 앞에서 부부관계까지 파기할 정도로 몸을 도사리는 어느 정도 소심한 성격의 소유자인 것 같아 보인다. 하지만 롯과의 분가에서 나타난 그의 성격은 온화하고 자애로우며, 작은 이익에 마음을 두지 않는 대범한 성격의 소유자로 나타난다. 그의 성격이 하루아침에 바뀐 것일까? 바뀌었다면 어떤 연유에서 그렇게 바뀌었을까?

맞다. 그의 성격이 바뀌었다. 이집트에서의 체험이 그의 성격까지 바꾸어 놓았다. 아브라함은 이집트에서 돌보시는 하나님의 은혜와 사랑을 체험했다. 무능력한 자신을 지키시는 하나님의 능력을 체험했다. 자신은 실패했지만 오히려 축복으로 바꾸어 주시는 하나님의 복 주심을 체험했다. 그러므로 그는 담대할 수 있었다. 자신이 무엇을 선택하느냐가 중요한 것이 아니라 하나님이 함께하시냐가 중요하다는 사실을 체험했기에 자신이 어느 곳으로 가는가 하는 것은 중요하지 않았다. 그러기에 선택권을 양보할 수 있었던 것이다. 이집트에서의 자신의 조급함이 실패를 가져왔다는 사실을 체험했기에 그는 너그러운 마음으로 여유 있게 처신할 수 있었다. 이집트에서의 체험이 그를 이렇게 변화시켜 놓았다.

둘째로 아브라함이 참았어야 했다. 그가 비록 이집트 체험을 통해 담대해지기는 했지만 여전히 조급한 성격을 가지고 있음을 보게 된다. 그는 분가를 제안할 것이 아니라, 다른 방법을 찾았어야 했다. 비록 세상 사람들 보기에 창피하더라도 집안 문제는 집안 식구끼리 해결해야 했다. 그런데도 아브라함은 편협하고 조급한 마음에 그만 분가를 제안하고 또 그렇게 롯을 떠나보냈다. 만에 하나 롯이 떠난다 하더라도 그를 말렸어야 했다.

분가의 결과를 보자. 롯은 소돔과 고모라가 있는 요단 들녘으로 떠났다. 현실적으로는 에덴과 같은 곳이지만 하나님 보시기에 심히 악한 곳이었다. 그렇다면 더더구나 말렸어야 했다. 나중에 롯이 어떻게 되었는가? 비록 소돔에서 구출되기는 했지만 모든 것을 다 잃고 말았지 않았는가? 이는 아브라함이 여전히 이기적인 성격, 자신과 맞지 않을 때, 참지 못하는 조급한 성격을 가지고 있었음을 알게 된다. 그런 성격이 나중에 모든 사람들을 마치 하나님께 예배하듯 대하는 겸손한 심성으로 바뀔 때까지 연단받은 것이다.

셋째로 롯도 참았어야 했다. 아브라함은 이제까지 큰 부자가 되도록 자신을 잘 돌봐준 큰아버지가 아닌가? 그렇다면 목자들 사이에 다툼이 있었을 때, 아브라함에게 사과하고 재발 방지를 위해 노력했어야 했다. 어쨌거나 롯은 아브라함을 떠나지 말았어야 했다. 아브라함은 의인의 계보를 계승하여 장차 큰 민족을 이룰 약속을 믿고 떠난 자가 아닌가?

하나님께서 보증하신 복 그 자체이지 않은가? 소돔 땅이 제 아무리 에덴과 같이 풍성한 곳이라 할지라도 복을 떠나서는 복을 받을 수 없다.

롯은 아브라함을 떠나 혼자서도 잘 살 수 있으리라고 생각했을 것이다. 그러나 그것은 롯의 착각이다. 롯이 소돔에서 겪은 일은 전쟁과 멸망이었다. 롯이 소돔 사람들에게 인정받고 존경받는 사람이 된 것도 아니다. 창세기 19장에 보면 소돔 성을 멸망시키기 위해 찾아온 두 천사를 집으로 모셔 들인다. 그러나 소돔 사람들이 밤에 찾아와 이들을 내놓으라고 하자, 롯은 아직 처녀인 자신의 두 딸을 내어줄 테니 이 사람들을 해하지 말라고 간청한다. 하지만 사람들은 밀치고 문을 부수어 천사들을 잡으려 하였다. 물론 이 위기를 천사들의 능력으로 모면하기는 했지만 소돔에서의 롯의 위상이 어떠한지를 잘 알게 하는 대목이다. 자신의 딸들을 내어 주겠다고 하며 그들에게 간청해도 그들이 듣지 않을 정도로 롯은 영향력이 전혀 없었다. 결국 잘 살아 보려고 아브라함을 떠났지만 그는 여러모로 비참하고도 비굴하게 빌붙어 살았던 것이다.

우리는 롯이 분가하는 과정을 보면서 진한 아쉬움을 떨쳐 버릴 수 없다. 서로가 참았어야 했다. 떠나는 롯을 말렸어야 했다. 서로 상생할 수 있는 방법을 시간을 두고 찾았어야만 했다. 그러나 그들은 그러지 못했다. 서로가 인격적으로나 감정적으로 성숙하지 못했기 때문이다. 기다리지 못하는 성급함, 사과할 줄 모르는 쓸데없는 자존심, 자신과 맞지 않을 때 그 꼴을 보지 못하고 쉽게 결판 내버리는 조급함, 손해 보았을 때의 서운함으로 인해 일을 그르치는 그 아브라함과 롯이 바로 우리의 모습이다.

그럼에도 불구하고 하나님은 아브라함에게 나타나 그를 위로하신다. 그의 조급함과 서운함을 책망하는 대신 멀리 보라고 하셨다. "너는 눈을 들어 너 있는 곳에서 동서남북을 바라보라 보이는 땅을 내가 너와 네 자손에게 주리니 영원히 이르리라 내가 네 자손으로 땅의 티끌 같게 하리니 사람이 땅의 티끌을 능히 셀 수 있을진대 네 자손도 세리라 너는 일어나 그 땅을 종과 횡으로 행하여 보라 내가 그것을 네게 주리라."

롯이 물이 풍부하고 아름다운 땅을 차지한 것 같지만 아브라함에게는 하나님이 함께하셨다. 그 하나님이 그와 그의 자손에게 보이는 모든 땅을 주시겠다고 거듭 약속하신다. 분명한 것은 우리의 선택이 아니라 하나님의 축복이 중요한 것이다. 롯이 좋은 땅을 차지한 것에 대한 서운함을 하나님은 축복으로 위로하고 계신다.

그런데 아브라함이 롯이 떠난 후, 하나님의 위로와 축복을 재확인하고는 그곳에서 떠나 헤브론으로 간다. 왜 아브라함도 그곳을 떠났을까? 롯이 떠났기에 아브라함 혼자서 충분히 살 수 있을 텐데 아브라함은 떠났다. 그것은 아마도 아브라함이 자신의 실수를 깨닫고 그곳에 차마 머물 수 없었으리라고 추측할 수 있다. 끝까지 함께했어야 했는데, 떠나지 못하도록 말렸어야 했는데 그러지 못한 자신이 싫어졌을 수도 있다. 하나님의 위로는 있었지만 후회가 되는 것은 어쩔 수 없었나보다. 이는 아브라함이 상처를 믿음으로 온전히 승화시킬 정도로 성숙하지 못했다는 것을 반증하는 것이다.

롯과 소돔의 멸망

아브라함을 뒤로하고 롯은 동쪽 요단 들녘으로 장막을 옮긴다. 우리는 여기서 동쪽이란 말에 관심을 가져야 한다. 에덴동산이 창설된 이후 사람들은 죄를 지을수록 일관되게 동쪽으로 향해 나간다.[46] 아담도 에덴에서 쫓겨난 후 동쪽으로 갔다.[47] 가인도 아벨을 죽인 후, 에덴 동쪽 놋 땅에서 살았다.[48] 홍수 이후 함의 자손들이 동쪽으로 이주하다가 시날 평지를 만나 바벨탑과 성을 쌓았다.[49] 이제 롯이 동쪽으로 떠나간다.[50] 예루살렘에서 동쪽은 바빌로니아와 페르시아와 같은 제국이 번영한 지역이다.

죄인들은 자꾸만 동쪽으로 나아간다. 죄를 많이 지을수록 동쪽으로 간다. 에덴으로부터 점점 더 멀어져만 간다. 그러나 아브라함의 여정을 보면 그와 반대다. 아브라함이 하란을 떠나 가나안 땅으로 들어오는 방향은 서쪽이다. 사람들은 죄를 지을수록 에덴으로부터 점점 더 멀어져 동쪽으로 동쪽으로 가지만 아브라함은 서쪽으로 에덴 가까운 곳으로 나아간다.

이후 롯은 아브라함에게 돌아갈 기회가 최소한 두 차례 이상 있었다. 그런데도 돌아가지 않았다. 첫 번째는 창세기 14장의 전쟁에서 포로로 잡힌 롯을 아브라함이 구해준 때다. 이때 둘 사이의 만남에 대해 성서는 말하고 있지는 않지만 분명히 만났을 것이다. 롯이 아브라함을 따라가

46 창 2:8 "여호와 하나님이 동방의 에덴에 동산을 창설하시고 그 지으신 사람을 거기 두시니라."

47 창 3:24 "이같이 하나님이 그 사람을 쫓아내시고 에덴동산 동쪽에 그룹들과 두루 도는 불 칼을 두어 생명 나무의 길을 지키게 하시니라."
에덴동산 동쪽에 그룹들과 불 칼을 두어 지키게 하셨다는 것은 아담이 에덴 동쪽으로 갔다는 것을 말한다.

48 창 4:16 "가인이 여호와 앞을 떠나서 에덴 동쪽 놋 땅에 거주하더니."

49 창 11:2-4 "이에 그들이 동방으로 옮기다가 시날 평지를 만나 거기 거류하며 서로 말하되 자, 벽돌을 만들어 견고히 굽자 하고 이에 벽돌로 돌을 대신하며 역청으로 진흙을 대신하고 또 말하되 자, 성읍과 탑을 건설하여 그 탑 꼭대기를 하늘에 닿게 하여 우리 이름을 내고 온 지면에 흩어짐을 면하자 하였더니."

50 창 13:11 "그러므로 롯이 요단 온 지역을 택하고 동으로 옮기니 그들이 서로 떠난지라."

겠다고 했다면 당시 전쟁의 승자인 아브라함이 그렇게 하고도 남았을 것이다. 롯을 죄악이 관영한 소돔에 그대로 머물게 했을 리 없었을 것이다. 그런데 롯은 다시 만난 아브라함을 따라가지 않았다.

두 번째는 롯이 소돔에 어떻게 살았는가 하는 것을 보면 롯은 더 늦기 전에 아브라함에게로 돌아갔어야만 했다. 창세기 19장에는 멸망 전야의 소돔의 상황이 나온다. 롯이 저녁 때 성문에 앉았다가 두 천사를 보고 자기 집으로 간청하여 모시고 들어간다. 밤이 되자 소돔 사람들이 롯의 집으로 몰려와 두 천사를 내놓으라고 소동을 피운다. 이유는 그들과 상관하겠다는 것이다.(창 19:5) 상관하리라는 말로 야다라는 단어를 썼다. 이 단어는 아담이 하와와 동침하여(야다) 가인을 낳았을 때 쓴 말이다. 즉, 소돔 사람들은 두 천사를 이끌어 내어 집단 성폭행을 하겠다는 말이다.

그때 롯이 "형제들아, 이런 악을 행하지 말라"고 간청한다. 너희가 원하는 것이 성폭행이라면 남자를 가까이 하지 않은 내 두 딸을 내어줄 테니 너희 마음대로 하라고 말한다. 하지만 돌아오는 대답은 냉혹하기만 하다. 그들은 "너는 물러서라. 이 이방인을 들어와서 살게 했더니 이제는 이놈이 우리 법관 노릇을 하려고 드는구나. 그들보다 네가 먼저 혼이 나야겠다" 하고 계속 롯을 밀어붙이며 달려들어 문을 부수려고 하였다.(창 19:9, 현대인의 성경) 롯은 그들에게 철저히 소외된 이방인이었다. 그들에게 인정을 받기는커녕 멸시와 억압을 받는 나그네에 불과했다. 그렇게 비굴하게 사느니, 그는 아브라함에게 돌아갔어야 했다.

세 번째는 소돔 성이 멸망당한 뒤 모든 것을 잃은 롯은 두 딸을 데리고 산으로 들어가 작은 굴에 거하는 신세가 된다. 그때라도 롯은 아브라함을 찾아갔어야 했다. 주님께서 말씀하신 탕자의 비유가 생각난다. 탕자는 모든 것을 다 탕진한 후에 아버지 집으로 돌아갔다. 아들이 아니라, 품꾼이 되더라도 좋다는 마음으로 돌아간다. 하지만 롯은 그러지 않았다.

기회가 없었던 것도 아닌데 롯은 돌아가지 않았다. 왜 그랬을까? 내가 사는 곳은 경치도 좋고, 공기도, 물도 좋다. 여름에 시원하여 에어컨은 일 년에 한두 번 튼다. 열대야도 없다. 아무리 더운 날이라 할지라도 해가 지면 산에서 찬바람이 불어와 시원하다. 교회 뒤로는 민가도 없고, 국립공원 치악산으로 연결되어 있다. 길에서 좀 떨어져 있어 참 조용하다. 애써 심어 놓은 고구마나 옥수수를 고라니와 멧돼지가 먹어 버려 거둘 것이 없어질 때가 있어 그게 조금 서운하긴 하다. 하지만 내가 언제 멧돼지를 대접한 적이 있었던가? 이렇게 해서라도 대접 한 번 잘했으면 된 거지.

사람들이 이곳에 올라오면 이구동성으로 참 좋겠다고 말한다. 자기도 기회가 되면 이런 곳에서 꼭 한 번쯤 살아 보고 싶다고 말한다. 그런데 7년 동안 나처럼 산으로 들어와 사는 사람을 본 적이 없다. 호젓하고 한가로운 산이 좋긴 하지만 정작 산으로 들어오지 못하는 나름대로의 이유가 있다.

젊은 사람들은 직장, 자녀 교육, 도시가 주는 편리함 등이 그 이유일 것이고, 나이 든 사람들은 병원에 자주 가야 하는데 여의치 않은 불편함, 친한 사람들과의 단절, 여러모로 불편한 산속 생활 등이 그 이유일 것이다. 롯도 마찬가지다. 도시가 주는 안락함과 편리성, 경제적인 문제와 두 딸의 장래, 도시의 풍요로움 등이 그로 하여금 떠나지 못하게 했을 것이다.

떠날 때는 남겨진 것들에 대한 미련까지 버려야 한다. 그렇지 않으면 롯의 아내처럼 뒤를 돌아보다 소금기둥이 되고 만다. 아브라함은 도시가 주는 장점들을 버리고 떠났다. 그의 아버지나 친척들, 자신의 업적 등을 버리고 도시인 하란을 떠났다. 하지만 롯은 도시가 주는 장점들을 버리지 못하고 멸망당할 때까지 소돔에 그대로 살았다.

그런 롯의 처지를 아브라함은 알고 있었을 것이다. 그는 이집트에서 도성 문화의 폭력성과 잔인함을 경험했다. 소돔 성으로 들어간 롯이 어떻게 살 것인가 하는 것은 불 보듯 뻔한 일이다. 세상이 주는 맛을 버리지 못하고 떠나지 못하는 롯을 생각할 때마다 안타깝고 속상했을 것이다. 롯을 떠나도록 빌미를 제공한 자신의 말과 행동을 후회했을 것이다. 그런 아브라함의 마음을 엿볼 수 있는 것이 소돔을 위해 여섯 번이나 간구하는 대목이다.(창 18:22-32) 그리고 멸망당한 소돔과 고모라에서 올라오는 연기를 바라보았다는 대목이다.(창 19:28)

앞서 소돔과 고모라를 위한 여섯 번의 중보기도의 주제는 악인의 죄 때문에 의인과 악인을 함께 멸할 수 없다는 것이라고 했다. 하지만 그토록 집요하게 간구하는 아브라함의 마음 한 구석에는 분명 롯이 자리하고 있었다. 그리고 소돔의 멸망을 바라보는 그의 눈에는 롯과 그의 가족이 있었고, 그의 마음에는 이제까지 살아오면서 롯과 함께했던 순간들이 펼쳐지고 있었을 것이다.

그런데 한 가지 의문 나는 것이 있다. 그럼에도 왜 아브라함은 롯을 찾지 않았을까? 종들을 보내서라도 롯을 권고하지 않았을까? 더욱이 왜 소돔이 멸망당한 뒤에라도 종들을 보내 롯의 생사를 왜 확인해 보지 않았을까? 아브라함은 롯이 포로로 잡혀갔다는 말을 듣고 단숨에 달려가 롯과 그의 가족들을 구해주지 않았던가? 그런데 소돔이 멸망당했음을 알고도 왜 찾아보지 않았을까?

다시 탕자의 비유로 가 보자. 탕자가 집을 나간 후, 그의 아버지는 왜 사람을 보내 탕자를 찾지도 않고, 돌아오라고 권고하지도 않았을까? 타국에서 망했다는 소리를 들었음직도 한 데, 왜 어떻게 사는지 확인도 하지 않았을까? 집 나간 아들을 위해 뭔가 할 수도 있었을 텐데, 그러지 않고 그저 문 앞에서 돌아오기를 기다리기만 했을까? 마음 떠난 자식 데리고 와 봤자, 또 떠난다. 아버지는 몸이 아니라, 마음으로 돌이켜 돌아오기를 원했던 것이다. 그렇게 되면 다시는 안 떠날 테니까. 탕자의 아버지와 같은 심정으로 아브라함은 롯을 끝까지 기다렸던 것이다.

아쉬움이 남는 것은 그 아쉬움만큼 잘못 살았다는 증거다. 아직 아브라함의 연단의 길이 멀고도 험하다는 것을 말해 준다. 그의 감정도 주님의 마음을 닮아 거칠 것 없는 온유한 사랑의 마음이 되어야 하는데 아직 그렇지 못하다는 증거다.

롯과 낚시 예찬론

며칠 전, 구름이 잔뜩 낀 흐린 날, 오랜만에 원주천변을 걸었다. 그동안 책 쓰느라, 한 달 넘게 앉아만 있어 소화도 잘 되질 않았다. 몸도 묵직해져 불편했다. 심신을 털어 버리려 걸었다. 걸으면 마치 화장실에 다녀온 느낌이 든다. 몸 안에 쌓인 더부룩함과 글에 대한 안달과 조급함이 몸 밖으로 빠져나간다.

장마가 끝나고 비도 일주일 이상 오지 않아 원주천은 맑은 물이 적당한 수량을 유지한 채 흐르고 있었다. 다리 밑마다 사람들이 자리 잡고 앉아 피서를 즐기고 있었다. 아이들은 물속에서 나올 줄 모르고 비명에 가까운 소리를 지르며 시원함을 만끽하고 있었다.

다리 밑 시원한 그늘에선 어느 휴양지에서나 볼 수 있는 광경이 드러난다. 한쪽에선 고기를 굽고 이를 안주삼아 술을 마시고, 또 한편에서 셋 이상만 모이면 한다는 국민 오락 고스톱에 열중이다. 이도저도 싫은지 잠이 든 사람들도 있다. 개울에는 남자 어른들이 물고기를 잡느라 열중이다. 어떤 이는 낚시를 하고, 또 다른 이들은 돌 틈과 수초 사이에 숨어 있는 물고기들을 족대로 잡는다. 또 어떤 이는 어항을 놓고 물고기가 들어오기를 기다린다.

봉산동에서 관설동까지 왕복 2시간 정도를 걸으며 그냥 바라보았다. 그러다 롯이 생각났다. 롯이 왜 소돔을 떠나지 못했는가? 왜 아브라함에게로 돌아가지 않았을까?

나는 어려서부터 냇가에서 물고기 잡는 것을 좋아했다. 집에서 백 미터 정도의 거리에 개천이 있었다. 이름이 매지천인지, 흥업천인지는 확실치 않다. 동네 사람들은 그저 개울이라고만 불렀다. 여름 방학이면 시골이라 특별한 놀이도 없고 해서 친구들이랑 그곳에서 물고기도 잡고 헤엄치며 놀았다. 어려서는 주로 손으로 잡기도 했고, 문방구에서 파는 피라미 낚시를 사서 여울 낚시를 즐겨 했다.

대학에 들어가면서부터 낚시에 매료되었다. 내가 그래서인지 주변에 물고기 잡는 것을 좋아하는 친구들이 많다. 낚시꾼도 있고, 낚시가 시답지 않다고 투망을 던지는 친구도 있다. 투망 던져 어느 세월에 몇 마리나 잡겠느냐며, 초크라 불리는 길이 50~100미터짜리 그물을 가지고 아예 개울을 송두리째 훑어 버리는 친구도 있다.

나는 물고기 잡을 때 낚시 외에는 좋아하지 않는다. 아마 그 이유를 낚시꾼들은 잘 알 것이다. 기다림의 미학, 여유로움이 가져다주는 즐거움에 입질할 때의 긴장감까지 더해져 딴 생각이 끼어들 틈이 없다. 낚시는 타이밍의 예술인데, 순간의 선택으로 물고기를 건져 올릴 때의 짜릿한 손맛은 투망꾼들이 절대 알 수 없는 그 무엇이다.

무엇보다도 내가 낚시를 좋아하는 이유는 물고기들의 인격을 존중하기 때문이다. 어격魚格이라고 해야 하나? 다른 방식의 고기잡이는 물고기의 의사와 상관없이 잡는 것이다. 그러나 낚시만큼은 물고기 스스로의 선택이 없이는 불가능하다. 최적의 포인트를 찾아 나는 최선을 다해 미끼를 준비하여 물고기를 유혹한다. 일단 미끼를 달아 낚시를 던져 놓으면 나의 할 일은 끝난다. 그 다음은 물고기의 선택만 남아 있다.

낚시하는 것과 세상의 유혹에 넘어가 죄를 짓는 것과는 매우 닮았다. 우리의 인격적 동의 없이는 죄짓는 일도 없다.[51] 낚시꾼의 유혹에 모든 물고기가 다 넘어간다면 물고기는 남아 있지 않을 것이다. 여자들이 유혹한다고 다 넘어가면 남자들의 평균 수명은 현저히 줄어들 것이다. 세상이 유혹하는 대로 성도들이 넘어간다면 교회는 텅 빌 것이다. 세상의 유혹에 모든 남자들이 다 넘어가지 않는 것은 아내와 가족의 사랑으로 말미암은 인격적 결단 때문이다. 죄의 유혹에 성도들이 세상에 빠지지 않는 것은 성도의 인격은 곧 신앙의 인격이며, 믿음의 결단이 그 기초를 이루기 때문이다.

롯이 왜 소돔을 떠나지 못했는가? 그는 왜 아브라함에게로 돌아가지 않았는가? 과정이 어찌되었든 일단 그는 세상을 대표하는 소돔이라고 하는 낚시를 물었다. 어느 순간에 잘못된 것을 알았더라면 비록 힘들고 아프더라도 낚시를 빼내던가, 낚싯줄을 끊어 버렸어야 했다. 거기에는

---

51 창 4:7 "네가 선을 행하면 어찌 낯을 들지 못하겠느냐 선을 행하지 아니하면 죄가 문에 엎드려 있느니라 죄가 너를 원하나 너는 죄를 다스릴지니라."

신앙적 결단이 필요하다. 믿음이 아니고는 결코 끊을 수 없다. 그러나 롯은 그러지 못했다. 멸망당하는 소돔에서 극적으로 탈출은 했지만 그는 돌아오지 않았다. 이것이 롯을 읽는 독자들의 마음을 끝까지 아리고 속상하게 한다.

2) 이삭의 탄생

사라가 아들을 낳았다.(창 21:2) 하나님이 말씀하신 대로 사라는 아이의 이름을 이삭이라고 지었다.(창 17:19, 21:3) 이삭의 탄생으로 아브라함의 근심이 일순간에 사라졌다. 물론 영원히 사라진 것은 아니다. 대학입학시험이 되었든, 입사시험이든, 그 어렵다는 사법고시든지 간에 모든 시험에 합격한 것은 그때까지의 노고를 합격의 순간에 충분히 보상받는 것이다. 하지만 세상의 모든 시험은 통과의례일 뿐이다. 합격 이후에는 또 다른 스트레스와 고민이 시작된다. 이삭의 탄생은 그때까지의 모든 시름과 근심을 날려 보내기에 충분한 기쁨이었다. 그리고 새로운 고통의 시작이었다. 아브라함이 아직까지 연단의 과정 속에 있기 때문이다.

우선 이삭의 이름에 대해 보자. 이삭이란 말의 뜻은 웃음이다. '웃었다' 는 단어는 **이츠학크**다. 이삭의 탄생과 관련해서 웃었다는 말이 두 번 나온다. 하나님이 사라가 아들을 낳을 것이라고 하시자, 아브라함이 웃었다.(창 17:17) 그리고 내년 이맘때 사라에게 아들이 있을 것이라고 하나님이 말씀하시자, 이번에는 사라가 웃었다.(창 18:12) 이 두 번의 웃음은 불신의 웃음이다. 그러나 하나님이 아들을 주셨을 때 이들은 진짜 행복하게 웃었다. 이 웃음은 약속의 성취에 대한 화답이요 기쁨이다. 처음에는 불신의 웃음을 웃었지만 하나님은 불신의 웃음을 성취된 기쁨의 웃음으로 바꾸어 주셨다.

아브라함의 사명은 이 세상에서 하나님의 의를 이루고 사람들로 하여금 공도를 지키게 하기 위한 것이다. 이를 위해 의인의 계보를 잇는 큰 민족을 이루는 것이다. 민족을 이루려면 대를 이어갈 아들이 있어야 한다. 이제 그 아들이 태어난 것이다. 하나님의 약속이 이삭을 통해 실현된 것이다. 정말 어렵게 우여곡절을 겪고, 연단의 과정 속에서 숱한 시행착오를 경험하고 그런 연후에 얻은 아들이다. 하나님 앞에서 침묵할 정도로까지 그의 믿음이 성숙해졌을 때, 태어난 아들이다. 그러므로 이삭은 모든 이들로 함께 기뻐하며 웃게 하는 기쁨의 웃음 그 자체다. 아브라함은 이삭을 난 지 팔 일 만에 하나님의 명령대로 할례를 행한다.(창 17:12)

진정한 축복은 그가 복을 받았을 때 모든 사람이 함께 기뻐하고 함께 웃어 주는 것이다. 하지만 세상은 그렇지 못하다. 승진하여 기뻐할 때, 그 승진의 기회에서 누락된 자는 속 쓰리다. 자식이 서울에 있는 명문대학에 합격했다고 자랑하면 지방 대학을 다니는 자녀를 둔 부모는 가슴이 시려 온다. 사업에 성공한 친구가 비싼 차를 타고 좋은 옷을 입고 나타나면 그 앞에서는 어쩔지 몰라도, 돌아서면 가슴 한구석이 짠하다. 불행한 일을 당했을 때 함께 울어 주기는 쉬워도 좋은 일이 있을 때 함께 기뻐하기는 쉽지 않다. 그런데 이삭은 모두가 함께 기뻐해 주는 아들이다. 함께 웃어 주었다. 정말로 복받은 아들이다.

우리는 종종 쓰라린 현실 속에서 근심과 방황을 할 때가 있다. 앞이 보이지 않아 주저앉을 때도 있다. 해결하지도, 해결 되지도 못하는 문제들 때문에 밤을 하얗게 지새우며 고민을 하지만 해답이 없다. 남이라면 안 보면 그만이지만 자식의 문제는 그럴 수도 없다. 그저 속만 시커멓게 탄다. 아닌 줄 알면서도 가야만 하는 길목에서 "난 왜 이렇게 사는 거야" 하며 울부짖기도 한다. 하지만 그 다음날 또 다시 그냥 그대로 살아간다. 술로 위안을 삼고자 하지만 그 다음날 쓰린 속은 고통만 더 해줄 뿐 해답은 아니다. "뭐 다 그런 거지" 하며 털어버리려 해도 털리지 않는 것이 인생이다.

이때도 우리는 행복하게 웃을 수 있다. 하나님 때문이다. 하나님이 이삭을 주심으로 아브라함의 근심이 일순간에 해결되었다. 암울한 현실 속에서는 불신앙의 웃음을 웃지만 하나님이 웃게 하시면 행복한 기쁨의 웃음을 웃게 된다. 이삭의 탄생, 그것은 아브라함이 이삭을 낳았다는 것으로 끝나서는 안 된다. 내 삶에도 이삭은 태어나야 한다. 하나님이 웃게 하시는 그 웃음을 나도 경험해야 한다. 모두가 함께 기뻐하고 즐거워하는 진정한 복된 웃음을 나도 경험해야 한다. 하나님이 내 인생의 웃음이 되심을 경험할 때 우리는 해맑은 감사와 찬양을 할 수 있다. 웃음이 떠나지 않는 얼굴, 웃음과 함께 피어나는 삶, 하나님이 웃게 하실 때 가능하다.

3) 사라의 투기

자, 이제 아브라함의 집안으로 다시 돌아가 보자. 지금부터는 아브라함의 가정에서 벌어지는 한 판의 경기를 소개할까 한다. 그것은 사라의 투기에 관한 이야기다. 제1라운드는 하갈이 아브라함의 아기를 가졌을 때 시작된다. 하갈은 이집트 여인으로 사라의 여종이었다(창 16:1) 사라는 자신이 아이를 갖지 못하자 당시의 관습에 따라 자신의 여종을 씨받

이로 아브라함에게 들여보냈다. 여종이 자기 대신 아들을 낳으면 그 아들은 여주인의 아들이 되는 것이 당시의 관례였다. 아브라함이 사라의 말에 따라 하갈과 동침하였고 하갈은 아이를 가졌다.

하갈은 자신이 임신한 줄을 알고는 여종의 신분을 망각하고 오히려 여주인인 사라를 멸시하였다. 사라는 참지 못하고 아브라함에게 자신이 받는 멸시와 고통을 호소한다. 그러자 아브라함은 하갈이 사라의 종이니 마음대로 하라고 허락한다. 이에 사라가 하갈을 학대하자 견디지 못한 하갈은 고향인 이집트를 향해 멀리 도망쳤다. 이집트 국경 성벽이 있는 술(또는 수르)로 가는 길까지 도망한 하갈에게 주의 천사가 나타나 다시 집으로 돌려보낸다. 그리고 하갈은 아들을 낳았고 그 이름을 주의 천사가 가르쳐 준대로 이스마엘이라 지었다.(창 16:15)

제2라운드는 사라가 이삭을 낳고 젖 뗄 무렵에 벌어진다. 유아 사망률이 높았던 고대 이스라엘에서는 태어난 지 대략 3년이 지나서야 젖을 떼고는 우리의 첫돌과 같은 큰 잔치를 베풀었다. 그런데 사라가 보니 이스마엘이 이삭을 놀리는 것이 아닌가? 어떻게 얻은 아들인데, 그야말로 금지옥엽이요, 사라에게는 인생의 전부인 아들이 희롱 당하는 모습을 그대로 볼 수 없었다. 이에 격분한 사라는 드디어 칼을 뽑아 이스마엘과 하갈을 내쫓으라고 아브라함에게 강요한다.

사실 사라에게 있어서 하갈은 버거운 상대임에 틀림이 없다. 우리는 영화에서처럼 사라가 백인으로 엘리자베스 테일러처럼 아름다운 미모와 지성을 갖춘 여인으로 생각하기 쉬우나 사실 사라는 백인이 아니다. 엘리자베스 테일러처럼 젊고 미모가 뛰어난 여인도 아니다. 그녀는 90세가 넘은 파파 할머니다. 이에 반해 하갈은 미모는 어떤지 몰라도 일단 젊은 여인이다. 여자에게 있어서 나이는 모든 경쟁 상대를 따돌리기에 충분한 장점이요 최강의 무기다. 나이든 남자를 상대로 할 때는 젊을수록 그 위력이 대단할 수밖에 없다. 따라서 하갈은 사라의 투기를 일으키기에 충분한 상대임에 틀림이 없다.

사라가 이스마엘과 하갈을 내쫓으라고 아브라함에게 요구하는 과정에서 심한 언쟁이 있었던 것이 분명하다. 우리는 사라가 하갈을 부르는 명칭의 차이에서 이를 추측할 수 있다. 우리가 보는 개역개정판 성서에서는 하갈을 여종이라고만 번역을 했는데 히브리어 성서로 보면 그 호칭이 다르다.

처음에 아브라함에게 하갈을 소개할 때나 이스마엘을 낳았을 때에 하갈을 여종이라 불렀다.[52] 이때의 여종은 쉬프하란 단어로 집안 식구로서의 여종을 부를 때 사용하는 말이다. 하지만 사라가 하갈을 내쫓으라고 요구할 때 사용한 단어는 똑같이 여종으로 번역하였지만 다르다. 히브리어로 아마란 단어를 썼다.[53] 이는 식구라는 개념이 없는 단순히 여종, 여자 노예를 부를 때 쓰는 단어다.

따라서 사라의 감정이 매우 격해 있었음을 알 수 있다. 하갈에 대해서는 가족의 개념도 없어졌다. 이스마엘을 부를 때도 종(아마)의 아들이라고 부르는 것으로 보아 이스마엘도 가족으로 인정하지 않고 있음을

---

52 창 16:1-2 "아브람의 아내 사래는 출산하지 못하였고 그에게 한 여종(쉬프하)이 있으니 애굽 사람이요 이름은 하갈이라 사래가 아브람에게 이르되 여호와께서 내 출산을 허락하지 아니하셨으니 원하건대 내 여종(쉬프하)에게 들어가라 내가 혹 그로 말미암아 자녀를 얻을까 하노라 하매 아브람이 사래의 말을 들으니라."

53 창 21:10 "그가 아브라함에게 이르되 이 여종(아마)과 그 아들을 내쫓으라 이 종(아마)의 아들은 내 아들 이삭과 함께 기업을 얻지 못하리라 하므로."
창 18:12 "사라가 속으로 웃고 이르되 내가 노쇠하였고 내 주인(아돈)도 늙었으니 내게 무슨 즐거움이 있으리요."
벧전 3:6 "사라가 아브라함을 주(그리스어, 퀴리오스)라 칭하여 순종한 것 같이 너희는 선을 행하고 아무 두려운 일에도 놀라지 아니하면 그의 딸이 된 것이니라."

알 수 있다. 하지만 아브라함에게 이스마엘은 자신의 아들이다. 그리하여 성서는 그의 아들로 인해 아브라함이 깊이 근심하였다고 말한다.(창 21:11)

말 잘 듣는 아브라함

사라가 아브라함을 주(아돈)라고 불렀다.[54] 그렇다면 사라는 순종형의 아내인가? 이집트에 들어갈 때 아내라고 하지 말고, 누이라고 하자는 아브라함의 제안에 대꾸하지 않고 순종한 것을 보면 그런 것 같다.[55] 그러나 임신한 하갈을 학대하는 것을 보면 성격이 보통은 넘는 것 같다. 더구나 이삭을 희롱한 이스마엘과 하갈을 내쫓으라고 아브라함에게 요구할 때는 피도 눈물도 없는 냉철하고도 이기적인 사람처럼 보인다. 왜 그랬는지에 대해서는 다음에 보도록 하고, 사라가 그렇게 요구할 때 아브라함은 두 번 다 아무 소리 못하고 사라의 요구대로 한다. 천하의 아브라함, 큰 민족의 시조가 되는 아브라함이 공처가였던가? 말 잘 듣는 아브라함, 그가 아내 사라의 말을 잘 들을 수밖에 없었던 이유를 보자.

첫째로 사라가 자신의 여종 하갈을 주어 아들을 낳게 하라는 제안에 거절하지 않은 이유는 무엇일까? 사라의 제안을 구체적으로 보자. "사

---

54 창 18:12 "사라가 속으로 웃고 이르되 내가 노쇠하였고 내 주인(아돈)도 늙었으니 내게 무슨 즐거움이 있으리요."
벧전 3:6 "사라가 아브라함을 주(그리스어, 퀴리오스)라 칭하여 순종한 것 같이 너희는 선을 행하고 아무 두려운 일에도 놀라지 아니하면 그의 딸이 된 것이니라."

55 창 12:11-13 "그가 애굽에 가까이 이르렀을 때에 그의 아내 사래에게 말하되 내가 알기에 그대는 아리따운 여인이라 애굽 사람이 그대를 볼 때에 이르기를 이는 그의 아내라 하여 나는 죽이고 그대는 살리리니 원하건대 그대는 나의 누이라 하라 그러면 내가 그대로 말미암아 안전하고 내 목숨이 그대로 말미암아 보존되리라 하니라."

래가 아브람에게 이르되 여호와께서 내 출산을 허락하지 아니하셨으니 원하건대 내 여종에게 들어가라 내가 혹 그로 말미암아 자녀를 얻을까 하노라 하매 아브람이 사래의 말을 들으니라."(창 16:2) 이 말은 아담에게 선과 악을 알게 하는 나무의 열매를 주어 먹게 한 하와 생각을 떠올리게 한다. 아담도 하와가 주는 열매를 아무 소리 안 하고 받아먹는다.(창 3:6)[56] 아담도 공처가였던가?

거절하지 않는 것은 암묵적 동의를 뜻한다. 하나님처럼 된다는 뱀의 유혹을 아담도 뿌리치기 싫었던 것이다. 앞서 보았듯이 여기서 하나님처럼 된다는 말은 영웅이요, 고대의 용사들처럼 된다는 말이다. 아담도 이름을 날리는 용사처럼 되고 싶은 욕망이 있었기에 알면서도 군소리 없이 받아먹은 것이다. 더구나 그 열매를 먼저 먹은 하와가 죽지 않고 살아 있지 않은가? 아브라함도 마찬가지다. 인간적인 생각에 "네 씨로 말미암아"라는 말을 주관적으로 생각했다. 현실적으로 사라는 아이를 못 낳는 여인이기에 사라의 청을 못 이기는 척 받아들였던 것이다. 그렇게 해서라도 아들을 낳아 하루라도 빨리 하나님의 약속이 실현되기를 원했던 것이다.

둘째로 하갈과 이스마엘을 내쫓으라는 말에 고민하면서도 순순히 따랐던 이유는 무엇인가? 사라는 하갈과 이스마엘을 더 이상 가족으로 생각하지 않았다. 하지만 아브라함은 달랐다. 성서는 분명히 "아브라함이 그의 아들(이스마엘)로 말미암아 그 일이 매우 근심되었다"고 말한다.(창 21:11) 아브라함은 이스마엘을 아들로 생각하고 있음이 분명하다. 그럼

---

56 창 3:6 "여자가 그 나무를 본즉 먹음직도 하고 보암직도 하고 지혜롭게 할 만큼 탐스럽기도 한 나무인지라 여자가 그 열매를 따먹고 자기와 함께 있는 남편에게도 주매 그도 먹은지라."

에도 순순히 하갈과 이스마엘을 내쫓은 이유는 무엇인가? 더욱이 살림 밑천도 주지 않고 고작 떡과 물 한 가죽부대만 어깨에 메워 주고 내보낸 이유는 무엇인가?[57]

예전에 아브라함은 사라에게 씻을 수 없는 아주 끔찍한 과거를 제공했다. 그것은 이집트에서 바로에게 사라를 빼앗긴 사건이다.(창 12:10-20) 예나 지금이나 여자는 남자를 믿고 결혼하는 것이다. 그 남자에게 자신의 운명을 건다. 그런데 아브라함은 자신이 어떻게 될까 봐 사라에게 아내가 아니라 누이라고 하자고 부탁한다. 아브라함이 염려한 대로 사건이 진행되어 사라는 바로의 후궁으로 들어간다. 사라가 끌려갈 때 아브라함을 바라보았을 것이다. 서로의 눈이 마주치고 순간 언어로 표현할 수 없는 눈빛이 오갔을 터다. 유행가 가사는 그 눈빛이 무엇을 말하는지 모른다고 했지만 그 둘은 알 것이다. 그때 아브라함은 사라에게 큰 빚을 졌다. 사라가 하갈을 학대할 때도, 내쫓으라고 할 때도 아브라함은 그때의 그 눈빛을 기억하곤 아무 말도 못했을 것이다.

하갈과 이스마엘을 내쫓으라는 사라의 말에 아브라함은 매우 고민했지만 정작 내쫓은 이유는 사라 때문이 아니었다. 하나님 때문이다. 고민하는 아브라함에게 하나님이 나타나셨다. 하나님은 "네 아이나 네 여종으로 말미암아 근심하지 말고 사라가 네게 이른 말을 다 들으라"(창 21:12)고 하신다. 이 대목에서 하나님도 역시 공처가라고 생각하면 안 된

57 아브라함은 이스마엘에게는 끝까지 아무런 재산을 남겨 주지 않는다. 그두라의 소생들에게는 재산을 나누어주어 동방으로 가게 했지만 이스마엘은 제외된 것이 분명하다.
창 25:5-6 "아브라함이 이삭에게 자기의 모든 소유를 주었고 자기 서자들에게도 재산을 주어 자기 생전에 그들로 하여금 자기 아들 이삭을 떠나 동방 곧 동쪽 땅으로 가게 하였더라."

다. 하나님은 무엇보다도 가정의 평화와 약속의 말씀을 성취하시기 위해 그리하신 것이다. 그 다음에 하신 말씀 "여종의 아들도 네 씨니 내가 그로 한 민족을 이루게 하리라"(창 21:13)는 말씀 때문에 아브라함은 하갈과 이스마엘을 믿음으로 내보낼 수 있었던 것이다.

양보할 수 없는 축복

물론 하나님의 지원 사격이 결정적인 역할을 했지만 이 싸움은 본처인 사라의 일방적인 승리로 끝난다. 왜 사라는 냉혹하고 몰인정하게 하갈과 이스마엘을 내쳐야만 했는가? 그 이유를 우리는 사라의 투기로 보아서는 안 된다. 위에서 운운한 나이와 미모, 아브라함을 사이에 둔 경쟁 관계 등으로 이 말씀을 풀어서는 안 된다. 논리를 그렇게 몰고 간 것은 머리를 식히자는 의미 외에는 아무것도 없다.

이 싸움의 핵심은 "그가 아브라함에게 이르되 이 여종과 그 아들을 내쫓으라. 이 종의 아들은 내 아들 이삭과 함께 기업을 얻지 못하리라"(창 21:10)는 사라의 말속에 들어 있다. 그리고 아브라함에게 하시는 하나님의 말씀 즉, "이삭에게서 나는 자라야 네 씨라 부를 것임이니라"(창 21:12)는 말씀 속에 들어 있다.

종의 아들이 내 아들 이삭과 함께 기업을 얻지 못한다는 말은 이스마엘이 이삭과 동일하게 상속자가 될 수 없다는 말이다. 사라의 관심은 하나님의 축복의 약속에 있다. 하나님의 축복을 종의 아들과 함께 나눌 수 없다는 말이다. 하나님의 축복을 독차지하겠다는, 그 누구에게도 양보할 수 없다는 강한 믿음이 그녀로 하여금 몰인정한 행동도 서슴지 않고 하도록 했다. 축복을 독차지하기 위해서라면 그 어떠한 비난도 감내하고 그 어떠한 희생도 감수하겠다는 의지의 발로다. 하나님도 그런 사라의 믿음을 아시고 아브라함을 설득하여 하갈과 이스마엘을 내보내도록 하시고 하나님의 유일한 축복의 상속자는 이삭이라는 것을 확인해 주셨다.

'아무리 그래도 그렇지. 사람이 그럴 수가 있나' 라고 생각할 수 있다. 하지만 성서가 우리의 생각을 지지해 주고 확인해 주기 위해 기록된 것은 아니다. 사라의 감정을 두둔하기 위해 쓴 것도 아니다. 우리의 신앙에 분명한 교훈을 주고 우리로 하여금 그 교훈을 받아들여 복된 길로 나아가도록 하기 위해 기록된 것이다. 즉, 하나님의 축복은 양보할 수 없는 것이라는 것을 우리에게 교훈해 주고 있는 것이다. 우리는 그러한 사실을 야곱을 통해 보다 분명히 알 수 있다.

야곱은 이삭의 둘째 아들로 그의 형 에서와 함께 쌍둥이로 태어났다.(창 25:24-26) 둘은 자라나 에서는 익숙한 사냥꾼이었으므로 들사람이 되고, 야곱은 조용한 사람이었으므로 장막에 거하며 살았다. 여기서 '조용하다' 는 말은 야곱의 성격을 묘사한 말이 아니다. 원어로는 탐이란 단어로 차분하다, 온화하다, 얌전하다는 뜻인데, 이는 공동체적인 삶을 의미하는 말이다. 즉, 공동체의 규칙을 잘 지키는 사람이란 뜻이다. 그리고 야곱이 장막에 거했다는 말은 그가 목자가 되었다는 말이다.

야곱은 조부 아브라함에게 약속된 축복이 아버지 이삭에게 상속되었음을 알았다. 그리고 그 축복이 얼마나 위대하고 대단한 것인지를 잘 알고 있었다. 하지만 에서는 그 축복을 가볍게 여겼다.(창 25:34) 하나님의 축복의 중요성을 안 야곱은 그 축복을 가로채기 위한 음모를 꾀한다.

에서가 사냥에서 돌아와 매우 허기져 있을 때다. 야곱은 먹을 것을 요구하는 에서에게 그 배고픔의 약점을 이용하여 장자의 권리를 팔라고 요구한다. 에서는 장자의 권리를 대수롭지 않게 여기고, 팥죽과 떡을 제공받고는 장자의 권리를 야곱에게 양도한다는 맹세를 하고 만다. 물론 나중에 그것을 크게 후회하지만 이미 때는 늦었다.

야곱의 두 번째 음모는 어머니 리브가와 합동 작전으로 이루어진다. 이삭이 에서를 불러 놓고 죽기 전에 너에게 하나님의 축복을 해 줄 테니 나가서 사냥을 해다가 별미를 만들어 오라고 하였다. 그런데 이 말을 리브가가 들었다. 리브가는 쌍둥이를 임신하고 있을 때 하나님께서 하신 말씀, '큰 자가 어린 자를 섬기리라'(창 25:23)는 말씀을 기억하고 있었다. 리브가는 야곱이 축복을 받을 수 있도록 만반의 준비를 하고 눈 먼 이삭을 속이는 일을 한다. 어머니 리브가의 전격적인 지원 아래 야곱은 거듭되는 거짓말로 아버지를 속이고 결국 아버지의 축복을 형에게서 가로채 자신이 받아내는 데 성공을 한다.

물론 그 후 야곱은 아버지와 형을 속인 대가를 혹독하게 치른다. 하지만 이상하게도 성서는 야곱의 비열한 행위에 대해서 윤리적인 판단이나 신앙적인 정죄를 하지 않는다. 분명히 눈 먼 자를 속이는 것은 하나님이 저주하시겠다고 하시며 금지하고 있다.[58] 거짓말하는 것은 십계명으로도 금지하고 있다.[59] 왜 그럴까? 성서는 윤리 교과서가 아니다. 그렇다고 윤리와 신앙이 관계없다는 말은 아니다. 신앙은 교과서적인 윤리를 넘어선 신앙 윤리를 말한다. 도덕 교과서는 도덕적인 삶을 위해 죽으라고까지 하지 않는다. 그러나 신앙 윤리는 순교를 각오하고 지켜야 하

---

58 레 19:14 "너는 귀먹은 자를 저주하지 말며 맹인 앞에 장애물을 놓지 말고 네 하나님을 경외하라 나는 여호와이니라."
신 27:18 "맹인에게 길을 잃게 하는 자는 저주를 받을 것이라 할 것이요 모든 백성은 아멘 할지니라."

59 출 20:16 "네 이웃에 대하여 거짓 증거하지 말라."

는 윤리다.

야곱의 행위에 대해서 성서가 말하고자 하는 것은 도덕적 윤리가 아니라, 목숨을 걸고라도 차지해야 하는 것, 양보할 수 없는 것이 하나님의 축복이라는 것이다. 비록 야비하고 윤리적으로 지탄받아야 마땅하지만 하나님의 축복을 향한 적극성과 하나님의 축복을 꼭 받고야 말겠다고 하는 악착같음을 말하고 있는 것이다. 결국 하나님의 축복을 받아 낸 야곱은 이스라엘 민족의 조상이 되었다. 에서는 에돔 족속의 조상은 되었지만 에돔 족속은 다윗에게 정복당하고 그 후 일시 회복은 하나 결국 역사에서 사라지고 만다.

신약에서도 이와 같은 예는 얼마든지 찾아볼 수 있다. 예수께서도 "천국은 침노를 당하나니 침노하는 자는 빼앗느니라"(마 11:12)고 하셨다. 침노를 당한다는 말은 비아조란 단어로 폭력을 가해 빼앗는다는 말이다. 여기서의 폭력은 윤리 이전의 말이다. 이는 천국을 소유하는 것이 윤리와 상관없다는 뜻이 아니라, 천국을 소유하기 위해 윤리를 넘어선 악착같음과 투쟁성이 있어야 한다는 뜻이다. 실제로 예수 앞에 나와 문제 해결의 복을 받은 사람들을 보면 주위를 의식하지 않는 악착같음이 있음을 보게 된다.

맹인 거지 바디메오는 주님이 지나가신다는 말을 들었다. 그는 맹인인지라 어디 계시는지 알 수 없었다. 그러한 그는 주위의 사람들에게 핀잔을 들으면서도 악착같이 주님을 불렀다. 그 음성을 주님이 들으시고 그의 눈을 뜨게 해 주셨다.[60] 예수께서 한 바리새인의 집에 초청받아 음식을 드시고 계실 때였다. 그 동네 사람들에게 멸시받는 한 죄 많은 여

60 막 10:46-52.

인이 있었다. 그녀는 주위의 시선과 웅성거림에도 아랑곳하지 않고 주님께 나아갔다. 눈물로 주님의 발을 적시고 그의 발에 향유를 붓고 머리카락으로 닦고 그 발에 입을 맞추었다. 이에 주님으로부터 많은 사랑과 함께 죄 용서함을 받았다.[61]

이외에도 주님의 긍휼하심을 얻고자 소리를 지르는 열 명의 나병환자들,[62] 주인의 허락도 받지 않고 남의 집 지붕을 뜯은 중풍병자의 친구들,[63] 율법을 어기면서까지 몰래 주님의 옷자락을 만진 혈루증 걸린 여인[64] 등 수많은 사람들이 악착같이 주님 앞에 나아가 결국 축복을 받아내고야 말았다.

우리도 아브라함과 같은 복을 받기 위해서 사라나 야곱처럼 악착같은 무엇인가가 있어야 한다. 예수께 나아간 사람들처럼 주위의 눈총을 아랑곳하지 않고 오직 주님만 바라보며 나아가는, 다부지게 매달리는 신앙의 자세가 있어야 한다. 사라의 투기는 바로 이런 신앙의 행동이었던 것이다. 그러기에 그녀는 믿음의 어머니가 되었다.

4) 감정의 연단의 결과

위에서 중요한 몇 가지 사건들을 들어 아브라함의 감정을 들여다보았다. 물론 그것만 아니다. 그의 일생 전체가 감정 변화의 연속이며 연단의 연속이었다. 대략적으로 살펴보자.

---

61 눅 7:36-50.
62 눅 17:12-19.
63 막 2:1-12.
64 막 5:25-34.

이집트 체험에서 아브라함은 절망감과 좌절로 인한 심리적 침체를 경험했다. 전쟁에서 승리한 후에는 고조된 감정과 함께 우월감을 맛보았다. 롯과의 분쟁과 분가를 통해 자신의 옹졸함과 조급한 성격을 한탄했을 것이다. 소돔의 멸망을 지켜볼 때는 회한과 안타까움을 온몸으로 느꼈을 것이다. 또 다시 아비멜렉에게 아내 사라를 빼앗길 때는 어떠했을까? 그러다 이삭의 탄생으로 그는 다시 진정한 웃음을 웃게 된다. 하나님이 그로 하여금 웃게 하셨다. 하지만 3년도 가지 못하고 하갈과 아들 이스마엘을 내보낼 때는 크게 근심하고 만다.

모리아 산에서 이삭을 바칠 때, 아들을 죽이려고 칼을 높이 쳐들었을 때 그때의 심정은 어떠했을까? 여호와의 사자가 결정적인 순간에 그를 만류할 때 그는 온몸의 힘이 다 빠져 버렸을 것이다. 모리아 산에서 내려온 후, 아브라함은 가족이 해체되는 경험을 한다. 사라는 헤브론으로 떠나고, 아브라함은 브엘세바에 머문다. 이삭은 브엘라헤로이로 떠난다. 아브라함이 리브가와의 결혼을 주선하고 불렀을 때도 그는 브엘세바로 가지 않고 어머니가 살았던 헤브론으로 간다. 사라와 떠나 산 지, 20년 후에 사라가 죽었을 때, 그는 슬퍼하며 애통해 했다. 그때 사라를 기억하며 흘린 눈물 속에는 무엇이 들어 있었을까?

아브라함의 일생을 심리적이고 감정적인 면에서 살펴보았다. 성서에는 아브라함의 감정 상태나 변화에 대해 구체적으로 말하지 않는다. 단지 일련의 사건과 그 상황 속에서 아브라함의 감정 상태를 독자로 하여금 스스로 느끼도록 하고 있다. 인간은 모든 사건들과 각각 처한 상황 속에서 항상 감정의 변화를 경험한다. 감정의 변화 없이 삶의 사건을 대하는 사람은 아무도 없다. 아브라함도 그렇다. 또한 그가 감정의 연단을 받아 감정적으로 믿음의 완성을 이루었다는 구절도, 본문도 없다. 하지만 우리는 그의 삶의 변화를 통해 그의 감정이 연단받았다는 것을 알 수 있다. 먼저 감정과 영성에 대해 검토하고 이야기를 계속해 보자.

감정의 연단과 영성

감정의 연단 없이는 하나님의 깊은 곳에 들어갈 수 없다. 이는 아주 당연한 진리다. 미워하는 추한 마음을 가지고는 하나님의 아름다움 속에 들어갈 수 없다. 열등감이나 우월감도 마찬가지다. 열등감은 주님의 은혜와 능력에 대한 믿음이 부족하기에 나타난다. 우월 의식은 십자가의 희생과 그 안에 나타난 주님의 겸손을 모르기에 나타난다. 우울증은 영성의 과정 속에서 나타나는 것이기도 하지만 일반적인 우울증은 주님의 함께하심과 위로하심을 체험하지 못한 결과다. 주님 안에서 참된 평화와 기쁨을 맛본 자는 우울할 수가 없다.

불안과 초조, 그로 인한 조급증은 하나님의 결과가 항상 선한 것이라는 믿음이 부족하기 때문이다. 남을 탓하는 사람은 주님 앞에 선 자신을 보지 못하기 때문이다. 화와 분노는 주님의 온화함과 그 사랑의 따뜻함을 몸과 마음으로 체험하지 못했기 때문이다. 이상 열거한 감정들은 모두가 자신의 안위와 욕심과 안락함을 먼저 생각하기 때문이다. 다 에고의 속성들이다. 그러므로 이러한 마음과 감정을 가지고는 주님의 세계에 깊이 들어가지도, 갈 수도 없다.

그렇다고 우리의 감정이 반드시 나쁜 것만은 아니다. 우리의 마음은 쉽게 동요하며, 감동 받는다. 머리로 안 되는 것도 가슴으로는 쉽게 되기도 한다. 가슴이 열려야 주님의 세계에 들어갈 수 있다. 머리로는 안 된다. 가슴이 주를 향해 열리도록 하기 위하여 부흥회 때, 신나는 찬송을 박수치면서 하기도 한다. 웬만한 교회는 키보드와 드럼으로 찬양의 흥을 돋우기도 한다. 열광적인 분위기를 연출하는 것은 가슴이 열리는데 어느 정도 도움은 준다. 평소 혼의 파장이 거칠어져 있는 사람에게는 다소 거친 음이 도움을 줄 수도 있다. 하지만 거친 혼의 파장은 주님의 잔잔함에 이를 수 없다.

어느 정도 마음이 열리면 그때부터 혼의 파장을 가라앉히는 작업을 해야 한다. 그것이 회개다. 회개가 아니고는 거칠어진 마음과 혼의 파장을 가라앉게 할 수 없다. 이 회개의 과정 중 감정의 파장을 가라앉게 하는 것이 감정의 연단이다. 연단을 반드시 고난의 과정이라고 생각해서는 안 된다. 연단은 삶의 회개다. 마음과 영의 가라앉힘의 과정이다.

영성에 대해 많은 사람들이 환상을 가지고 있다. 그것은 영성의 과정 중에 나타나는 체험과 그것을 체험한 영성가들의 체험담에 현혹되기 때문이다. 영성의 목표는 체험에 있거나 말에 있는 것이 아니다. 영성은 주님의 세계에 들어가 주님과 하나 됨을 누리는 것이다. 그 이상도 그 이하도 아니다. 직접 경험해 보지 않으면 현혹되기 십상이다. 영성가들이 쓴 글을 서로 비교해 가며 머리로 이해하고, 그럴 것이라고 결론짓고는 남에게 말로 설명하는 것은 매우 위험하다. 영성은 이해하는 것이 아니라 체험하는 것이다.

이 영성의 과정 중 필연적으로 거쳐야 하는 과정이 정화의 과정이다. 정화는 쉬운 말로 회개를 일컫는 말이다. 다만 윤리적 차원에 머무는 회개가 아니라, 본성적 차원까지, 즉 내면의 죄성과 그 죄의 근원이 되는 쓴 뿌리까지 뽑아내는 것이 정화다. 그렇게 되면 혼의 파장이 잔잔해지는데, 더 깊어질수록 주님의 아름다움과 잔잔함의 파장과 일치될 정도로 잔잔해진다. 주님과 파장이 일치될 때 그것을 합일이라 부른다. 따라서 사람은 감정의 연단 없이는 주님과 하나가 될 수도 없다. 이것이 감정의 연단과 영성과의 관계다.

아브라함을 영성가라고 부를 수 있는가? 그렇다. 그는 아주 뛰어난 영성가다. 그는 늘 하나님과 대화하는 사람이었고, 하나님의 파트너요, 에쩨르였다. 그는 창조의 잠(타르데마)을 경험한 사람이다.(창 15:12) 앞에서 나는 호제(환상)와 타르데마(깊은 잠)를 비교 설명하면서 타르데마 상태는 창조에 대한 원초적 체험을 말한다고 했다. 창조 안으로 들어가는 창조의 잠, 무아의 잠이다. 영적 의식마저 없어진 무 또는 지극히 고요의 상태가 타르데마다. 그는 정화의 단계를 지나 합일의 단계까지 이르렀던 것이 분명하다. 그런데 창세기 15장 이후에 여전히 불신앙의 모습과 고민하고 근심하는 모습은 무엇인가? 그것은 아마도 성서 저자의 의도 때문에 그럴 것이다. 성서는 모든 인간은 하나님을 모르며(무지), 하나님의 구원 없이는 구제할 길이 없는 죄인이라고 말하기 때문일 것이다.

속없는 아브라함

아브라함이 그의 삶의 일련의 연단 과정을 통해 그의 감정과 마음이 어느 정도 가라앉았는지는 알 수 없다. 하지만 그의 행동을 통해 우리는 그것을 짐작할 수는 있다. 아브라함에 있어서 최대의 분기점은 이삭을 번제로 바치는 행위에 있다. 뒤에 자세히 보겠지만 모리아 산에서 결정적인 순간에 이삭은 살아났지만 아브라함은 거기서 죽은 것이다. 모리아 산에서 내려온 이후 그의 삶이 달라졌다. 우리는 그 달라진 모습을 통해 그의 믿음이 완성되었음을 알 수 있다. 그의 마음과 혼의 파장이 낮고 작아져 있음을 사라가 죽었을 때, 사라의 매장지를 매입하는 과정

속에서 볼 수 있다.(창 23장)

사라의 매장지 매입 과정을 다시 보자. 아브라함이 헷 족속들에게 사라의 매장할 소유지를 내어 달라고 하였다. 그들은 아브라함을 하나님이 세우신 지도자요, 주(아돈)라고 부르며, 원하는 좋은 땅을 택하라고 한다.(23:6) 이는 아브라함이 그들에게 인정받는 사람을 지나 존경받는 자가 되었음을 말해 준다. 그리고 우리는 그의 행동에서 예배하는 자의 모습을 본다.[65] 모든 이들을 존경하고 예배하는 것처럼 대하는 것은 최고의 인격의 소유자가 되었다는 말이다. 그는 속없는 사람이 되었다.

속이 없다는 말은 마음보가 없어졌다는 말이다. 마음보(심보)는 좋지 않거나 비뚤어진 마음 상태를 이를 때 쓰는 말이다. 사람들이 왜 화를 내거나 앙심을 품는가? 그것은 사람들에게 상처를 받았기 때문이다. 그 상처가 너무 아프기에 자신의 아픔을 밖으로 드러내는 것이 화냄이요, 그 아픔을 속으로 품는 것이 앙심이다. 그런데 자세히 보면 동일한 말이나 행동에 대해 어떤 사람은 상처를 받지만 어떤 사람은 그냥 웃어넘기거나 마음에 두지 않는다. 왜 그런가? 그것은 남들이 자신에게 하는 말이나 행동이 자신 속에 있는 상처를 건들기에 상처를 받는 것이요, 상처가 없는 사람은 그로 인해 상처를 받지 않는 것이다. 이미 상처가 있는 사람은 그와 유사한 상황을 당하면 또다시 상처를 받아 아프기에 화를 내거나 앙심을 품는 것이다.

아브라함이 속이 없어졌다는 말은 그의 마음보 속에 자리 잡고 그를 괴롭히던 상처가 치유되어 없어졌다는 말이다. 상처가 없으니 상처받지

---

65 창 23:7 "아브라함이 일어나 그 땅 주민 헷 족속을 향하여 몸을 굽히고."
여기서 '몸을 굽히다'는 말은 솨하로 경배하다, 존경하다, 예배하다는 뜻이다.

도 않고, 모든 사람들을 그저 하나님 대하듯 대할 수 있는 것이다. 소알의 아들 에브론의 밭과 딸린 굴을 살 때도 그렇다. 분명 아브라함은 터무니없이 비싼 값을 주고 샀다. 하지만 아브라함은 이로 인해 상처받지 않았다. 그저 달라는 대로 준다. 속없는 사람이 된 것이다.

우리의 감정과 마음의 버릇들 때문에 우리는 쉽게 상처받는다. 마음보 깊이 감추어진 죄성의 쓴 뿌리가 조건만 맞으면 슬며시 나와 우리를 아프게 한다. 감정의 연단은 우리를 아프게 하고 그로 인해 남들에게까지 상처를 주는 과거의 사건들, 그에 대한 감정들을 치유하는 과정이다. 회개 없이는 치유도 없다. 과거에 대한 근원적인 회개, 감정의 원인이 되는 것까지 모두 회개하는 것이다. 회개하지 않고 연단이 주는 아픔만을 호소하고 연단을 끝내달라고 하는 기도는 이기적인 기도요, 성도의 올바른 기도가 아니다. 회개가 끝나면 연단도 끝난다. 속없는 사람이 되는 것이다.

형통한 아브라함

창세기 24장에 나오는 이삭의 아내요, 며느리인 리브가를 데려오는 과정을 보자. 24장은 67절까지 있는 대단히 긴 장이다. 여기서는 아브라함이 형통한 사람이 되었다는 것을 강조하여 자세히 말한다.

아브라함이 그의 소유를 돌보고 있는 늙은 종에게 자신의 고향으로 가서 이삭의 아내를 택하여 데리고 오라고 맹세를 시킨다.(창 24:2-4) 그리고 "하늘의 하나님 여호와께서 나를 내 아버지의 집과 내 고향 땅에서 떠나게 하시고 내게 말씀하시며 내게 맹세하여 이르시기를 이 땅을 네 씨에게 주리라 하셨으니 그가 그 사자를 너보다 앞서 보내실지라"(창

24:7)고 말한다. 이에 종은 메소보다미아에 있는 나홀의 성으로 갔다. 나홀의 성은 하란을 말한다. 거기서 모든 일이 기적처럼 순조롭게 진행된다. 모두가 여호와께로 말미암은 일이라고 고백할 정도로 일사천리로 진행되어 리브가를 데리고 온다.[66]

아브라함이 형통한 사람이 되었다는 것은 무엇을 말하는가? 이를 두 가지로 말할 수 있다. 첫째로 성서에서 형통이란 말은 하나님이 함께하시는 것을 말한다.[67] 하나님이 함께하시는 그 자체가 형통이다. 형통의 복을 받기 위해 따로 애쓰지 말고 하나님과 함께하면 자연히 형통한 사람이 된다. 시냇가에 심은 나무가 저절로 자라는 것처럼 하나님의 인도하심 안에 있으면 저절로 범사가 형통하게 된다.

둘째로 현실적으로 말하자면 형통한 사람이 되었다는 것은 그의 말과 고백이 현실이 되는 사람이 되었다는 의미다. 영적으로 좀 깊어지면 믿음의 차원이 어느 순간에 달라진다. 그때는 말씀이 그대로 믿어진다. 그리고 믿어지면 현실이 된다.[68] 그뿐 아니라, 마음에 거리낌이 없을 때, 말을 하면 현실로 나타난다. 내가 산에서 살 수 있는 것도 이 때문이다. 그 세계는 생각이 되면 현실이 되는 세계다.[69] 어느 정도냐, 그것은 그 사람의 영성적 깊이에 달려 있다.

아브라함이 형통한 사람이 되었다는 것은 그가 하나님과 함께하는

---

66 창 24:50 "라반과 브두엘이 대답하여 이르되 이 일이 여호와께로 말미암았으니 우리는 가부를 말할 수 없노라."

67 창 39:2-3 "여호와께서 요셉과 함께 하시므로 그가 형통한 자가 되어 그의 주인 애굽 사람의 집에 있으니 그의 주인이 여호와께서 그와 함께 하심을 보며 또 여호와께서 그의 범사에 형통하게 하심을 보았더라."

68 히 11:1-2 "믿음은 바라는 것들의 실상이요 보이지 않는 것들의 증거니 선진들이 이로써 증거를 얻었느니라."

69 자세한 것은 염기석, 『은사와 치유 사역의 원리』(삼원서원, 2010) 중 2부 2장, 은사의 원리 부분을 참고하라.

사람이었으며, 그가 하나님의 이름으로 구하는 것들, 믿음으로 하는 말들이 현실이 되는 사람이 되었다는 말이다. 아브라함이 여호와께서 사자를 네 앞서 보내실 것이라고 늙은 종에게 말한 대로 되었다. 그 종은 주의 사자의 인도하심을 받아 마치 기적처럼 너무 순조롭게 일을 수행할 수 있었다. 모든 일이 순조롭고 형통하게 이루어지니 조급할 이유도 없고 화낼 이유도 없다. 아브라함은 연단을 통해 속없는 사람, 형통한 사람이 되었다.

3. 아브라함의 침묵

믿음은 불확실한 미래에 대한 확실성이다. 믿음은 불확실한 미래와 인생을 지지해 주며 굳건하게 해준다. 그러나 처음부터 굳건한 믿음은 없다. 우리를 향한 하나님의 믿음은 흔들림이 없이 확고하지만 하나님을 향한 인간의 믿음은 그렇지 못하다. 믿음이 온전해서 태산처럼 눈이 오나 비가 오나 바람이 부나 흔들리지 않았으면 좋으련만 현실은 그렇지 않다. 폭풍에 요동치는 나룻배처럼 인생이 요동칠 때면 여지없이 뒤흔들리며 뒤죽박죽이 된다. 칠흑 같은 어두운 밤에 방향을 몰라 방황하듯 인생의 어두움이 임하면 믿음도 방황을 하게 된다. 이 믿음의 방황이 연단의 과정이다.

믿음의 방황은 죽음으로 끝난다. 연단은 죽기까지의 과정이다. 살아있는 사람은 물에서 헤엄을 치지만 죽은 사람은 그냥 물결이 흐르는 대로 흘러간다. 죽은 사람은 항상 침묵하는 법이다. 세상을 통해 연단받아 세상에 대해 죽고, 감정의 연단을 받아 감정이 죽는다. 마지막에는 하나님에 대해 연단받고 하나님에 대해 죽는다. 세상과 나는 없고 오직 구속한 주님만 보인다.

이제까지 우리는 1부에서 왜 아브라함인가? 하는 것을 살펴보았다. 아브라함의 등장이 무엇을 의미하는지, 왜 하나님이 그를 부르셨는지에 대해 보았다. 2부에 들어와서는 아브라함이 세상을 통해 연단받는 것과 그의 감정이 연단받은 것을 보았다. 이제 마지막으로 하나님에 의한, 하나님에 대한 연단을 볼 차례다. 여기서는 주로 창세기 22장, 이삭을 바치는 것을 통해 그의 마지막 연단이 어떻게 진행되었으며, 마지막 연단의 주제가 무엇인지를, 그리고 이를 통해 끝까지 침묵하는 아브라함의 모습을 보게 될 것이다.

1) 이삭을 바침

아비멜렉과의 평화협정을 맺은 후, 어느 날 하나님이 아브라함을 시험하시려고 부르셨다. 그리고 말씀하셨다. "여호와께서 이르시되 네 아들 네 사랑하는 독자 이삭을 데리고 모리아 땅으로 가서 내가 네게 일러준 한 산 거기서 그를 번제로 드리라."(창 22:2) 이에 아브라함은 아침 일찍 일어나 번제에 쓸 나무를 쪼개어 가지고 두 종을 데리고 이삭과 함께 떠난다. 제삼 일에 모리아 땅에 있는 산에 도착했다.

모리아 땅은 예루살렘과 동일시되는 곳이다. 당시 아브라함이 머물고 있던 곳이 브엘세바다. 예루살렘을 중심으로 보면 예루살렘 남쪽 30킬로미터 지점에 헤브론이 있다. 헤브론에서 서남쪽으로 43킬로미터 지점에 브엘세바가 있다. 성서 지도를 보면 아브라함은 브엘세바에서 출발하여 헤브론을 거처 모리아로 갔을 것이다. 그리고 제삼 일에 그곳에 도착해서 곧바로 번제를 드리고 그날 산에서 내려온 것을 보면 적어도 오전 중에 그곳에 도착했다. 이렇게 보면 아브라함과 이삭은 이틀 내지는 적어도 이틀 반 만에 73킬로미터를 간 셈이다. 이는 아브라함이 부지런히 길을 재촉해서 간 것임을 알 수 있다.

아브라함은 도착하자마자 종들을 그곳에 머물게 하고는 그의 아들 이삭과 함께 산에 오른다. 이삭에게 번제에 쓸 나무를 지우고 자신은 칼과 불을 손에 들고 간다. 이삭은 평소의 번제와는 달리 번제에 쓸 어린

양이 없자, 뭔가 이상하다고 느꼈다. 이에 이삭은 번제에 쓸 어린양은 어디 있느냐고 물었다. 아브라함은 하나님께서 자기를 위하여 친히 준비하실 것이라고 대답한다. 이윽고 두 사람이 하나님이 일러 주신 곳에 도착했다. 아브라함이 그곳에 제단을 쌓고 나무를 벌여 놓았다. 그의 아들 이삭을 결박하여 나무 위에 올려놓았다. 그리고 칼을 들어 아들을 잡으려 한다. 여기서 잡으려 하였다는 말은 죽이다(쇄하트)는 말의 완곡한 표현이다.

순간 여호와의 사자가 하늘에서 아브라함을 불렀다. 그것도 '아브라함아, 아브라함아' 하고 연거푸 부른다. 이는 그 순간이 매우 절박하고도 급박한 순간이었음을 알려 준다. 이어 "사자가 이르시되 그 아이에게 네 손을 대지 말라 그에게 아무 일도 하지 말라 네가 네 아들 네 독자까지도 내게 아끼지 아니하였으니 내가 이제야 네가 하나님을 경외하는 줄을 아노라"(창 22:12)라고 말함으로 아브라함의 모든 연단이 끝났음을 선언한다.

정신을 차린 아브라함이 뒤에 수풀에 뿔이 걸려 있는 숫양을 발견하고는 그것을 잡아 아들을 대신하여 하나님께 번제로 드렸다. 그리고는 아브라함이 그 땅 이름을 '여호와 이레' 라고 불렀다. 그 후로 사람들이 여호와의 산에서 준비되리라 하였다.

번제를 드린 후에 다시 여호와의 사자가 여호와의 축복의 말씀을 전한다. 이후에 아브라함에 대한 축복문이 더 이상 나타나지 않는 것을 보면 이는 축복의 재확인이라고 불러서는 안 된다. 이는 축복의 완결이라고 해야 할 것이다. 그 축복의 내용은 12장에 나오는 최초의 축복문(창 12:1-3)을 구체적으로 확증하는 것으로 되어 있다. 다만 12장의 축복문은 아브라함 개인에게 해당되는 것으로 표현되지만 여기서는 그의 후손

(씨) 모두에게 해당되는 표현으로 되어 있다.

시험

우리의 일반적인 상식을 뛰어넘는 이 사건에 대한 해석은 분분하다. 그 중에 유력한 것은 인신 제사의 철폐로 보는 것이다. 고대에는 어린이를 신에게 희생 제물로 바치곤 했다.[70] 이러한 인신 제사의 관행 대신에 짐승을 제물로 드리게 된 배경에 대한 성소 전승이 본문의 본래 모습이라는 주장이다. 이러한 성소 전승이 세월이 지나면서 차츰 그 본래의 모습과 목적이 퇴색되고 그 전승의 형태도 희미해져 갔다. 포로기 이후, 오경의 최종 편집자에게 이런 전승은 낯선 것이 되어 버렸다. 그리하여 전승의 본래적 의미 대신에 새로운 해석의 옷을 입혀 오늘과 같은 형태의 본문이 되었다.

이 사건의 본래 모습을 추적하고 그 원형을 파악하는 것 또한 그 나

---

70 이런 관행은 율법과 사사 시대와 왕조 시대에서도 광범위하게 행하진 그 흔적을 찾을 수 있다.
레 20:2-3 "너는 이스라엘 자손에게 또 이르라 그가 이스라엘 자손이든지 이스라엘에 거류하는 거류민이든지 그의 자식을 몰렉에게 주면 반드시 죽이되 그 지방 사람이 돌로 칠 것이요 나도 그 사람에게 진노하여 그를 그의 백성 중에서 끊으리니 이는 그가 그의 자식을 몰렉에게 주어서 내 성소를 더럽히고 내 성호를 욕되게 하였음이라."
삿 11:31 "내가 암몬 자손에게서 평안히 돌아올 때에 누구든지 내 집 문에서 나와서 나를 영접하는 그는 여호와께 돌릴 것이니 내가 그를 번제물로 드리겠나이다 하니라."
왕하 16:2-3 "아하스가 왕이 될 때에 나이가 이십 세라 예루살렘에서 십육 년간 다스렸으나 그의 조상 다윗과 같지 아니하여 그의 하나님 여호와께서 보시기에 정직히 행하지 아니하고 이스라엘의 여러 왕의 길로 행하며 또 여호와께서 이스라엘 자손 앞에서 쫓아내신 이방 사람의 가증한 일을 따라 자기 아들을 불 가운데로 지나가게 하며." 불 가운데로 지나가게 했다는 말은 바쳤다(아바르)는 뜻이다.
렘 19:5 "또 그들이 바알을 위하여 산당을 건축하고 자기 아들들을 바알에게 번제로 불살라 드렸나니 이는 내가 명령하거나 말하거나 뜻한 바가 아니니라."

름대로 의미가 있다. 하지만 성서 저자의 의도는 거기에 있지 않다. 성서에 대해 누구보다 잘 알고 있는 성서 저자가 율법과 이스라엘 역사 도처에 나오는 인신 제사에 대해 몰랐다고는 할 수 없다. 따라서 그 이야기를 성서 저자의 나름대로의 의도를 가지고 편집하여 썼다고 봐야 한다. 그 의도는 바로 시험이다.

성서는 이 사건이 아브라함에 대한 하나님의 시험을 위한 것임을 분명하게 밝히는 것으로 시작한다. "그 일 후에 하나님이 아브라함을 시험하시려고 그를 부르시되 아브라함아 하시니."(창 22:1) 이 본문(창 22:1-19)의 관심은 시험에 있다. 그 시험의 과제는 무엇인가? "네 아들 네 사랑하는 독자 이삭을 번제로 드리라"(창 22:2)는 것이다. 이어 나오는 본문은 아브라함의 그 어떤 감정적 변화나 행동의 주저함도 표현하지 않은 채, 아브라함이 성실히 그 명령에 철저히 침묵하며 순종하는 모습을 담담하게 기록한다.

이 시험의 목적은 무엇인가? 우리는 흔히 "네 아들 네 사랑하는 독자 이삭"이라는 말에 초점을 맞추어 해석하곤 한다. 그렇게 되면 시험의 목적이 하나님을 더 사랑하느냐, 아니면 네 아들, 이삭을 더 사랑하느냐 하는 것이 된다. "네가 이같이 행하여 네 아들 네 독자도 아끼지 아니하였은즉"(창 22:16)이란 말씀도 이를 뒷받침한다. 시험의 목적이 이 세상의 그 무엇보다도, 심지어 100살에 난 아들보다도 하나님을 더 사랑할 수 있느냐 라고 볼 수 있다.

하지만 이런 식으로 본문의 시험을 해석하는 것은 하나님을 너무 유치하게 만드는 것은 아닐까? 마치 어린아이에게 "엄마가 더 좋아? 아빠가 더 좋아?" 라고 묻는 것과 무엇이 다른가? 겉으로 드러난 본문의 내용으로는 그럴 수 있다. 하지만 그렇지 않다. 모든 시험은 순종에 초점이 맞추어져 있다. 사랑하느냐가 아니라, 그럼에도 순종할 수 있느냐가 이 시험의 목적이다.

이 시험은 이제까지의 모든 시험들을 종합 평가하는 시험이다. 즉, 믿음의 연단이라는 관점에서 이 시험을 봐야 한다. 이 시험의 목적은 "하나님의 자기모순 앞에서도 순종할 수 있느냐"다. 이 시험의 결과는 어떻게 되었나? 아브라함이 죽었다. 여기서 그는 믿음의 완성을 이루고 모든 연단으로부터 자유로움을 얻는다. 이에 대해서는 뒤에서 자세히 살펴보게 될 것이다.

아브라함의 이야기를 비롯해서 성서에 나오는 모든 시험의 주제는 순종이다. 왜냐하면 순종은 곧 의를 이루는 것이기 때문이다. 이에 대해 앞에서 충분히 설명했다. 하나님이 시험을 통해 원하시는 것은 무조건적인 순종이 아니다. 항상 선택에 의한 순종이다. 에덴동산에 선과 악을 아는 나무를 심어 놓으시고 그 나무의 열매는 따먹지 말라고 명령하셨다. 무조건적인 순종을 원하셨다면 그 나무를 심어 놓지 말았어야 했다. 아담이 그 열매를 따먹을 수 있었던 것은 그에게 선택할 수 있는 자유가 있었기 때문이다.

스스로의 자유에 의한 선택, 이 선택할 수 있는 의지를 우리는 자유의지라 한다. 자유의지는 이미 우리에게 주어져 있다. 하나님은 이 자유의지로 우리가 하나님을 선택하시기를 원하신다. 하나님은 우리 앞에 선과 악, 복과 저주, 그리심 산과 에발 산, 복음과 세상을 놓고 우리로 하여금 선택하도록 시험하신다. 이때 우리가 선과 복, 그리심 산과 복음을 선택하는 것을 순종이라 부른다. 그리고 악과 저주, 에발 산과 세상을 선택하는 것이 불순종이다. 이 둘 사이를 구분하는 기준은 구약에서는 율법, 신약은 복음이요, 그리스도다. 율법에 순종하는 것이 선과 복을 선택하는 것이고, 율법에 불순종하는 것이 악과 저주를 선택하는 것이다. 복음에 순종하는 것은 그리스도를 선택하고 사랑하는 것이며, 불순종은 세상을 선택하여 세상을 사랑하는 것이다.

아브라함의 일생은 사실상 시험의 연속이었다. 처음 떠나라는 하나님의 명령도 선택적 자유에 의한 순종을 전제로 한 시험이다. 기근이 들어 살기 힘들어졌을 때, 이집트로 내려간 것도 아브라함이 선택한 것이다. 그 선택의 잘못으로 인해 그는 이집트에서의 수난과 모욕을 당한다. 롯과의 분가도 그의 선택으로 말미암은 것이다. 전쟁도, 하갈을 취하여 이스마엘을 낳은 것도 그렇다. 이삭을 바치는 것도 그의 선택이다. 아브라함은 그 선택의 방향을 하나님께로 잡은 것이다.

아브라함도 우리도 모든 인생의 순간순간이 선택이요 시험이다. 어떤 것을 선택할 것이냐, 그것이 우리 인생의 시험의 주제다. 그 시험에 아브라함도 잘못된 선택을 하여 곤욕을 치루기도 했고, 제대로 믿음을 선택하여 의롭다고 칭찬을 받기도 했다. 이번 시험도 어떻게 할 것이냐의 선택의 문제다. 아들을 바치라는 명령에 순종할 것이냐? 아니면 불순종할 것이냐? 이에 대해 아브라함은 순종을 선택했다.

여호와 이레

여호와 이레라는 말은 우리에게 용기와 힘을 주는 은혜로운 단어다. 하나님이 우리에게 필요한 것을 필요한 때 준비하고 계셨다가 주신다는 말씀으로 우리는 믿는다. 또한 그 믿음대로 모든 문제가 은혜롭게 해결되면 우리는 여호와 이레 되시는 하나님의 은혜에 감사한다. 나도 때때로 여호와 이레의 은혜를 체험하며 살아간다. 그러나 우리가 여호와 이레라는 단어를 좀더 신중하고도 깊이 있게 봐야 할 필요가 있고, 또 그래야만 한다.

"아브라함이 그 땅 이름을 여호와 이레라 하였으므로 오늘날까지 사람들이 이르기를 여호와의 산에서 준비되리라 하더라."(창 22:14) 본문에서 보듯이 개역개정판은 여호와 이레를 "여호와께서 준비하시리라"고 번역하였다. 다른 한글 번역판도 대체로 "준비될 것이다"라고 번역했다. 그러나 새번역과 공동번역 개정판에서는 "주님께서 산에서 친히 보이신다", "야훼의 산에서 그가 나타나신다"는 번역을 각주에 달아 놓았다.[71]

새번역과 공동번역 개정판에서 각주를 달아 놓은 이유가 있다. 그것은 이 여호와 이레라는 단어가 두 가지 의미로 해석되기 때문이다. 히브리어 성서 본문은 "야훼의 산에 장만되어 있다"라는 의미와 "야훼의 산에서 그가 나타나신다," 또는 "주님께서 산에서 친히 보이신다"라는 두 가지 의미를 동시에 가지고 있다. 칠십인역은 전자의 의미로 번역하였다.[72] 그리고 라틴어 성서인 불가타는 후자의 의미로 번역하였다.[73] 영어 성서 번역본 중 가장 오래되고 권위 있는 KJV는 후자의 의미로 번역하였지만, 거의 대부분의 영역본은 전자의 의미로 번역하였다.[74]

이렇게 두 가지로 해석되는 이유는 **라아**라는 단어 때문이다. 이레는 **라아**의 니팔형 미완료 시제다. **라아**는 본래 보다는 뜻을 가지고 있다. 이

---

71 창 22:14 "이런 일이 있었으므로, 아브라함이 그곳 이름을 ㉠여호와 이레라고 하였다. 오늘날까지도 사람들은 ㉡'주님의 산에서 준비될 것이다'는 말을 한다. / ㉠히, '아도나이 이레(주님께서 준비하심)' ㉡또는 '주님께서 산에서 친히 보이신다'."(새번역)
창 22:14 "아브라함은 그곳을 야훼 이레라고 이름 붙였다. 그래서 오늘도 사람들은 "㉠야훼께서 이 산에서 마련해 주신다." 하고 말한다. / ㉠칠십인역을 따랐다. 히브리어 본문은 "야훼의 산에 장만되어 있다" 혹은 "야훼의 산에서 그가 나타나신다"라고 번역할 수 있다."(공동번역 개정판)

레가 니팔형이므로 보이다는 수동적 의미를 갖는다. 그리고 미완료 시제이므로 지금부터 영원히 보이신다는 의미가 된다. 라아가 구약성서에 무려 1,208회가 나오는 단어인데, 문제는 준비하다라는 뜻으로 쓰인 적이 한 번도 없다는 데 있다. 물론 라아라는 단어 속에는 준비하다는 뜻도 포함되어 있을 수 있다고 본다. 창세기 12장 1절을 보자.

"여호와께서 아브람에게 이르시되 너는 너의 고향과 친척과 아버지의 집을 떠나 내가 네게 보여 줄(라아) 땅으로 가라."(창 12:1) 보여 줄 땅은 하나님이 그와 그의 후손에게 주시기로 약속된 땅이다. 이렇게 본다면 그 땅은 그와 그의 후손들을 위해 하나님이 준비하신 땅이다. 이 구절만 놓고 본다면 준비하다와 보다는 말은 그 의미가 서로 통할 수 있다. 아마도 이런 의미로 칠십인역이 이레를 준비될 것이라고 번역한 것 같다. 나는 구약학자가 아니므로 더 이상은 말할 수 없다. 이쯤하고 서로 상이할 수도 있는 번역들이 우리에게 주는 의미와 교훈을 살펴보도록 하자.

---

72 본국 팔레스타인을 떠나 지중해 연안의 여러 곳에 흩어져 사는 유대인의 수가 증가하고, 모국어인 히브리어를 이해하지 못하는 자가 많아졌다. 그들을 위하여 구약성서를 당시의 일반적인 통용 언어였던 그리스어로 번역할 필요가 생겼다. 기원전 2세기경(또는 250-200년경)에 이집트의 알렉산드리아에서 완성되었다. 이 최고最古의 번역성서인 그리스어역이 70인의 학자의 손에 의해 된 것이라는 전통적인 기록에 의해서 보통 칠십인역(*Septuaginta*-70을 의미하는 라틴어)이라 부르고, 그 기호를 LXX로 쓴다. 사도 바울의 서신들을 비롯하여 신약성서에 인용되어 있는 구약의 말씀은 거의 이 칠십인역에서 인용된 것이다.

73 불가타Vulgate는 가톨릭교회 공인 라틴어역의 성서다. 라틴어 불가타 에디티오 *Vulgata Editio*의 생략형이다. 불가타는 로마 교황 다마수스 1세Damasus I, 366~384 재위)의 요청에 의해, 당시의 석학 히에로니무스Hieronymus 340경~~420)가 번역한 것으로, 404년경 완성하였다고 전해진다.

74 NIV "So Abraham called that place The LORD Will Provide. And to this day it is said, "On the mountain of the LORD it will be provided."(창 22:14)
KJV "And Abraham called the name of that place Jehovah-jireh: as it is said to this day, In the mount of the LORD it shall be seen."(창 22:14)

여호와께서 준비하시리라

먼저 여호와 이레를 "여호와께서 준비하시리라"고 번역하는 경우다. 이레가 라아의 니팔형으로 미완료 시제이므로 "여호와께서 준비될 것이다"라고 번역하는 것이 보다 정확하다. 하지만 여기서는 이레를 칼형으로 해석한 개역개정판의 번역에 따라 준비하시리라는 말로 통일하여 그 의미를 살펴보도록 하자. 창세기 22장 전체의 내용으로 보면 여호와 이레가 여호와께서 준비하시리라는 의미로 해석하는 것이 논리적이고 타당하다. 그렇게 보는 것이 전체 내용의 흐름상 자연스럽다.

자, 그렇다면 무엇을 준비하시는가? 7절과 8절에서의 아브라함과 그의 아들 이삭과의 대화를 보자. "이삭이 그 아버지 아브라함에게 말하여 이르되 내 아버지여 하니 그가 이르되 내 아들아 내가 여기 있노라 이삭이 이르되 불과 나무는 있거니와 번제할 어린 양은 어디 있나이까 아브라함이 이르되 내 아들아 번제할 어린 양은 하나님이 자기를 위하여 친히 준비하시리라.(라아)"(창 22:7-8) 번제에 쓸 어린양을 하나님이 자기를 위하여 친히 준비하실 것이라는 말이다.[75] 실제로 수풀에 뿔이 걸려 있는 숫양이 준비되어 있었다.(창 22:13)

22장 13절을 보면 하나님이 일러 주신 곳에 도착했을 때 이미 그곳에 숫양이 있었다. 다만 그들이 보지 못했을 뿐이다. 왜 아브라함과 이삭이 이미 수풀에 뿔이 걸려 있는 숫양을 보지 못했을까? 그것은 당연하다. 아들을 결박하고 죽여 하나님께 번제로 드리려 할 때, 아버지의 입장에서 보면 그 어떤 것도 눈에 들어오지 않았을 것이다. 이삭도 마찬가지

75 여기서 라아는 칼형 미완료시제다. 그러므로 하나님이 준비하신다는 뜻이 된다.

다. 친아버지가 자신을 죽이려는 그 상황에서 무엇인들 보였겠는가?

우리도 마찬가지다. 우리가 어떤 한 가지 일에 집중하면 그 외의 것은 눈에 보이지 않는다. 우리가 해결할 수 없을 정도의 어려운 일을 당할 때, 우리는 하나님께 기도하면 된다고 하지만 실제로 그러는가? 암에 걸려 죽게 되었을 때, 기도가 잘 나오는가? 처음에는 이 병원, 저 병원 찾아다니다가, 좋다는 것을 다 해보다가, 더 이상 희망이 남아 있지 않을 때, 그때 비로소 하나님을 찾지는 않는가? 사업이 부도날 위기에 처하면 여기저기 은행이다, 거래처다, 도움을 줄 만한 사람들을 찾아다니지 하나님부터 찾는가? 웬만한 믿음이 아니고는 그러지 못하는 것이 현실이다.

나는 치유 사역자라고 말하기도 쑥스럽지만 치유 사역을 하면서 말기 암 환자들을 여럿 보았다. 하지만 처음부터 믿음으로 고치려 했던 사람을 아직 만나보지 못했다. 이리저리 해 볼대로 다 해보다가 마지막에 주님을 찾는다. 그러기에 기도는 평소에 하는 것이다. 시험도 평소 실력으로 보는 것처럼 평소의 믿음과 기도로 준비된 대로 위기도 극복하고 시험도 이기고 하는 것이다. 육상 선수가 시합 일에 맞춰 자신의 컨디션을 최대한 끌어올려 평소에 훈련하던 대로 달리는 것이지, 평소에 운동도 안 하다가 시합이라고 갑자기 뛰는 법은 없다. 아무리 재능이 뛰어나더라도 평소에 훈련을 하지 않으면 좋은 기록을 낼 수 없다.

평소에 신앙의 내공을 쌓지 못하면 막상 인생의 위기와 시험이 닥칠 때, 문제를 해결하랴, 기도하랴, 금식이다, 철야다, 한꺼번에 하려니 바쁘다. 물론 급할 때 신앙도 자라고 하는 것이지만 평소에 기도 준비를 해 놓아야 급할 때 길이 바로바로 보이는 것이다. 그러나 본문에서의 아브라함은 입장이 다르다. 이삭을 낳은 후, 적어도 15년이 지난 지금까지 아브라함이 불신앙적인 행동이나 공도에서 벗어난 일을 하였다는 말이 나오지 않는다. 지금의 아브라함은 최종 시험을 치룰 정도로 믿음이 완숙한 상태다. 이렇게 볼 때 아브라함과 그의 아들 이삭이 숫양을 보지 못한 것은 하나님의 교훈적 섭리 때문이다.

아브라함이 이삭에게 여호와께서 자기를 위하여 친히 준비하신다고 말하는 것을 보면 아브라함은 이 사건에 대한 믿음을 가지고 있었던 것처럼 보인다. 아브라함은 정말로 하나님이 아들을 죽게 하실까? 그것은 아닐 것이다. 아마도 하나님께서 뭐가 준비하고 계실 것이다. 아브라함은 이렇게 믿었을 것이다. 그것을 입증하는 대목이 "여호와께서 자기를 위하여 친히 준비하신다"는 말씀이다. 자기를 위하여 친히 준비하신다는 말은 무슨 뜻일까? 그 말속에는 하나님은 신실하신 분, 약속을 지키시는 분이라는 믿음이 전제되어 있다.

인간은 자기를 위하여 은금을 쌓아 두며, 자기를 위하여 먹고 마신다.[76] 자신의 안위와 복을 위해 우상을 만들고 거기 절한다.[77] 자신의 이름과 업적을 만들기 위해 기념비를 세운다.[78] 그러나 하나님은 자기를 위하여 이스라엘을 특별히 자기 소유로 택하셨다.[79] 택하신 자를 돌보시

76 신 17:17 "그에게 아내를 많이 두어 그의 마음이 미혹되게 하지 말 것이며 자기를 위하여 은금을 많이 쌓지 말 것이니라."
슥 7:6 "너희가 먹고 마실 때에 그것은 너희를 위하여 먹고 너희를 위하여 마시는 것이 아니냐."

77 신 5:8 "너는 자기를 위하여 새긴 우상을 만들지 말고 위로 하늘에 있는 것이나 아래로 땅에 있는 것이나 땅밑 물 속에 있는 것의 어떤 형상도 만들지 말며."

78 삼상 15:12 "사무엘이 사울을 만나려고 아침에 일찍이 일어났더니 어떤 사람이 사무엘에게 말하여 이르되 사울이 갈멜에 이르러 자기를 위하여 기념비를 세우고 발길을 돌려 길갈로 내려갔다 하는지라."

79 시 135:4 "여호와께서 자기를 위하여 야곱 곧 이스라엘을 자기의 특별한 소유로 택하셨음이로다."

고, 그의 기도와 간구를 들으신다.[80] 하나님 스스로가 자신을 위하여 이스라엘을 이집트와 바빌로니아에서 구원하셨다.[81]

왜 성서는 하나님이 자신을 위하여 스스로 구원을 행하셨다고 말하는가? 그것은 약속 때문이다. 하나님은 약속을 지키시는 신실하신 분이기 때문이다. 하나님은 아브라함과 이삭과 야곱에게 세운 언약을 기억하사 이스라엘을 이집트에서 구원하셨다.[82] 또 전쟁에서 그들에게 승리를 안겨 주시는 것도 약속 때문이다.[83] 약속을 지키시는 분이라는 것을 믿기에 느헤미야는 약속하신 말씀을 기억하사 이스라엘을 구원해 달라고 기도할 수 있었던 것이다.[84] 하나님이 약속을 지키시는 분이라는 믿음은 신앙을 이루는 토대요 기본이다.

아브라함도 그의 전 생애의 경험을 통해 그것을 믿었다. 믿기에 그는 "여호와께서 자기를 위하여 친히 준비하신다"고 말할 수 있었던 것이다. 그러나 그러한 그의 믿음은 산산조각이 난다. 예정된 곳에 도착해

---

80 시 4:3 "여호와께서 자기를 위하여 경건한 자를 택하신 줄 너희가 알지어다 내가 그를 부를 때에 여호와께서 들으시리로다."
시 23:3 "내 영혼을 소생시키시고 자기 이름을 위하여 의의 길로 인도하시는도다."
81 사 48:11 "나는 나를 위하며 나를 위하여 이를 이룰 것이라 어찌 내 이름을 욕되게 하리요 내 영광을 다른 자에게 주지 아니하리라."
겔 20:9 "그러나 내가 그들이 거주하는 이방인의 눈 앞에서 그들에게 나타나 그들을 애굽 땅에서 인도하여 내었나니 이는 내 이름을 위함이라 내 이름을 그 이방인의 눈앞에서 더럽히지 아니하려고 행하였음이라."
82 출 2:24 "하나님이 그들의 고통 소리를 들으시고 하나님이 아브라함과 이삭과 야곱에게 세운 그의 언약을 기억하사."
출 6:8 "내가 아브라함과 이삭과 야곱에게 주기로 맹세한 땅으로 너희를 인도하고 그 땅을 너희에게 주어 기업을 삼게 하리라 나는 여호와라 하셨다 하라."
83 민 10:9 "또 너희 땅에서 너희가 자기를 압박하는 대적을 치러 나갈 때에는 나팔을 크게 불지니 그리하면 너희 하나님 여호와가 너희를 기억하고 너희를 너희의 대적에게서 구원하시리라."
84 느 1:9 "만일 내게로 돌아와 내 계명을 지켜 행하면 너희 쫓긴 자가 하늘 끝에 있을지라도 내가 거기서부터 그들을 모아 내 이름을 두려고 택한 곳에 돌아오게 하리라 하신 말씀을 이제 청하건대 기억하옵소서."

보니 아무것도 없었다. 혹시 하는 마음에 주위를 자세히 둘러보았을 것이다. 그러나 그의 눈에는 아무것도 보이지 않았다. 이에 아브라함은 그곳에 제단을 쌓고 나무를 벌여 놓고 그의 아들 이삭을 결박하여 제단 나무 위에 놓았다. 그리고 손을 내밀어 칼을 잡고 그 아들을 잡으려 하였다.

본문이 그 과정을 자세하게 묘사하는 이유는 무엇인가? 이는 아브라함이 정성껏 번제의 과정을 진행하였음을 뜻한다. 정성껏 하자면 시간이 걸린다. 그 시간 동안 아브라함의 생각 속에는 하나님은 약속을 지키시는 분이라는 믿음과 그 믿음에 대한 회의가 뒤섞여 심히 복잡했을 것이다. 그러나 1분이 1시간처럼 느껴졌을 그 시간 동안 아무 일도 일어나지 않았다. 이에 그는 하나님의 명령대로 아들을 잡으려 하였다.

아들을 죽이려 할 때, 그의 심정은 어떠했을까? 자신이 이제까지 믿고 살아왔던 하나님의 약속, 그 약속이 깨어지는 순간, 그는 어떤 심정이었을까? 하나님의 모든 약속을 이어갈 그 아들을 죽일 때의 믿음은 "죽으면 죽으리라"는 믿음이요, "그럼에도 불구하고"라는 믿음이었을 것이다.[85] 이 믿음으로 이삭을 실제로 죽이려 했던 것이다.

이때 하나님의 사자가 그에게 나타났고, 이삭은 살아났다. 그때 비로소 아브라함의 눈이 열려 준비되어 있던 숫양을 발견하곤 이삭을 대신하여 번제로 드렸다. 여호와께서 준비하시리라는 그의 믿음대로 하나님

---

85 더 4:16 "당신은 가서 수산에 있는 유다인을 다 모으고 나를 위하여 금식하되 밤낮 삼일을 먹지도 말고 마시지도 마소서 나도 나의 시녀와 더불어 이렇게 금식한 후에 규례를 어기고 왕에게 나아가리니 죽으면 죽으리이다 하니라."
단 3:17-18 "왕이여 우리가 섬기는 하나님이 계시다면 우리를 맹렬히 타는 풀무불 가운데에서 능히 건져내시겠고 왕의 손에서도 건져내시리이다 그렇게 하지 아니하실지라도 왕이여 우리가 왕의 신들을 섬기지도 아니하고 왕이 세우신 금 신상에게 절하지도 아니할 줄을 아옵소서."

은 역시 준비해 놓고 계셨다. 여호와 이레를 "여호와께서 준비하시리라"고 번역할 경우에 본문은 대략 이런 의미로 해석할 수 있다.

여호와께서 보이신다

여호와 이레를 "여호와께서 보이신다"고 번역할 경우를 살펴보자. 이럴 경우 본문의 흐름이 부자연스럽다는 단점이 있다. 특히 창세기 22장 7-8절에 나오는 아브라함과 이삭과의 대화가 어색해진다. "이삭이 그 아버지 아브라함에게 말하여 이르되 내 아버지여 하니 그가 이르되 내 아들아 내가 여기 있노라 이삭이 이르되 불과 나무는 있거니와 번제할 어린 양은 어디 있나이까 아브라함이 이르되 내 아들아 번제할 어린 양은 하나님이 자기를 위하여 친히 준비하시리라.(라아)" 라아를 보다의 의미로 직역하여 8절 후반부를 번역하면 "하나님이 자기를 위하여 (친히) 보신다(라아)"가 된다. '친히' 라는 말은 히브리어 본문에는 나오지 않는 단어다.

라아를 '보신다' 라고 번역하면 우리는 내용의 흐름이 어색하다고 느낀다. 하지만 보다라는 말이 주는 의미를 생각하면 그리 어색하지만은 않다. 우리는 앞에서 가인의 제사를 하나님이 왜 받지 않으셨는가, 그리고 아벨의 제사는 왜 받으셨는가에 대해 원어를 검토해 보았다. '받으시다' 는 말의 히브리어는 샤아인데, 본문에 나오는 '보다' 라는 뜻의 라아와 동의어다. 하나님은 가인의 삶을 지켜보고 계셨다. 가인의 삶이 하나님 보시기에 합당하지 못했다. 그러므로 하나님은 가인과 그의 제물을 받지 않으신 것이다. 아벨의 삶도 하나님이 보고 계셨다. 그의 삶이 하나님 보시기에 합당한 삶이었으므로 하나님이 그의 제사를 받으신 것이다.

이러한 관점으로 본문을 다시 보자. 라아를 준비하다가 아닌 보다의 의미로 본문을 해석하면 이렇다. 번제할 어린양은 하나님이 자기를 위하여 보신다. 이는 아벨의 제사를 연상케 한다. 주의 깊게 성서를 읽는 독자라면 아브라함의 대답 속에 아벨의 제사가 오버랩 되어 있음을 알아차리게 된다. 어린양이 어디에 있느냐는 이삭의 물음에 아브라함은 그 어린양이 바로 너, 바로 너의 삶과 너의 전 존재라고 대답한 것이다. 하나님이 보고 계신 너, 이삭이 제물이라는 것을 독자로 하여금 고백하게 한다. 더 나아가 모리아 산의 제물은 하나님이 보고 계신 내가 된다.

아브라함이 제단을 쌓고 나무를 벌여 놓았다. 그리고 그 위에 이삭을 결박하여 올려놓고 죽이려 할 때, 여호와의 사자가 나타나 아브라함을 부른다. 그가 정신을 차려 주위를 살펴보니(라아) 뒤에 숫양이 있었다. 그 숫양을 가져다가 아들을 대신하여 번제로 드렸다. 그리고는 아브라함이 그 땅 이름을 여호와 이레라고 불렀다. 즉, 여호아의 산에서 보이신다(이레) 라아는 칼형으로 능동적 의미를 가지기에 '보다'로 번역하고 이레는 니팔형이므로 '보이다'로 번역해야 한다. 따라서 여호와 이레는 여호와께서 자신을 보이셨다는 뜻이다.

우리가 라아를 보다는 의미로 번역해야 하는 이유가 또 하나 있다. 그것은 라아라는 단어가 본문(창 22:1-19)에 모두 4번 나오며, 이레라는 단어까지 합하면 총 5번 나온다는 사실이다. 하나씩 보자.

창 22:4 "제삼일에 아브라함이 눈을 들어 그곳을 멀리 바라보지라(라아)"

창 22:8 "아브라함이 이르되 내 아들아 번제할 어린 양은 하나님이 자기를 위하여 친히 준비하시리라(라아) 하고 두 사람이 함께 나아가서."

창 22:13 "아브라함이 눈을 들어 살펴본즉(라아) 한 숫양이 뒤에 있는데 뿔이 걸려있는지라 아브라함이 가서 그 숫양을 가져다가 아들을 대신하여 번제로 드렸더라."

창 22:14 "아브라함이 그 땅 이름을 여호와 이레라 하였으므로 오늘날까지 사람들이 이르기를 여호와의 산에서 준비되리라(라아) 하더라."

위의 구별을 보면 이레를 제외한 4번 중 준비하다라고 번역한 구절이 두 번, 8절과 14절이며, 나머지 두 번, 4절과 13절은 보다로 번역하였다. 똑같은 단어를 한 본문 안에서 다르게 번역하는 것은 좋은 번역이 아니다. 추측컨대 히브리어 본문을 칠십인역에서 그리스어로 번역할 때, 내용상의 흐름으로 라아의 뜻을 준비하다라고 의역한 것이 아닌가 하는 생각이다.

라아를 준비하다가 아닌 전적으로 보다는 의미로만 본문을 다시 재구성해 보면 이렇다. 하나님이 아브라함을 시험하시려고 그에게 사랑하는 아들, 이삭을 번제로 바치라고 하셨다. 이튿날 아침 일찍 아브라함은 하나님이 일러준 땅으로 떠난다. 제삼 일에 그곳에 도착해 종들은 산 아래 남겨둔 채 둘이 산을 오른다. 이삭이 아브라함에게 묻는다. 번제에 쓸 어린양은 어디 있습니까? 아브라함은 대답한다. 어린양은 하나님이 친히 보신다.(아벨의 제사처럼 하나님이 친히 보신다. 그리고 그 제사를 받으신 것처럼 너를 보시고 너를 받으실 것이다.)

그곳에 이르러 아브라함이 이삭을 결박하고 죽이려 할 때, 여호와의 사자가 나타나 극적으로 이삭은 살아난다. 이에 정신을 차린 아브라함이 보니 숫양이 덤불에 걸려 있었다. 그것으로 이삭을 대신하여 번제를 드렸다. 아브라함이 그 땅 이름을 여호와 이레라고 하였고, 그때부터 사람들이 이르기를 여호와의 산에서 보이시리라고 하였다. 아브라함은 자신을 스스로 드러내 보이시는 하나님, 이레의 하나님을 그 산에서 만난 것이다.

2) 하나님의 자기모순 앞에서의 침묵

본문(창 22:1-19)은 이 사건이 아브라함에 대한 하나님의 시험을 위한 것임을 분명하게 밝히는 것으로 시작한다. "그 일 후에 하나님이 아브라함을 시험하시려고 그를 부르시되 아브라함아 하시니."(창 22:1) 이 본문의 주제는 시험이다. 시험의 과제는 "네 아들 네 사랑하는 독자 이삭을 번제로 드리라"(창 22:2)는 것이다. 이 시험의 목적은 "하나님의 자기모순 앞에서도 순종할 수 있느냐"다. 이 시험의 결과는 어떻게 되었나? 아브라함은 침묵 속에 죽었다. 여기서 그는 믿음의 완성을 이루고 모든 연단으로부터 자유로움을 얻는다.

우리는 본문을 통해 하나님 스스로 자기모순을 드러내시고 계신다는 것을 알 수 있다. 하나님은 큰 민족을 이루게 하신다는 약속을 하셨고, 그 약속을 믿고 아브라함은 자신의 기반이 되는 고향과 아버지의 집을 떠났다. 수많은 고초를 겪을 때마다, 약속에 대한 믿음이 식어질 때마다 하나님은 그에게 나타나 다시 한 번 약속을 확인시켜 주셨고, 실제로 그 약속을 지키셨다. 이러한 과정을 거치면서 그는 하나님은 반드시 약속을 지키시는 분이라는 사실을 체험했다.

그러나 마지막 시험은 이제까지의 시험과 비교할 수 없는 잔인하고도 감당하기 힘든 시험이었다. 그의 사랑하는 아들 이삭을 번제로 바치라고 하신다. 이삭은 하나님의 약속을 이어갈 아들이다. 그를 낳기 위해 얼마나 애썼는가? 얼마나 많은 세월들을 노심초사하며 기다렸던 아들인가? 그렇게 해서 낳은 아들을, 모든 소망이 끊어졌다고 생각했던 나이 100세에 낳은 아들을 직접 죽여 번제물로 바치라고 하셨다.

약속의 아들을 죽이라는 것은 하나님이 이제 너와의 모든 약속을 파기하겠다는 선언이다. 하나님은 약속을 지키시는 신실하신 분이라 믿고 살아왔는데, 하나님이 약속을 깨뜨리고 스스로 자기모순 속으로 들어가신다. 이제까지 가졌던 하나님은 신실하신 분이라는 자신의 믿음을 부정하지 않고는 결코 받아들일 수 없는 시험이다. 그래도 믿고 순종하겠느냐? 이것이 시험의 주제다. 이에 아브라함은 침묵하며 순종한다. 이 아브라함의 침묵은 죽음의 침묵이다.

침묵과 죽음

하나님 앞에서의 침묵은 죽음이다. 죽지 않고는 침묵할 수 없다. 2003년 12월 중순 경, 이 글을 처음 시작한지 40여 일이 지났을 때의 일이다. 3일 전부터 내가 죽는다면 어떻게 되나 하는 생각이 갑자기 들기 시작했다. 처음에는 대수롭지 않게 흘려 넘겨 버리려고 했지만 시간이 갈수록 점점 심각하게 고민하게 되었다. '내가 죽는다.' 사람은 누구나 한번 태어나면 한번 죽는 것은 정한 이치이므로 나는 죽는다는 것에 대해 별로 마음이 쓰이지 않았다. 그런데 '내가 지금 죽는다면?' 이라는 생각이 들자 좀 심각해지기 시작했다.

생각이 꼬리를 물고 돌아 상념의 소용돌이 속으로 나를 몰아넣었다.

죽음이 내 마음의 끝자락을 잡고 삼 일 내내 놓아주질 않았다. 내가 지금 죽으면 어떻게 되지? 제일 먼저 아이들과 아내가 불쌍할 것 같았다. 아빠 없이, 남편 없이 지금보다 더 어렵게 살아갈 것 같아 미안한 마음이 든다. 별로 해 준 것도 없고 남겨 줄 것도 없는데……. 부모님을 비롯해 가까운 사람들부터 멀리 떨어진 사람들까지 두루두루 스쳐 지나간다. 그리고 지금 쓰고 있는 이 글은 누가 마무리 지어 줄 것인가?

하지만 살아 있는 사람은 어떻게든 살기 마련이다. 아내가 처녀 때 나한테 발휘한 능력을 다시 한 번 발휘한다면 아이들에게 좋은 아빠를 구해다 줄 수도 있을 것 같고, 아이들도 그 나름대로의 인생을 살아가게 될 것이다. 교회는 좋은 목회자가 오면 나만 하겠는가? 시간이 지나면 나를 위해 울어 준 사람들의 눈물도 점차 말라가고 그러다 잊혀지겠지.

세월이 지난 후, 어쩌다 내 생각을 해준다면 그것은 내가 그들에게 이유 있는 사람이었다는 증거일 테니 나에게 행복일 것이다. 나 하나 없어진다고 우주에 빈자리가 생기는 것도 아닐 테니 지금 죽어도 괜찮을 듯싶다. 그리고 유언은 남기지 말아야지. 여태 살면서 신세지고 부담만 주며 살았는데 죽는 마당에 또 부담을 지울 수는 없지 않은가? 이 정도면 죽음을 떨쳐 버릴 줄 알았는데, 여전히 죽음이 나를 놓아주질 않는다.

마음 한구석에서 괜히 아쉽다는 생각이 고개를 든다. 이제까지 고생하며 공부하고 책 쓰고 고민하며, 지금과 다른 그 무엇이 있을 것이라고 기대하며 살아온 날들이 아쉽게 느껴진다. 내게 능력 주시고 그의 아름다움을 맛보게 하신 하나님을 위해 뭔가 해보려고 준비한 것들을 제대로 펼쳐 보지도 못하고 접어야 한다는 것이 아쉽다. 아니 억울하다. 이제 조금 알 만하고 할 만하다는 생각이 드는데 모든 것을 그대로 버려두어야 한다. 아내를 과부로, 아이들을 고아로 남겨 두고 떠나는 것이 아쉬운 것을 넘어 억울하다. 이것저것 생각을 해 봐도 억울하다.

한참을 생각해도 억울한 것 같아 산에 올라 쭈그리고 앉아 있노라니 왜 억울하다는 생각이 들까? 하는 생각이 불현듯 든다. 왜 억울하지? 죽는다고 달라지는 것도 없을 텐데 왜 억울하다고 생각하지? 언제 죽어도 괜찮다고 생각할 때는 언제고, 지금은 죽는 것이 왜 억울하다는 생각이 들까? 그땐 꼬박 사흘 동안 이런 생각만 했었다.

불현듯 나는 나의 죽음을 살아 있는 사람과 비교하니 억울하다는 생각이 들었다. 내가 준비한 모든 것이 남겨둘 새도 없이 그냥 없어져 버리고 만다는 것이 억울하다. 사랑하는 사람들과 벌써 헤어져야 한다는 것이 억울하다. 한참동안 억울하다는 생각을 하다 문득 있음을 잃어야 한다는 것 때문에 억울한 것이라는 데 도달했다.

있음과 없음을 비교하니 억울한 것이다. 어차피 없어질 것을 있음으로 생각하니 억울한 것이다. 죽고 난 뒤에는 아무것도 없을 텐데 아직까지 살아 있기에 억울한 것이다. 내 손에 있어도 주님의 것이요, 남의 손에 있어도 주님의 것이다. 그럼에도 죽고 나면 내 손에 아무것도 남지 않는다고 생각하기에 억울한 것이다. 그렇다면 내가 아무것도 없고 아무것도 아닌 사람이었다면 억울하지는 않겠는가? 그렇다. 내가 있음과 비교하니 억울한 것이다. 내가 남들과 비교하지도 않고, 살아 있음을 잊는다면 억울함도 없는 것이다.

생각이 이쯤 흐르자, 하나님 앞에 선 내 모습을 떠올리게 되었다. 하나님 앞에 선 나는 어떠한 사람인가? 하나님 앞에서 내 생각과 내 지식과 내가 가진 모든 것들을 있음이라고 말할 수 있는가? 없다. 하나님 앞에 선 나는 아무것도 아닌 티끌만도 못한 사람이다. 하나님의 광대한 영광 앞에서 나는 없는 것과 같은 무지한 존재다. 지금 죽는다 해도 무슨 억울함이 있겠는가?

지금 죽는다 해도 아쉬운 것도, 억울한 것도 없이 그저 사랑하는 사람들을 향해 한번 웃고 떠날 수 있을 것 같다. 홀가분해진다. 죽음에 대한 생각이 멈춘다. 그날 밤 기도 시간에 나는 하나님께 물었다. 하나님 왜 죽음에 대해 생각하게 하셨습니까? 하나님은 죽음이 바로 연단이라고 말씀하신다.

내 생각이 살아 있고, 내 계획과 꿈이 살아 있으니 사람은 억울한 것이다. 내 생각과 계획과 꿈이 죽고 없어지면 억울함도 괴로움도 없는 것이다. 그러므로 죽음을 억울하게 생각하지 않게 하는 것이 연단이다. 연단을 통해 죽는 것이다. 살아 있기에 상처를 받고 아파한다. 상처 받았기에 상처를 주는 것이다. 죽은 자는 상처를 받아도 꿈틀거리지 않는다. 아픔은 산 자의 몫, 죽은 자는 아픔도 슬픔도 아쉬움도 안타까움도 없다. 아픔을 느끼는 자는 아직 연단이 끝나지 않았다는 증거다. 연단을 통해 내가 죽고, 내 삶이 죽고, 내가 있음이라고 여기는 모든 것이 죽는다. 그때 기쁨과 평화와 사랑의 하나님의 삶으로 다시 살아나는 것이다. 이것이 부활이다.

아브라함이 살아 있을 때 하나님께 투덜대고 조급해 했지만 연단받아 온전히 자신을 죽일 때, 조급함도 없어지고, 아까운 것도 없어지고, 의심도 없어지고 그저 하나님의 명령에 전적으로 순종하였던 것이다. 그러므로 연단은 나의 살아 있음을 죽이는 것이다. 이것을 깨닫게 하시기 위해 죽음을 생각하게 하셨다.

아브라함은 하나님의 약속을 믿고 믿음으로 떠났다. 그럼에도 살아 있는 그는 하나님 앞에서 투덜거리고 불신앙적인 모습을 보인다. 그런 그를 하나님은 모리아 산에서 단칼에 베어 죽였다. 그는 침묵 속에서 죽었다. 그리고 아들을 포함해 모든 있음을 버렸다. 아브라함이 죽을 때 그들도 아브라함 속에서 함께 죽은 것이다. 이 죽음을 세상에 대한 죽음, 감정의 죽음, 하나님에 대한 죽음으로 나누어 살펴보고, 그리고 마지막으로 자신의 꿈이 어떻게 하나님 안에서 죽어야 하는지에 대해 살펴보자.

세상에 대한 죽음

아브라함이 처음 하나님의 약속을 믿고 떠날 때, 그의 이름은 아브람이었다. 아브람은 '높은 권세자' 란 뜻이다. 높은 권세자란 의미에서 보듯이 아브람이란 이름은 세속적이고 출세 지향적이다. 그는 분명히 큰 민족을 이루고, 그의 이름을 드높여 주시겠다는 하나님의 약속을 출세 지향적으로 받아들여 떠났던 것이다. 이후 하나님이 그의 이름을 아브라함으로 바꾸어 주시기 전까지 그는 그렇게 살았다.

하나님이 그런 그의 이름을 아브람에서 아브라함으로 바꾸어 주셨다 (창 17:5) 아브라함은 '많은 사람들의 아버지' 란 뜻이다. 세속적이고 출세를 지향하는 이름이 믿음을 지향하는 이름으로 바뀌었다. 믿음으로 이름이 창대케 되며, 믿음의 조상이 되는 이름의 사람으로 바뀌었다. 아브라함이 되고 나서 그는 소돔을 위해 간구하는 자가 되었다. 하나님께 중보기도하며 소돔의 심판을 만류하는 그의 모습에서 이름 값하는 아브라함을 본다. 그럼에도 불구하고 그는 또 다시 아비멜렉에게 아내를 빼앗긴다. 아브라함이 되었음에도 여전히 아브람의 구태를 벗어나지 못했다.

그런 그에게 모리아 산에서 하나님이 나타나셨다. 아브라함이 이삭을 죽이려는 순간 하나님이 나타나셨다. 하나님이 나타나시는 순간 그는 죽었다. 이때 그의 내면에 어떠한 일이 벌어졌는지 알 수 없다. 그러나 이후의 삶을 보면 그는 거기서 죽은 것이 분명하다. 아브람이 완전히 죽었다. 세상에 대하여 죽었다.[86]

그리고 두 번째 나타나셔서 다시 한 번 축복하신다. 하나님은 아브라함에게 모두 7번에 걸쳐 축복과 언약을 하신다.[87] 이번이 마지막 축복으로 이제까지의 모든 축복을 다 합쳐 놓은 종합적인 내용으로 되어 있다. 다른 점이라면 하나님 스스로 자신을 가리켜 맹세하신다는 점이다. 그리고 축복문에 사용된 동사들, 복을 주다, 번성하게 하다, 얻으리라 등은 모두 그 시제가 미완료형으로 되었다. 이는 지금부터 영원까지 그렇게 하신다는 뜻이다. 이렇게 하시는 이유는 "네가 나의 말을 준행하였음이라"고 하신다. 이때 준행하였다는 말의 시제는 완료형이다. 하나님이 아브라함의 믿음과 순종을 인정하셨다는 말이다. 또한 그의 모든 시험이 종결되었음을 선언하신 것이다.

이 사건 이후의 아브라함에 대한 이야기는 세 번 나온다. 사라의 죽음과 그녀의 매장지를 매입하는 과정에 관한 이야기(23장 전체), 그의 늙은 종을 자신의 고향으로 보내 이삭을 위하여 리브가를 데려오는 과정 이야기(24장 전체), 그리고 그의 말년에 후처로 맞이한 그두라와의 사이에서 낳은 아들들의 명단과 그들에게 재산을 분배해 주고 이삭을 떠나

86 갈 6:14 "그러나 나에게는 우리 주 예수 그리스도의 십자가밖에는 아무것도 자랑할 것이 없습니다. 그리스도께서 십자가에 못박히심으로써 세상은 나에 대해서 죽었고 나는 세상에 대해서 죽었습니다."

87 창 12:2-3; 12:7; 13:14-17; 15:5; 15:18-21; 17:6-8; 22:17-18.

동방으로 가게 했다는 이야기(창 25:1-6), 이렇게 셋이다.

우리는 앞에서 사라의 매장지를 매입하는 과정 속에서 세상 사람들을 대하는 태도에 대해 보았다. 모든 사람들을 마치 하나님 대하듯 대하며, 하나님께 예배하듯 그들 앞에서 고개 숙이는 겸손한 그를 보았다. 그리고 리브가를 택하여 데리고 오는 과정 속에서 형통한 그를 보았다. 이는 세상 사람들이 말하는 형통과 겸손의 모습과는 차원이 다르다. 그는 주님께서 말씀하신 것처럼 성령으로 거듭난 성령의 사람이 된 것이다.[88]

사소한 것에 목숨 걸지 않고 오직 주님과 함께 동행하는 자가 된 것이다. 내가 주님 안에, 주님이 내 안에 온전한 열매를 맺는 포도 나뭇가지가 되었다. 하나님의 숨결을 가지고 그의 숨을 쉬는 자가 되었다. 마치 바람처럼 된 것이다. 예전에는 거치는 것이 있을 때, 비굴하게 살기도 했고, 전쟁도 했지만 이제는 거치는 것이 있어도 충돌하지 않는 참 자유인이 된 것이다.

감정의 죽음

본문(창 22:1-19)에는 아브라함의 감정에 대한 언급이 없다. 그러나 아브라함의 감정을 진하게 느낄 수 있는 대목들은 여타 본문과는 비교할 수 없을 정도로 많이 나온다. 이삭에 대한 호칭도 꼭 '그의 아들 이삭'이라고 하여 하나밖에 없는 아들, 사랑하는 아들임을 강조한다. 또한 아

---

88 요 3:8 "바람이 임의로 불매 네가 그 소리는 들어도 어디서 와서 어디로 가는지 알지 못하나니 성령으로 난 사람도 다 그러하니라."

브라함이 이삭과의 대화에서 '아들아' 라고 부른다. 하나님도 '네 아들 네 사랑하는 독자 이삭' 이라고 부른다. 모리아 산에 오를 때도 이삭에게는 번제에 쓸 나무를 지우고, 자신은 칼과 불을 든다. 이는 위험한 물건을 아들에게 맡기지 않으려는 아버지의 마음을 표현한 것이다.

둘이 산에 오를 때 동행이란 단어를 썼다. 마치 에녹이 하나님과 동행하는 것을 연상케 한다. 하나님과 에녹이 하나 되어 함께한 것처럼 아브라함과 그의 아들 이삭도 함께 하나가 되어 산을 오른다. 이처럼 우리는 본문의 단어 하나하나에서 진한 부정을 느끼게 된다. 감정에 대한 묘사 없이 상황에 대한 표현만 가지고 담담하게 쓴 것은 감정의 문제는 독자들 몫으로 남겨 두려는 저자의 의도다. 즉, 독자들로 하여금 무한한 상상력을 가지고 본문을 읽도록 하기 위한 배려다.

그러나 우리는 이러한 감정에 휘말려 본질의 문제를 놓치면 안 된다. 아브라함이 모리아 산에서 진짜로 느꼈던 감정의 내용은 그것이 아니다. 하나님께서 스스로의 모순을 드러내시며, 마치 그에게서 사라져 버린 것과 같은 그런 것이다. 이 상황에서 아브라함은 무엇을 느꼈을까? 하나님께 대한 배신감이었을까? 아니면 한 가닥 희망을 놓지 않으려는 절박감이었을까? 이 상황은 골고다 언덕 위에서 주님이 느꼈던 것과 같은 그런 것이다.

주님은 십자가 위에서 철저히 버림받았다. 그를 따르던 사람들뿐만 아니라 하나님으로부터 버림받았다. 그 고통 때문에 "나의 하나님, 나의 하나님, 어찌하여 나를 버리셨나이까" 라고 큰 소리로 부르짖으셨다.(마 27:46) 아브라함도 이 고통을 느꼈다. 평생 믿고 따랐던 하나님, 그 하나

---

89 막 15:33 "제육시가 되매 온 땅에 어둠이 임하여 제구시까지 계속하더니."

님을 위해 모든 것을 버렸는데, 이제 그 하나님이 모든 것을 파기하고 스스로 숨으셨다. 주님이 십자가에 달리실 때 어둠이 임했다.[89] 하나님의 부재를 표현한 것이다. 아브라함도 똑같이 하나님의 부재를 경험한다.

이 어둠은 호세크의 어둠이다. 15장에서 경험한 두려움과 큰 어둠의 상태다. 지금 모리아 산에서 아브라함에게 창조 이전의 어둠, 하나님 부재의 어둡고 두려움의 상태가 분명하게 펼쳐지고 있는 것이다. 지금 아브라함은 호제가 아닌 타르데마를 경험하고 있는 중이다. 15장과의 차이점은 15장에서는 새로운 민족을 만들기 위한 타르데마이고, 지금은 그를 완전히 재창조시키는 타르데마다. 마치 처음 아담을 창조하실 때의 그 당시를 경험하고 있는 것이다.

모리아 산에서의 그는 아예 근원부터 변화시키시는 하나님의 섭리 가운데 있는 것이다. 여기서 그는 세상에 대한 그의 모든 생각과 계획들, 그의 감정들, 하나님에 대한 개념들 모두가 깨져 버린다. 자신의 감정들 모두가 깨어져 아브라함의 마음은 사라지고 아예 주님의 마음이 된 것이다. 아담처럼 된 것이다.

이후 그는 속없는 사람이 되었다. 자신의 마음이 하나님처럼 되었으니 만나는 사람들을 대할 때 하나님 대하듯이 할 수 있는 것이다. 손해를 보아도 마음에 남지 않으니 화를 낼 필요도, 낼 수도 없다. 예배하는 마음으로 살아가는 것이다.[90] 그렇다고 인간적이지 않게 되었다는 것은

90 롬 12:1-2 "그러므로 형제들아 내가 하나님의 모든 자비하심으로 너희를 권하노니 너희 몸을 하나님이 기뻐하시는 거룩한 산 제물로 드리라 이는 너희가 드릴 영적 예배니라 너희는 이 세대를 본받지 말고 오직 마음을 새롭게 함으로 변화를 받아 하나님의 선하시고 기뻐하시고 온전하신 뜻이 무엇인지 분별하도록 하라."

아니다. 사라가 죽자, 아브라함은 사라의 죽음 앞에서 슬피 울며 애통해 한다. 하나님을 근원적으로 만나는 체험을 하게 되면 하나님처럼 되는 것이 아니다. 초능력을 행하거나 도사처럼 되는 것도 아니다. 다 그러지 못한 사람들이 스스로의 생각으로 만들어낸 상상일 뿐이다.

하나님을 만난 체험을 하게 되면 하나님처럼 되는 것이 아니라 참 인간이 된다. 사실 참 인간이란 말도 이상한 말이다. 이는 진짜 참기름이란 말과 같은 것이다. 인간들이 인간이 무엇인지 모르니 인간이 된 사람들을 자신들과 구별하여 참 인간이라고 부르는 것일 뿐이다. 그저 창조 당시의 아담처럼 인간이 된 것이다. 아브라함이 사라의 죽음 앞에서 슬피 울며 애통했다는 것은 아브라함이 창조 때처럼 그런 인간이 되었다는 말이다. 아주 단순하고 속없는 사람이 되었다.

하나님에 대한 죽음

하나님은 누구인가? 어떠한 분인가? 이 물음에 대해 신자들이 너무 쉽게 결론을 내리고는 더 이상 고민하지 않는다. 이는 자신의 영혼과 삶에 대한 무책임이다. 우리는 하나님에 대하여 하나님은 완전하시고 전능하시며 선하시고 영원하신 분이라고 믿는다. 과연 그런가? 내가 믿는 하나님만이 구원의 유일하신 분이라고 믿는다. 과연 그런가? 타종교를 믿는 사람들도 자신이 믿는 신이야말로 구원의 주이며, 전능하다고 믿는다. 그들이 틀리고 내가 맞는가? 아니면 내가 틀리고 그들이 맞는가? 가려진 커튼 틈 사이로 바라본 여인을 상상 속에서 사랑하게 된 사람처럼 많은 신앙인들이 조그만 체험을 마치 전부인 양 착각하고 있지는 않은가? 그 체험 속에서 만난 하나님이 과연 진짜 하나님일까?

포이어바흐에 의하면 하나님은 단지 자신 속에 숨겨진 잠재성의 투영에 불과하다고 했다. 프로이트는 하나님을 유아기적 환영이라고 했다. 홀로 서기에 실패한 유아적 사고를 가진 사람들이나 하나님을 믿는 것이지 성숙한 자아를 가진 사람에게는 하나님이 더 이상 필요치 않다는 말이다. 역사 속에 나타난 대로 하나님은 현재의 불행을 정당화시켜 주며, 독재 권력자들의 폭력을 정당화시켜 주는 분인가? 하나님의 이름으로 자행된 수많은 전쟁과 폭력들에 대해서까지 자기 이름을 위해 합법화시켜 주시는 분인가?

모든 인간은 자신들의 삶의 경험과 성서의 지식, 여기에 신앙적 체험을 곁들여 나름대로 하나님에 대한 이론을 가지고 산다. 그 이론이 구체화되고 보편성을 가지게 되면 신학이 된다. 체험이 공동체성을 가지게 되면 교리가 된다. 또한 체험이 내면화된 것이 믿음이다. 그 믿음이 과연 옳은가? 혹시 그릇된 믿음이나 잠재된 자아의 투영에 지나지 않은 것은 아닌가? 신학과 교리가 과연 영구불변의 진리인가?

왜 이런 중요한 문제에 대해 철저하게 고민하지 않는지 의문이다. 자신의 인생과 영혼이 걸린 아주 중차대한 문제임에도 왜 대충 넘어가려 하는가? 믿음이 좋은 것인가? 아니면 맹신인가? 모든 물음에는 해답이 있다. 해답을 구하지 않는 신자는 자신의 인생과 영혼에 대해 무책임한 사람일 수밖에 없다. 이러한 모든 물음에 대한 해답을 구하려면 먼저 자신이 가진 하나님에 대한 믿음이 불완전하다는 고백으로부터 시작해야 한다.

나는 보수주의자들을 좋아한다. 그들의 타협하지 않는 순수한 믿음을 좋아한다. 하지만 그들은 자신의 믿음에 대한 고민을 사전에 차단하고 그 어떠한 말도 들으려 하지 않는다. 우리들의 삶은 끊임없이 우리의 믿음을 시험하고 뒤흔들어 놓는다. 보수주의자들은 흔들리는 믿음이 무너지지 않도록 온몸으로 감싸 않는 자들이다. 왜 자신들의 믿음이 불완전하기에 흔들리는 것이라고 생각하지 않는가? 조금만 바람이 불고 비가 와도 흔들리고 비가 새는 낡은 건물을 무너지지 않게 보수하는 데만 열심인가? 아예 허물고 다시 지을 생각은 없는가? 비바람이 문제인가? 아니면 흔들리는 건물이 문제인가? 모든 믿음은 하나님 체험으로부터 비롯된 것이다. 하나님 체험 없는 믿음도 없다. 그렇다면 흔들리는 믿음 대신 하나님을 만나 흔들리지 않는 굳건한 믿음을 가지려 하지 않는가? 이 물음들이 그들로 하여금 잘 연단된 정금 같은 믿음으로 나가는 데 조금이나마 도움이 되었으면 한다.

진보주의자들은 현실의 문제에 답하려고 애쓴다. 삶의 현장에서 몸으로 그 해답을 찾으려는 열정이 아름답고 숭고하다. 하지만 그들은 기존의 믿음 체계를 고민하지도 않은 채 너무 쉽게 파괴한다. 진보주의자들은 새로운 세상에는 열광하지만 정작 그 세계가 하나님 체험으로부터 시작해야 한다는 데는 무관심하다. 하나님에 대한 진지한 고백과 체험에 대한 철저한 몸부림이 부족하다. 어떨 때 보면 과연 그들에게 일말의 믿음이라도 있는지 의심스럽기까지 하다. 그래도 영성에 대해 부단히 관심 갖는 그들이 있기에 진보주의의 미래도 있는 것이다.

하나님은 어떤 믿음을 원하시는가? 하나님은 누구신가? 하나님은 보수주의자들에게도, 진보주의자들에게도 똑 같이 질문하신다. 자, 이제 아브라함을 통하여 하나님은 누구신지, 우리의 믿음을 다시 확인해 보자. 아브라함은 하나님을 믿고 길을 떠났다. 평생 하나님과 동행하며 살았다. 하나님은 약속을 지키시는 분임을 믿었다. 실제 그의 삶을 통해서 하나님은 그 약속을 지키셨다. 그가 어려움에 빠졌을 때, 전능하신 능력으로 그를 구해 주셨다. 또한 전쟁에서 승리하게 하심으로 그의 이름을 드높이셨다. 그와 두 차례에 걸쳐 계약을 맺으시고 축복을 약속하셨다. 하나님은 그와 동행하셨고, 그와 대화하시며 그의 간구를 들어주셨다.

그런 하나님이 갑자기 변했다. 그의 사랑하는 아들, 약속을 이루어갈 아들, 이제까지 그 아들을 낳기 위해 그토록 많은 세월을 참고 기다렸다. 불가능하다고 여길 때 하나님의 전능하신 능력으로 이삭을 낳았다. 그런데 그 아들을 잡아 죽여 제물로 바치라는 것이다. 약속 자체를 파기하겠다고 하신다. 일평생 약속을 성실히 지키셨던 하나님이 스스로 약속을 어기시겠다고 하신다. 하나님이 스스로 자신모순을 드러내신다.

모든 인간이 가지는 하나님에 대한 믿음은 불완전한 것이다. 아브라함도 자기가 하나님을 안다고 생각했을 것이다. 자신의 인생의 여정과 경험을 통해 체험한 하나님, 자신에게 나타나 계시하신 하나님이 바로 그 하나님이라고 믿었다. 그러나 이때까지 가졌던 하나님에 대한 지식과 체험이 불완전하다는 것에 대해서는 별로 의심해 보지 않았을 것이다. 그 하나님은 사실상 대상으로서의 하나님이었다. 아브라함 밖에 계신 하나님이었다.

이제 아브라함은 하나님을 대상으로서의 하나님이 아니라, 온전히 하나님을 아는 단계, 하나님과 하나 되려는 단계에 이르려 하는 것이다. 우리가 하나님을 온전히 알고 그와 하나가 된다는 것은 무엇일까? 어떻게 하면 하나님과 하나가 될 수 있을까? 하나님과 하나가 되려면 하나님 안으로 들어가는 수밖에 없다. 물을 아무리 마셔도 물은 대상일 뿐 하나가 아니다. 물은 평생 마셔도 그때뿐이다. 갈증은 또 시작되고 영원히 사라지지 않는다. 주님이 수가 성 여인과 나누었던 대화의 요지가 이것이다.[91]

우리가 물과 하나가 되려면 물속으로 들어가 완전히 잠기는 수밖에 없다. 우리가 완전히 죽어 물속에 잠길 때, 우리는 비로소 물과 하나가 된다. 부부가 살을 섞을 때 하나 되어 서로를 알고(야다) 그럼으로써 새로운 생명을 잉태하는 것과 같다. 포도나무와 가지가 하나가 되려면 가지는 포도나무의 살을 찢고 그 안으로 들어가 박혀야 한다. 하나님과 하나가 되려면 하나님 안으로 들어가야 한다.

하나님 안으로 들어간다는 것은 이제까지 대상으로 알았던 하나님을 버려야 한다는 것을 말한다. 자아의 환영과 유아기적 사고로 만들어진 하나님과 이별해야 한다. 이제까지의 하나님 체험이 불완전하였다는 고백과 함께 하나님은 이런 분이라는 지식과 당위성을 버려야 한다. 하나님에 대한 자신의 이론과 지식이 단편적이었다는 것을 인정하고, 하나님을 대상으로 인식한 결과였음을 고백하고 그것마저 버려야 한다. 버림은 곧 죽음이다.

아브라함은 하나님 스스로 자기모순을 드러내실 때 너무 혼란스러웠을 것이다. 하지만 그는 순종함으로 이를 극복하였다. 어쩔 수 없어 순종하는 것은 복종이다. 복종과 순종은 다르다. 복종은 명령하는 자의 생각과 그 명령을 수행하는 자의 생각이 다르더라도 무조건 해야 하는 것이다. 마치 죄수가 간수의 명령에 무조건 따라야 하는 것처럼, 포로가 점령군의 명령에 저항할 수 없는 것처럼, 군인이 상관의 명령을 이해할 수 없어도 그대로 따라야 하는 것처럼 그렇다. 하지만 순종은 복종과 다르다. 아브라함은 순종을 한 것이다. 자기 스스로 하나님의 모순 앞에서 침묵함으로 순종한 것이다. 하나님이 주신 자유의지로 스스로 침묵한

---

91 요한복음 4장 전체를 보라.

것이다.

하나님의 자기모순 앞에서 스스로 침묵한 아브라함에게 하나님은 나타나셨다. 여호와 이레다. 아브라함은 그의 아들 이삭을 죽임으로 스스로 죽었다. 하나님에 대한 모든 대상으로서의 믿음을 죽였다. 자신의 불완전한 믿음과 당위적인 믿음, 자아의 습성으로 만들어진 믿음을 죽이고 하나님 안으로 들어가 하나가 되었다. 큰 민족을 이루기 위한 그의 사명은 이삭의 출생으로 완성되었다. 하지만 의인의 계보를 이어 세상의 모든 사람들을 의로 이끌 민족을 이루는 그 일의 시작, 믿음의 조상이 되는 사명은 모리아 산에서 죽음으로 완성한다.

꿈에 대한 죽음

사람은 누구나 저마다의 꿈을 가지고 산다. 어제오늘의 일은 아니지만 교회에서는 비전vision이란 말을 많이 쓴다. 아마도 인간적인 욕심에서 비롯된 것을 꿈이라 하고, 하나님에 의해 갖는 것을 비전이라고 하는 모양이다. 7년 전에 비전이란 주제를 가지고 청년부 수련회를 인도한 적이 있다. 비전에 대해 남들은 어떻게 말하나 보려고 관련 서적을 주문해 보았다. 이때 곁다리로 산 책이 『사소한 것에 목숨 걸지 마라』다. 내가 본 책들은 한결같이 적극적 사고방식에 믿음을 덧붙인 그런 내용들이었다. 비전이 무엇인지 모르고 쓴 책들 같았다. 비전이나 꿈이나 그게 그건데, 영어로 하면 좀 고상해 보이고 뭔가 있어 보이는지 왜들 그러는지 모르겠다.

그때 내가 보았던 책 중에 이런 이야기가 있다. 공부 못하는 학생이 "축 서울대 합격"이란 문구를 책상 위에 붙여 놓고 기도하며 공부한다면 하나님의 능력으로 합격할 수 있다는 내용이다. 서울대에 합격하지 못한다 할지라도 지금보다야 낫지 않겠느냐. 믿음은 긍정적인 생각을 가져다준다. 그러니 믿고 기도하라. 그러면 된다. 뭐 이런 식의 이야기다. 신앙의 입장에서 보면 참으로 어처구니없는 이야기다. 단적으로 말하자면 서울대와 믿음은 서로 다른 것이다. 서울대생이 모두 믿음이 좋은가? 정말로 믿고 기도하면 서울대에 들어가지는가? 만에 하나 그럴 수도 있다. 그건 만에 1명이고 나머지 9,999명은 어떻게 되는가?

대학은 성적으로 들어가는 것이다. 신학대학교도 믿음으로 들어가는 것이 아니라, 수능점수로 들어간다. 기도는 자신의 실력을 십분 발휘할 수 있게 해주는 것이지, 모르는 것을 알게 하지는 않는다. 없는 실력이 갑자기 생기게 하지도 않는다. 다들 맹목적이고 이기적인 믿음의 늪에 빠져 환상을 갖는 것이다. 믿음은 하나님과의 관계에서 사용되는 체험의 언어지, 세상적인 수단과 세속적인 성공을 위한 도구가 아니다.

사람은 누구나 꿈을 가진다. 그리고 그 꿈을 이루기 위해 살아간다. 어려서부터 부모나 주위 사람들이 심어 준 꿈도 있을 것이고, 자라면서 누구의 영향을 받아 자기 스스로 가지게 되는 꿈도 있을 것이다. 그 꿈은 자신의 행동과 습관에 영향을 주어 사람을 보다 성취적이며, 적극적이고 발전적으로 나가도록 하는 긍정적인 면을 가진다. 하지만 욕망의 늪에 빠져 독선적이고 이기적인 사람으로 만드는 부작용도 동시에 있다.

하나님도 우리를 향한 꿈을 가지고 계신다. 하나님이 우리를 이 세상에 내려 보내실 때에 혼자서만 잘 먹고 잘 살라고 보내시지 않으셨다. 하나님은 우리가 하나님의 꿈과 계획을 이루어 주기를 원하신다. 하나님의 꿈을 이루기 위해 우리가 어떻게 무엇을 하며 살아야 하는가? 그것이 우리를 향한 하나님의 꿈의 내용이다. 하나님의 꿈은 하나님 나라다. 하나님 나라를 이루는 지체로서의 각각의 사명을 잘 수행하기를 원하신다. 그 나머지는 사소한 것으로 주님께서 다 알아서 해 주신다.

내가 가진 나의 꿈과 나를 향한 하나님의 꿈, 이 두 꿈이 하나로 일치되는 과정이 꿈의 연단이다. 그리고 이 연단의 끝은 나의 꿈의 죽음이다. 나의 꿈에는 내 욕심을 이루고 출세해서 자신과 부모의 이름을 스스로 드높이고자 하는 바벨의 욕망이 담겨 있다. 남을 넘어서지 않고는 이룰 수 없다고 생각하는 도성 문화의 이기적이고 폭력적인 요소도 들어 있다. 그런 내 꿈을 가지고는 나를 향한 하나님의 꿈을 결코 이루어 드릴 수가 없다. 그러므로 꿈의 연단은 내 꿈에 붙은 세속적 욕망의 불순물들을 제거하는 데 그치는 것이 아니라, 내 꿈을 하나님 안에서 죽이는 것이다. 그리하여 내 꿈과 하나님의 꿈을 일치시켜 나가는 과정이다.

아브라함의 처음 이름이 아브람이었다. 아브람은 출세 지향적이고, 세속 지향적인 이름이다. 그 아브람이 아브라함이 됨으로 하나님의 꿈을 이루어 드릴 수 있는 것이다. 그러나 아브라함은 이름이 바뀌었음에도 불구하고 때때로 과거의 구습을 떨쳐 버리지 못하고 아브람으로 살아가기도 했다. 그것이 아비멜렉에게 이집트에서처럼 아내를 빼앗긴 사건이다. 그러나 모리아 산에서 여호와 이레를 경험하고는 다시는 아브람으로 살지 않는다. 하나님을 만나고는 완전한 아브라함이 된 것이다.

아브라함의 꿈은 이삭이다. 이삭은 자신의 꿈을 이어줄 약속의 아들이다. 그러나 모리아 산에서 하나님께서 자신의 모순을 드러내실 때, 이삭이 자신의 꿈이라고 믿었던 그는 자신의 꿈이 잘못된 것을 알았다. 이제까지 그럴 것이라고 믿고 또한 그것을 추구하며 살았던 자신의 삶이 잘못된 것을 알았다. 하나님의 꿈 앞에서 자신의 꿈을 포기해야 한다는 것을 알았다. 그는 침묵함으로 자신의 꿈을 죽였다. 그의 모든 꿈은 이삭과 함께 죽었다. 그 후 그에게 하나님이 꿈이 되어 주셨다. 그는 하나님의 꿈으로 살아가는 사람이 되었다.

3) 그 이후

모리아 산에서 하나님 자체Godhead를 만난 이후 아브라함은 어떻게 되었는가? 몇 달 전 서울 모 교회에서 "토머스 머튼에게 듣는다"라는 주제로 열린 영성세미나에 참석한 적이 있다. 1시간이 넘게 발제자의 주제 발표가 있었고, 발표 도중 논찬자의 사정으로 논찬을 중간에 하고 다시 발제가 계속되었다. 발제 후 잠시 휴식을 한 뒤 곧이어 참석자 소개와 질의 응답 순서를 가졌다. 이것이 특정 주제를 가지고 진행된 영성세미나에 참석한 첫 번째가 아닌가 싶다. 몇 사람의 질의와 이에 대한 답변을 듣고 시간을 핑계 삼아 나왔다. 나는 거기서 참석한 사람들이 영성에 대한 일종의 환상을 가지고 있는 것이 아닌가 하는 의구심을 떨쳐버릴 수가 없었다.

영성의 세계는 체험의 세계다. 체험은 '그럴 것이다' 가 아니라, '그렇다' 다. 사과를 먹어 본 사람이 사과에 대해 말할 때는 확신을 가지고 말한다. "이 사과 진짜 맛있어"라고 말하지 "이 사과를 먹어 봤는데, 아마도 나에게 맛있을 거야"라고 말하지 않는다. 먹어 보지 못하고 남이 먹어 본 이야기를 읽은 사람이나 하는 말이다. 토머스 머튼의 일대기 중 일상적인 이야기는 거의 없고, 남들과 다른 그의 기행에 가까운 이야기만 한다. 그러고는 토머스 머튼은 이렇다가 아니라, 이렇다 하더라고 말한다. 그가 먹은 사과는 "이런 맛이다"가 아니라, "이런 맛을 이야기했을 것이다"라고 말한다. 다들 영성에 대해 환상에 빠져 버린 것이다.

아브라함이 그 이후 어떻게 되었는가? 우리는 이제 비로소 모든 시험이 끝났으니 그가 행복하게 잘 살았다고 생각할 것이다. 이것도 환상이다. 하나님을 만나면 모든 것이 만사형통하게 될 것이라고 믿는 것도 환상이다. 왜냐하면 성서는 그렇게 말하지 않기 때문이다. 다만 우리가 그렇게 소원하기에 그렇게 성서가 보인 것뿐이다. 성서는 세 가지를 말한다. 첫째는 그의 가족이 해체되었고, 둘째는 그가 자연인, 평범한 사람이 되었다고 말한다. 마지막으로 아브라함이 새장가를 들어 아들을 6명 낳았다는 이야기다. 이를 하나씩 보자.

가족해체

창세기 21장 마지막 절에 보면 그는 브엘세바에서 살고 있었다.[92] 그러므로 22장 첫 절에서 이삭을 바치라는 하나님의 명령을 받은 곳은 브엘세바다. 모리아 산에 올라갈 때는 아들 이삭과 함께 올라가지만 내려올 때는 혼자 내려온다.[93] 이삭은 어디로 갔는가? 그 후 그는 브엘라해로이로 가서 거기서 산다.[94] 브엘라해로이는 하갈이 사라의 학대를 못 이겨 도망하다가 여호와의 사자를 만난 곳이다. 이스마엘이 살았던 바란 광야 북쪽에 있다.[95] 이삭이 이스마엘에게 가서 거기서 살았는지는 확실

---

92 창 21:33-34 "아브라함은 브엘세바에 에셀 나무를 심고 거기서 영원하신 여호와의 이름을 불렀으며 그가 블레셋 사람의 땅에서 여러 날을 지냈더라."

93 창 22:19 "이에 아브라함이 그의 종들에게로 돌아가서 함께 떠나 브엘세바에 이르러 거기 거주하였더라."

94 창 24:62 "그 때에 이삭이 브엘라해로이에서 왔으니 그가 네게브 지역에 거주하였음이라."

치 않지만 이스마엘과 가까운 곳에 살았던 것만큼은 분명하다. 아브라함이 이삭을 위해 리브가를 택하여 데려다 결혼을 시키지만 그는 아버지가 있는 브엘세바로 가지 않고 헤브론으로 가서 어머니의 장막에 머문다. 아버지 아브라함에게 그의 아내를 소개시키지도 않고 찾아가지도 않는다. 그 후 그는 다시 브엘라해로이로 내려가 산다.

왜 아브라함은 산에서 혼자 내려왔으며, 이삭은 아버지를 떠나 살았다고 성서는 말하는가? 이후 아브라함이 죽은 후에야 이삭과 이스마엘이 함께 장사지냈다고 할 뿐 생전에 두 번 다시 아브라함과 이삭이 만났다는 이야기는 없다.

사라는 어찌 되었는가? 그 일이 있은 후, 그녀는 혼자서 집으로 돌아온 아브라함에게, 또는 같이 갔던 종들에게 자초지종을 들었을 것이다. 그리고 그녀는 아브라함을 떠나 헤브론으로 간다. 그리고 거기서 나머지 생을 살다가 그곳에서 죽었다. 사라가 죽었다는 소식을 들은 아브라함은 헤브론으로 가서 아내를 위하여 슬피 울고, 그곳에 있는 막벨라 굴을 사서 장사지낸다.

아브라함이 생전에 그 많은 연단과 고초를 겪었으며, 마지막에는 아들을 잡아 죽이는 시험까지 받았는데, 왜 그 이후의 삶이 행복했었다고 말하지 않는가? 가족끼리 말년에 오순도순 행복하게 살아야 한다는 것은 우리의 환상인가? 아니면 행복에 대해 또 다른 무엇이 있는가? 가족해체가 불행인가? 아니면 또 다른 그 무엇이 있는가?

---

95 창 16:14 "이러므로 그 샘을 브엘라해로이라 불렀으며 그것은 가데스와 베렛 사이에 있더라."
창 21:21 "그가 바란 광야에 거주할 때에 그의 어머니가 그를 위하여 애굽 땅에서 아내를 얻어 주었더라."

먼저 아브라함이 모리아 산에서 혼자 내려온 것에 대해 보자. 우리는 이삭이 자기를 죽이려 했던 무시무시한 아버지를 피해 도망한 것이라고 생각할 필요는 없다. 성서가 말하고자 하는 것은 이삭은 하나님께 바쳐진 제물이라는 것이다. 이미 하나님께 바쳐진 제물, 하나님께 드려진 아들을 또 다시 데리고 내려온다면 이는 더 이상 제물이 아닌 것이다. 사무엘의 어머니 한나가 젖을 뗀 후, 아들 사무엘을 바치겠노라고 서원한 대로 아들을 여호와 앞에 두고 혼자 내려간 것과 같은 것이다.[96]

하지만 이후 이삭과 사라가 아브라함을 떠났고, 그의 가족이 해체된 것은 어떻게 설명할 것인가? 이삭은 하나님께 제물로 바쳐졌으므로 이제 그의 것이 아니다. 약속의 아들로 받았지만 이제 그 약속의 아들도 모리아 산에서 하나님께 돌려 드렸다. 이삭은 모리아 산에서 제물로 죽은 것이다. 사라도 마찬가지다. 사라가 죽은 것이 아니지만 아브라함이 죽었다. 죽은 사람은 산 사람과 함께 살지 않는다. 죽은 자는 집을 떠나 매장된다. 아브라함이 완전히 죽었다는 것을 말하기 위해 성서는 사라도 이삭도 모두 아브라함을 떠난 것으로 말하고 있는 것이다.

아담이 된 아브라함

모리아 산에서 내려온 아브라함 자신은 어떻게 변했을까? 하나님의 본성, God이 아니라 Godhead를 체험한 아브라함은 어떻게 변했을까?[97] 끝까지 간 사람은 되돌아오는 것이다. 처음 그 자리로 돌아온다.

---

96 삼상 2:11 "엘가나는 라마의 자기 집으로 돌아가고 그 아이는 제사장 엘리 앞에서 여호와를 섬기니라."

그러나 한강은 끝없이 흐르기에 그 물이 그 물 같지만 어제의 물과 오늘의 물은 다르다. 같은 물이지만 다른 물이다. 같은 장소를 흐르고 있지만 여전히 다른 물이다. 아브라함이 제자리로 돌아왔지만 그는 예전의 그가 아니다. 그는 평범한 한 자유인이 된 것이다. 그는 아담이 되었다. 호세크의 어둠을 경험하고, 타르데마의 세계를 경험한 그는 아담이 된 것이다.

모리아 산에서 내려온 이후의 아브라함의 모습을 보면 타락 이전의 아담의 모습을 떠올리게 된다. 하나님처럼 된다는 뱀의 유혹에 아무 소리 안하고 넘어가는 아담의 모습과 에그론의 상술에 아무 소리 안하고 바가지를 쓴 아브라함의 모습은 매일반이다. 아담은 에덴에서 땅을 일구며 평범하게 살았다. 그는 초능력을 행하지도 않았고, 구름을 타고 다니지도 않았다. 그저 평범한 사람이요 참 자유인이었다. 아브라함도 산에서 내려온 후 예전처럼 살았다. 모든 것이 그저 순리대로 이루어진다. 평범한 사람이요 참 자유인이다.

아담이 그랬듯이 아브라함도 하나님과 함께한 사람이었다. 이는 그가 형통한 사람이 되었다는 말이다. 성서가 말하는 형통은 하나님과 함께하는 것을 말한다.[98] 아브라함이 형통한 사람이 되니 그의 일을 하는 종도 함께 형통한 사람이 되었다.[99] 모든 일이 그저 물 흘러가듯 편안하게 이루어진다. 그런 그를 사람들은 존경하고 믿고 따른다.[100]

하지만 성서는 아브라함의 이야기를 여기서 끝내지 않는다.

---

97 나는 God와 Godhead를 구별한다. 자아에 의해 투영되고 지식과 종교적 관습으로 형성된 것이 God이라면 Godhead는 하나님의 본성을 말한다. 이는 만들어진 적이 없고, 투영된 적도 없는 하나님 본연의 존재 그 자체를 말한다. 이를 구별한다고 나를 신플라톤주의라고 불러서는 안 된다. 나는 플로티노스의 이론에 입각해 말하는 것이 아니라, 영성적 차원에서 말하고 있는 것이다.

끝나지 않은 이야기

아브라함은 큰 민족, 의인의 계보를 이어 이 세상을 하나님의 의로 변화시킬 민족을 이루는 사명, 복이 되어 그 복을 바라는 모든 세상 사람들을 주께로 이끌 사명을 가지고 고향과 아버지의 집을 떠났다. 파란 만장한 순례의 여정을 거쳐 아들 이삭을 결혼시킴으로 이제 그의 모든 사명은 끝이 났다. 그에게 주어진 사명은 앞으로 이삭이 아들을 낳고, 그 아들이 또 아들들을 낳고, 그럼으로써 점차 큰 민족이 되는 것이다. 이 과정이 이집트에서의 400년이다.[101]

그런데 여기가 끝이 아니다. 아브라함이 또다시 결혼을 한다.(창 25:1) 그두라와의 사이에서 무려 6명의 아들까지 낳는다.[102] 이 아들들 중에 둘

---

98 창 39:2-3 "여호와께서 요셉과 함께 하시므로 그가 형통한 자가 되어 그의 주인 애굽 사람의 집에 있으니 그의 주인이 여호와께서 그와 함께 하심을 보며 또 여호와께서 그의 범사에 형통하게 하심을 보았더라."
창 39:23 "간수장은 그의 손에 맡긴 것을 무엇이든지 살펴보지 아니하였으니 이는 여호와께서 요셉과 함께 하심이라 여호와께서 그를 범사에 형통하게 하셨더라."

99 창 24:48 "내 주인 아브라함의 하나님 여호와께서 나를 바른 길로 인도하사 나의 주인의 동생의 딸을 그의 아들을 위하여 택하게 하셨으므로 내가 머리를 숙여 그에게 경배하고 찬송하였나이다."
창 24:56 "그 사람이 그들에게 이르되 나를 만류하지 마소서 여호와께서 내게 형통한 길을 주셨으니 나를 보내어 내 주인에게로 돌아가게 하소서."

100 창 23:6 "내 주여 들으소서 당신은 우리 가운데 있는 하나님이 세우신 지도자이시니 우리 묘실 중에서 좋은 것을 택하여 당신의 죽은 자를 장사하소서 우리 중에서 자기 묘실에 당신의 죽은 자 장사함을 금할 자가 없으리다."

101 창 15:13-14 "여호와께서 아브람에게 이르시되 너는 반드시 알라 네 자손이 이방에서 객이 되어 그들을 섬기겠고 그들은 사백 년 동안 네 자손을 괴롭히리니 그들이 섬기는 나라를 내가 징벌할지며 그 후에 네 자손이 큰 재물을 이끌고 나오리라."

102 창 25:1-4 "아브라함이 후처를 맞이하였으니 그의 이름은 그두라라 그가 시므란과 욕산과 므단과 미디안과 이스박과 수아를 낳고 욕산은 스바와 드단을 낳았으며 드단의 자손은 앗수르 족속과 르두시 족속과 르움미 족속이며 미디안의 아들은 에바와 에벨과 하녹과 아비다와 엘다아이니 다 그두라의 자손이었더라."

째 아들 욕산은 드단을 낳았는데, 드단의 자손 중에서 나중에 북 왕국 이스라엘을 멸망시킨 앗수르 족속이 나온다. 왜 아브라함의 생애 마지막에 없어도 될 것 같은 말씀을 기록한 것일까? 이 본문(창 25:1-6)이 없이 이삭을 결혼시킴으로 그의 모든 사명이 끝났고, 곧바로 그가 175살에 죽었다고 해도 이상할 것이 없다.[103] 그 이유는 무엇일까?

첫째로, 이는 "내가 너를 여러 민족의 아버지가 되게 함이니라 내가 너로 심히 번성하게 하리니 내가 네게서 민족들이 나게 하며 왕들이 네게로부터 나오리라"(창 17:5b-6)는 말씀이 이루어졌음을 설명하기 위해 기록하였다고 볼 수 있다. 하지만 이런 설명은 설득력이 없다. 우리가 앞에서 본 것처럼 아브라함은 한 민족의 조상이 아니라 믿음의 조상이 된다. 그의 혈통으로 인해 여러 민족이 그에게서 나왔다는 말은 더 이상 의미가 없다.

둘째로 본문을 그가 자연인이 되었다는 것을 설명하기 위한 말씀으로 보는 것이다. 상처를 하고 재혼하는 것은 아무런 문제가 될 수 없다. 아들을 6명이나 낳을 정도로 아브라함이 건강한 남자였다고 할 때 더더욱 그렇다. 아들까지 결혼시킨 후에 재혼했다고 하는 것은 오히려 자연스러운 일이다. 의인은 은둔 수도사와 동의어가 아니다. 아브라함의 배필(에쩨르)이었던 사라가 죽고 난 후, 새로운 배필을 맞이했다고 볼 수 있다. 아담도 배필을 맞이하고는 기쁨의 환호성을 지르지 않았던가? 여자는 남자에게 있어서 기쁨의 원천이다. 아담처럼 그렇게 되었다고 말할

---

103 창 25:7-10 "아브라함의 향년이 백칠십오 세라 그의 나이가 높고 늙어서 기운이 다하여 죽어 자기 열조에게로 돌아가매 그의 아들들인 이삭과 이스마엘이 그를 마므레 앞 헷 족속 소할의 아들 에브론의 밭에 있는 막벨라 굴에 장사하였으니 이것은 아브라함이 헷 족속에게서 산 밭이라 아브라함과 그의 아내 사라가 거기 장사되니라."

수 있다.

셋째로 하지만 본문의 의도는 위에서 말한 두 가지 설명을 위한 것이 아니다. 보다 깊은 의미를 우리에게 전해 주기 위해 섬세하게 기록되었다. 결론부터 말하자면 모든 인간은 완전하지 않다는 것을 말해 주고자 함이다. 아브라함이 비록 최고의 영성 체험을 한 사람이었지만 그도 사람이다. 오직 완전하고 거룩하신 분은 하나님 한 분밖에는 없다. 이삭의 결혼으로 그의 모든 일생을 마무리하였다면 사람들의 눈에 자칫 믿음의 영웅으로 비칠 수도 있기 때문이다. 우리는 이를 좀더 자세히 살펴보기 위해 노아를 보자.

하나님이 인정한 의인이요, 완전한 사람은 노아와 아브라함뿐이다.[104] 노아의 사명은 무엇인가? 그의 사명은 방주를 만들어 의인의 가족을 보존하고 새로운 의인의 세상을 만들 기초를 세우는 일이다. 그의 사명은 홍수의 심판 속에서 살아남는 것이다. 이 사명을 위해 그는 하나님이 명하신 대로 모든 것을 다 준행하였다. 홍수가 물러간 후 노아는 하나님께 제사를 드렸다. 그의 제사를 받으신 하나님께서 노아를 축복하시고 그와 언약을 맺는다. 그 언약은 노아뿐 아니라 그의 아들들과 그와 함께 방주에서 구원받은 모든 생물들에게 해당되는 언약이다.[105] 하나님은 그 언약의 표징으로 무지개를 보이셨다. 이것으로 노아의 모든 사명은 끝났다.

그런데 성서는 노아의 이야기를 거기서 끝내지 않는다. 노아가 포도

---

104 창 6:9 "이것이 노아의 족보니라 노아는 의인이요 당대에 완전한 자라 그는 하나님과 동행하였으며."

105 창 9:9-10 "내가 내 언약을 너희와 너희 후손과 너희와 함께 한 모든 생물 곧 너희와 함께 한 새와 가축과 땅의 모든 생물에게 세우리니 방주에서 나온 모든 것 곧 땅의 모든 짐승에게니라."

주를 마시고 술에 취해 둘째 아들 함을 저주하는 이야기를 마지막으로 덧붙인다. 왜 노아가 술에 취해 함으로 하여금 죄를 짓도록 만드는가? 물론 앞에서 본 바와 같이 새로운 두 부류의 사람들이 세상에 나타나게 되었다는 것을 설명하려는 것이다. 그러나 노아 개인에게 초점을 맞추면 달리 설명할 수 있다. 이 역시 노아가 당대의 의인이요, 완전하고 하나님과 동행하는 자였지만 그도 사람이다. 의인은 수도사가 아니다. 성서는 노아가 술 취해 실수하는 것을 기록함으로 하나님 외에 이 세상에 완전한 사람은 없다고 말하려는 것이다.

아브라함도 그렇다. 분명히 노아와 같은 패턴으로 본문을 배열함으로써 그와 같은 사실을 분명히 하고 있는 것이다. 나아가 노아의 둘째 아들인 함으로 말미암아 또 다시 도성 문화가 발생한 것처럼 그두라 사이에서 태어난 둘째 아들, 욕산과 그의 둘째 아들, 드단에게서 앗수르(아시리아) 족속이 나왔다. 이렇게 함으로 노아의 전철을 아브라함이 밟고 있다는 것을 은연중에 암시하고 있는 것이다. 아시리아는 비록 짧은 기간이었지만 북 왕국 이스라엘을 멸망시킨 나라요, 당시 중동의 패권을 잡고 있었던 바빌로니아와 같은 도성 문화의 본거지다.

아브라함의 마지막 이야기가 우리에게 주는 메시지는 분명하고도 냉정하다. 첫째로 인간은 누구나 완전할 수 없다는 것이다. 아무리 심오한 진리를 깨우친 자도 인간의 한계를 벗어날 수 없으며, 아무리 깊은 체험을 하였다고 해도 실수를 할 때가 있다는 것이다. 따라서 모든 인간은 하나님 앞에서 늘 겸손하며, 오직 하나님만 바라며 살아야 한다는 것을 깨닫게 해준다. 아브라함이 비록 믿음의 조상은 되었지만 신앙의 모델은 될 수 없다. 우리가 따라야할 신앙의 모델은 오직 우리 주님밖에 없다.

둘째로 동시에 이 말씀은 우리에게 새 힘을 준다. 깊은 영성의 소유자인 아브라함이나 노아도 실수하는 사람이었다는 것은 우리의 실수를 합리화시켜 주지는 않는다. 하지만 늘 실수하는 우리로 하여금 실수에 좌절하지 않도록 해준다. 오히려 실수를 딛고 일어나 하나님을 향하도록 동기를 불어넣는다. 사람은 사람이다. 사람은 실수하는 존재다. 하지만 하나님은 그 실수를 은혜로 해결해 주시는 분이다. 따라서 우리가 믿어야 할 분은 오직 하나님밖에 없으며, 실수할 때마다 은혜의 보좌 앞으로 나가야 한다.

이것이 아브라함의 마지막 이야기다. 그리고 이것은 우리의 생명이 있는 날까지 우리에게 끝나지 않은 이야기다. 아브라함의 진짜 마지막 이야기는 이렇게 끝난다. "아브라함의 향년이 백칠십오 세라 그의 나이가 높고 늙어서 기운이 다하여 죽어 자기 열조에게로 돌아가매 그의 아들들인 이삭과 이스마엘이 그를 마므레 앞 헷 족속 소할의 아들 에브론의 밭에 있는 막벨라 굴에 장사하였으니 이것은 아브라함이 헷 족속에게서 산 밭이라 아브라함과 그의 아내 사라가 거기 장사되니라."(창 25:7-10)

아브라함은 하나님을 믿고 고향을 떠난 지 꼭 100년이 되는 해, 175세에 죽어 에그론의 밭에 있는 막벨라 굴에 사라 옆에 장사되었다.

"주님, 실수하셨습니다"

3년 전, 크리스마스 전후에 있었던 일이다. 밤에 밖에 나와 집 주위를 서성거리고 있었다. 그 해 따라 날씨가 추웠다. 내가 사는 산속은 원주 시내보다 좀더 춥다. 바람까지 불어 체감 온도가 최소한 영하 10도는 됨직한 날이다. 30분 이상 밖에 있어도 춥지가 않았다. 바람이 오히려 시원하게 느껴졌다. '이상하다. 왜 바람이 차지 않고 시원한 거야?' 혼잣말로 중얼거리다 집으로 들어갔다. 며칠 동안 계속 바람이 시원하게 느껴졌다.

연말을 2~3일 앞두고 문득 '겨울이 춥지 않고 시원하다면 그렇다면 밤에 산 기도를 해볼까?' 하는 마음이 들어 왔다. 그 순간 재미있을 거라는 생각이 들었다. 산 기도를 통해 내가 큰 능력을 받아 크게 쓰임 받게 된다는 그런 생각은 아예 없었다. 산 기도 자체가 재미있을 것이라는 생각밖에는 없었다. 다음날 산에 올라가 기도 자리를 물색하고 기도하기 편하게 자리를 종리하고 내려왔다.

새해 들어 두 달간을 계획하고 산 기도를 시작했다. 기도를 시작한지 며칠 지나자, 추워지기 시작했다. 내복을 입어도 바지가 얇아 추웠다. 나는 군밤장사들이 입는 솜을 넣어 누빈 두툼한 바지를 사려고 인터넷을 검색해 봤다. 주문하려다 직접 만져 보고 사는 것이 좋을 것 같아 시장에 갔다. 마침 시장에 인터넷에서 본 바지가 있었다. 내가 그 바지를 만져 보는 순간 주인아주머니가 나왔다. 얼마냐고 하자, 그 아주머니는 바지를 얼른 싸주면서 만 오천 원이라고 했다. 인터넷에서는 만 이천 원이던데요? 그러자 아주머니는 신경질적인 반응을 보이면서 물건이 다르다고 했다. 말을 더해 봤자 싸울 것 같아 나는 얼른 돈을 주고 나왔다.

그 옷가게에서 불과 5미터 정도 지나 왼쪽으로 방향을 튼 순간 내가 산 바지가 다른 옷가게 행거에 쭉 걸려 있었고, 그 위에 만 원이라고 써 있었다. 아브라함처럼 된통 바가지를 쓴 거다. 도로 가서 물릴까? 갑자기 머릿속이 복잡해졌다. 요즘 장사도 안 되는데, 그렇게라도 해서 돈을 벌어야 하는 이유가 있었을 거라고 생각하고는 그냥 집으로 향했다.

두 시간에 한 대씩 있는 버스를 타려면 시장에서부터 15분 정도를 걸어야 한다. 걸으면서 내내 속상했다. 속았다는 생각에 그 아주머니가 미웠다. 나중에는 실제로 가슴이 아프기까지 했다. 한참을 그렇게 생각하며 걷다 보니 버스 정류장에 거의 다 왔다. 그때 갑자기 뒤통수를 후려치는 것과 같은 충격이 왔다.

주님께서는 자신의 모든 것을 다 내어주시고 십자가 위에서 죽기까지 하셨다는 생각이 나를 후려친 것이다. 그런데 나는 오천 원 때문에 가슴 아파하며 사람을 미워하기까지 했다. 목사가 돼서 오천 원 바가지 쓴 것 가지고 가슴 아파하는 내 모습이 너무 한심해 보였다. 이제는 바가지 쓴 것 때문에 가슴이 아픈 것이 아니라, 그런 나 때문에 가슴이 아팠다. 소심하고 조그만 손해를 가지고 남을 원망하는 내 자신이 미워졌다. 눈물이 났다. 그리고 이렇게 기도했다.

"주님, 실수하셨습니다. 주님, 오천 원 때문에 가슴 아파하는 이 소심한 사람, 보잘것없는 사람을 왜 목사로 만드셨습니까? 뭣에 쓰시려고 저에게 미련을 가지십니까? 저는 그런 놈입니다. 주님, 차라리 절 버리세요. 저는 목사가 될 자격도 없고, 마음가짐도 안 돼 있는 그런 놈입니다. 다른 사람 찾아보세요. 주님, 정말로 실수하신 겁니다."

그 후로도 여전히 실수하며 산다. 주님의 이름을 드러내기는커녕 나 때문에 주님의 이름이 더럽혀질까 봐 여전히 전전긍긍한다. 이 글을 읽는 사람들이 나의 실수하는 모습을 보며 실망하지 않았으면 좋겠다. 나는 원래 그런 사람이다. 그저 바라봐야 할 대상은 주님 밖에 없다. 주님은 언제든지 실망시키지 않으신다. 그분만이 생명이며, 소망이요, 우리 인생의 결론이다.

이른 아침부터 비가 추적추적 내린다. 구름이 온 산을 뒤덮어 불과 10미터 앞도 분간하기 힘들다. 내가 지금 글을 쓰고 있는 산속의 서재도 구름 속에 갇힌다. 이럴 때면 마치 내가 구름 속에 있는 듯한 착각을 일으킨다. 이 몽환적인 분위기는 뭐라 말하기 힘든 잔잔한 흥분을 가져다 준다. 거친 흥분은 아니다. 깊이 가라앉아 마음의 동요가 없는 그런 흥분이다. 있는 그대로의 아름다움을 즐기는 흥분이다.

우리는 때때로 인생길에서도 이런 구름을 만난다. 이럴 때 길이 보이지 않는다고 불안해하지 말자. 그냥 그대로 자리에 머물러 구름이 가져다주는 아름다움을, 마음의 동요 없이 잔잔하게 그 흥분을 느껴 보라. 이는 주님이 나를 인도하고 계시며, 나와 함께하신다는 믿음 없이는 불가능한 일이다.

구름이 나를 뒤덮을 때 불안을 느낀다면 나와 함께하시는 주님을 만날 기회를 잡은 것이다. 아무것도 보이지 않는 구름 속에서 손을 뻗어 주님의 손을 잡아 보라.

찾아보기

성서구절

창세기

아브라함의 침묵

2011년 11월 15일 1판 1쇄 발행

지 은 이 | 염기석

펴 낸 이 | 김영명
펴 낸 곳 | 삼원서원
주소 _ 강원도 춘천시 사농동 809 롯데캐슬더퍼스트 104-401
전화 _ 070-8254-3538
이메일 _ kimym88@hanmail.net
싸이월드 _ http://club.cyworld.com/swlecturehall
등 록 | 제 397-2009-000004호
보 급 처 | 하늘유통
전화 _ 031-947-7777
팩스 _ 031-947-9753

ISBN 978-89-962670-8-9 03230

값 14,000원